The Translation and Study of Chinese Literature in the English-Speaking World

主编 ◎ 曹顺庆

英语世界中国文学的译介与研究丛书

谢灵运诗歌在英语世界的译介及研究

黄 莉 ◎ 著

中国社会科学出版社

图书在版编目(CIP)数据

谢灵运诗歌在英语世界的译介及研究/黄莉著.—北京：中国社会科学出版社，2018.3

（英语世界中国文学的译介与研究丛书）

ISBN 978-7-5161-8699-2

Ⅰ.①谢… Ⅱ.①黄… Ⅲ.①谢灵运（385-433）-诗歌-英语-翻译-研究 Ⅳ.①H315.9

中国版本图书馆CIP数据核字（2016）第182671号

出 版 人	赵剑英
责任编辑	任　明
责任校对	周　昊
责任印制	李寡寡

出　　版	中国社会科学出版社
社　　址	北京鼓楼西大街甲158号
邮　　编	100720
网　　址	http://www.csspw.cn
发 行 部	010-84083685
门 市 部	010-84029450
经　　销	新华书店及其他书店

印刷装订	北京君升印刷有限公司
版　　次	2018年3月第1版
印　　次	2018年3月第1次印刷

开　　本	710×1000 1/16
印　　张	16
插　　页	2
字　　数	265千字
定　　价	75.00元

凡购买中国社会科学出版社图书，如有质量问题请与本社营销中心联系调换
电话：010-84083683
版权所有　侵权必究

英语世界中国文学的译介与研究丛书　总序

本丛书是我主持的教育部重大招标项目"英语世界中国文学的译介与研究"（12JZD016）的成果。英语是目前世界上使用范围最为广泛的语言，中国文学在英语世界的译介与研究既是中国文学外传的重要代表，也是中国文化在异域被接受的典范。因此，深入系统地研究中国文学在英语世界的译介与研究，既具有重要的学术价值也具有重大的现实意义。

中国正在走向世界，从学术价值层面来看，研究英语世界的中国文学译介与研究，首先，有利于拓展中国文学的研究领域，创新研究方法。考察中国文学在异域的传播，把中国文学研究的范围扩大至英语世界，要求我们研究中国文学不能局限于汉语及中华文化圈内，而应该将英语世界对中国文学的译介与研究也纳入研究范围。同时还需要我们尊重文化差异，在以丰厚的本土资源为依托的前提下充分吸收异质文明的研究成果并与之展开平等对话，跨文明语境下的中国文学研究显然是对汉语圈内的中国文学研究在视野与方法层面的突破。其次，对推进比较文学与世界文学研究具有重要的学术意义。通过对英语世界中国文学的译介与研究情况的考察，不但有助于我们深入认识中外文学关系的实证性与变异性，了解中国文学在英语世界的接受情况及中国文学对英语世界文学与文化的影响，还为我们思考世界文学存在的可能性及如何建立层次更高、辐射范围更广、包容性更强的世界诗学提供参考。

从现实意义层面来看，首先，开展英语世界中国文学研究可为当下中国文学与文化建设的发展方向提供借鉴。通过研究中国文学对"他者"的影响，把握中国文学与文化的国际影响力及世界意义，在文学创作和文化建设方面既重视本土价值也需要考虑世界性维度，可为我国的文学与文化发展提供重要启示。其次，还有助于提升中国文化软实力，推动中国文化"走出去"战略的实施。通过探讨英语世界中国文学的译介及研究，发现中国文学在英语世界的传播特点及接受规律，有利于促进中国文学更好地走向世界，提升我国的文化软实力，扩大中华文化对异质文明的影响，这对于我国正在大力实施的中国文化走出去战略无疑具有十分重大的意义。

正是在这样的认识引导下，我组织一批熟练掌握中英两种语言与文化的比较文学学者撰著了这套"英语世界中国文学的译介与研究"丛书，试图在充分占有一手文献资料的前提下，从总体上对英语世界中国文学的译介和研究进行爬梳，清晰呈现英语世界中国文学译介与研究的大致脉络、主要特征与基本规律，并在跨文明视野中探讨隐藏于其中的理论立场、思想来源、话语权力与意识形态。在研究策略上，采取史论结合、实证性与变异性结合、个案与通论结合的研究方式，在深入考察个案的同时，力图用翔实的资料与深入的剖析为学界提供一个系统而全面的中国文学英译与研究学术史。

当然，对英语世界中国文学的译介与研究进行再研究并非易事，首先，得克服资料收集与整理这一困难。英语世界中国文学的译介与研究资料繁多而零散，且时间跨度大、涉及面广，加之国内藏有量极为有限，必须通过各种渠道进行搜集，尤其要寻求国际学术资源的补充。同时，在研究过程中必须坚守基本的学术立场，即在跨文明对话中既要尊重差异，又要在一定程度上寻求共识。此外，如何有效地将总结的特点与规律运用到当下中国文学、文化建设与文化走出去战略中去，实现理论与实践之间的转换，这无疑是更大的挑战。这套丛书是一个尝试，展示出比较文学学者们知难而进的勇气和闯劲，也体现了他们不畏艰辛、敢于创新的精神。

本套丛书是国内学界较为系统深入探究中国文学在英语世界的传播与接受的实践，包括中国古代文化典籍、古代文学、现当代文学在英语世界的传播与接受。这些研究大多突破了中国文学研究和中外文学关系研究的原有模式，从跨文明角度审视中国文学，是对传统中国文学研究模式的突破，同时也将中国文学在西方的影响纳入了中外文学关系研究的范围，具有创新意义。此外，这些研究综合运用了比较文学、译介学等学科理论，尤其是我最近这些年提出的比较文学变异学理论[1]，将英语世界中国文学

---

[1] Shunqing Cao, *The Variation Theory of Comparative Literature*, Springer, Heidelberg, 2013.

的译介与研究中存在的文化误读、文化变异、他国化等问题予以呈现，并揭示了其中所存在的文化话语、意识形态等因素。其中一些优秀研究成果还充分体现了理论分析与现实关怀密切结合的特色，即在对英语世界中国文学的译介与研究进行理论分析的同时，还总结规律和经验为中国文化建设及中国文化走出去战略提供借鉴，较好地达成了我们从事本研究的初衷与目标。当然，由于时间仓促与水平所限，本丛书也难免存在不足之处，敬请各位读者批评指正。

曹顺庆

2015年孟夏于成都

目　　录

绪论 …………………………………………………………………… (1)
 一　谢灵运诗歌的研究价值 ………………………………………… (1)
 二　谢灵运诗歌在英语世界的译介与研究概况 …………………… (4)
 三　谢灵运诗歌的研究目的及意义 ………………………………… (10)

第一章　谢灵运诗歌英译本及其特色 ………………………………… (12)
 第一节　平易中见精深：傅乐山的译本 …………………………… (13)
  一　傅译选诗范围及失误 ………………………………………… (13)
  二　平实、严谨的译风 …………………………………………… (19)
  三　傅译中的过失 ………………………………………………… (36)
 第二节　达意工巧：韦斯特布鲁克的译本 ………………………… (40)
  一　韦译选诗范围 ………………………………………………… (40)
  二　译文达意 ……………………………………………………… (41)
  三　译文工巧 ……………………………………………………… (42)
  四　译文过失 ……………………………………………………… (47)
 第三节　"创造性叛逆"：亨顿的译本 ……………………………… (50)
  一　亨译选诗范围 ………………………………………………… (50)
  二　"创造性叛逆" ………………………………………………… (51)
 第四节　散缀的珍珠：西方学者的零星译文 ……………………… (59)
  一　20世纪70年代傅汉思的译文 ……………………………… (59)
  二　20世纪80年代沃森的译文 ………………………………… (60)
  三　20世纪90年代叶维廉、孙康宜及伯德曼的译文 ………… (63)
  四　21世纪初山姆·汉密尔及田菱的译文 …………………… (65)

第五节　中国本土学者的译本 …………………………… (70)
　　　　一　许渊冲的译本 ……………………………………… (70)
　　　　二　汪榕培的译本 ……………………………………… (82)
第二章　中西异质文化背景下的谢诗英译本比较研究 ………… (88)
　　第一节　国内外学界对中西译本的整体评价 ……………… (88)
　　第二节　文本的理解与意义的传递 ………………………… (90)
　　第三节　意境的传达 ………………………………………… (98)
　　第四节　文化形象的处理 …………………………………… (103)
　　　　一　文化形象的保留 …………………………………… (104)
　　　　二　文化形象的变异 …………………………………… (106)
　　第五节　叠音词的英译 ……………………………………… (111)
　　　　一　音韵修辞手段 ……………………………………… (112)
　　　　二　词汇手段 …………………………………………… (113)
　　　　三　句法手段 …………………………………………… (115)
第三章　诗人生平思想与诗歌创作关系之研究 ………………… (118)
　　第一节　马瑞志的研究：谢灵运的佛教思想 ……………… (118)
　　　　一　谢灵运与佛教的关联 ……………………………… (119)
　　　　二　山水与禅悟 ………………………………………… (121)
　　第二节　傅乐山的研究：谢灵运生平思想与诗歌创作 …… (123)
　　第三节　陈伟强的研究：佛教思想对谢灵运诗歌创作的影响 … (128)
　　　　一　慧远与竺道生对谢灵运的影响及其佛教思想来源的
　　　　　　复杂性 ………………………………………………… (128)
　　　　二　谢诗中"玄言的尾巴" …………………………… (131)
　　　　三　慧远的影响与谢灵运诗歌中的"悟理" ………… (137)
第四章　谢灵运诗歌主题思想之研究 …………………………… (141)
　　第一节　韦斯特布鲁克的研究：山水诗中情景理之关系 … (142)
　　　　一　永嘉诗歌：迁客眼中的山水 ……………………… (143)
　　　　二　四首春景诗中情与景之离合 ……………………… (153)
　　　　三　山水变形 …………………………………………… (163)
　　第二节　沃森的研究：谢灵运诗歌中的隐逸情怀 ………… (177)
第五章　谢灵运诗歌艺术特色之研究 …………………………… (181)
　　第一节　孙康宜的研究：一种新的描写模式的创造 ……… (181)
　　　　一　"形似" …………………………………………… (181)

二　对仗 ·· (184)
第二节　田菱的研究：谢灵运诗歌中的用典 ···················· (188)
　　一　《易经》与谢灵运山水诗 ································ (189)
　　二　谢灵运诗歌的"自然" ·································· (194)
第三节　田晓菲的研究：从自我与他者的关系界定谢灵运
　　　　诗歌的审美特点 ·· (201)
　　一　自我与他者之间呈现的四种审美方式 ···················· (201)
　　二　在自我与他者之间：对谢灵运诗歌独特审美特点的
　　　　揭示 ·· (202)
　　三　在审美与现实之间：审美对现实的超越 ·················· (205)
第四节　谢里登的研究：从语言学角度对诗歌语词与诗歌风格
　　　　关系之研究 ·· (205)
　　一　词频的比较 ·· (206)
　　二　诗歌语词与其"新奇"的诗歌风格之关联 ················ (211)
第五节　黄泽昌的研究：以"游览"为视角 ······················ (214)
　　一　作为研究视角的"游览" ································ (215)
　　二　以"游览"为研究视角所存在的问题 ···················· (218)
结束语 ·· (221)
参考文献 ·· (226)
附录一　学者译名表 ·· (237)
附录二　词频对照表 ·· (238)
后记 ·· (247)

绪　　论

一　谢灵运诗歌的研究价值

谢灵运（385—433），祖籍陈郡阳夏（今河南太康），以狂放不羁的文人性格和开山水诗派之先的功绩，在中国诗歌史上占据着极其重要的地位。

晋宋之际是中国古典诗歌史上一个重要时期，也是诗歌创作潮流的更迭期。此间，诗坛出现了一番新的气象，诗歌风格由平典而步入清新之境。《文心雕龙·明诗》有云："宋初文咏，体有因革，庄老告退，而山水方滋，俪采百字之偶，争价一句之奇，情必极貌以写物，辞必穷力而追新，此近世之所竞也。"[1]曹道衡指出，刘勰所说的"宋初文咏"虽未提及谢灵运的名字，但该句却是对谢灵运等人山水诗风格所作的很好概括[2]。谢灵运的山水诗在诗歌题材及诗歌技巧上突破前人的窠臼，追求新变。山水诗的诞生，体现了中国诗人转向自觉观照山水的审美意识。将这种审美意识与其诗歌创作结合，而其笔下的山水也由背景变为具有种种风神意趣的、独立的审美客体，中国古典诗歌由此进入了一个崭新的阶段。

从先秦到魏晋，诗歌中都不乏山水描写的成分，如《秦风》中的"蒹葭苍苍，白露为霜"；《郑风》中的"山有扶苏，隰有荷华"；《楚辞·九歌·湘夫人》中的"袅袅兮秋风，洞庭波兮木叶下"，"荒忽兮远望，观流水兮潺湲"；《古诗十九首》中的"青青河畔草，郁郁园中柳"，

---

[1] （南朝梁）刘勰著，范文澜注：《文心雕龙注》（上），人民文学出版社1958年点校本，第67页。

[2] 曹道衡：《也谈山水诗的形成与发展》，《文学评论》1961年第2期，第32页。

"青青陵上柏，磊磊涧中石"；王粲的《七哀诗》其二中的"山冈有余映，岩阿增重阴"；曹植的《公宴诗》中的"秋兰被长坂，朱华冒清池"。上述诸诗所涉及的山水描写，或借山水以起兴，或将山水作为陪衬以烘托意境，其中的山水并未成为诗歌的主体。以自然山水为主体的山水诗的兴起，主要是在义熙中。当时"理过其辞，淡乎寡味"的玄言诗在东晋诗坛已呈衰歇之势，清新自然的山水诗应运而生。沈约的《宋书·谢灵运传》言"仲文始革孙、许之风，叔源大变太元之气"①，《世说新语·文学》注引檀道鸾《续晋阳秋》云："至义熙中，谢混始改。"② 殷仲文的《南州桓公九井作》杂山水与玄言于一体，谢混的《游西池》因通篇写景而被视为山水诗的先声。殷谢有意识地以山水入诗，"给当时奄奄一息的诗注入了一股新鲜血液，把诗从瘫痪的状况中救出。……殷谢对于山水诗，虽有'筚路蓝缕'之功"③，但只有到了谢灵运笔下，山水才成为独立的审美意象、独立的诗歌表现题材，大量进入诗篇，并作为一种独立的诗歌流派和艺术形式在诗坛上崛起。作为中国山水诗派的开创者，谢灵运是第一个主动有意识地全力创作山水诗的诗人，其既是《诗经》《楚辞》中已有山水描写的继承者，同时也因将全篇之情志寓于山水的独特抒情手法而正式开创了中国山水诗派。

　　谢灵运的山水诗大多是他在出守永嘉、归隐故乡始宁及出守临川时所作。诗人隐遁泉林、怡情山水，"所至辄为诗咏"④，诗中对山水声色进行穷形尽相的描写，同时诗人也触景生情，借山水而寄怀。他对山水的倾情描写打破了东晋玄言诗的统治地位，开启了南朝追求"形似"、崇尚声色的诗风。其诗中既有炼字精工的佳句，如"池塘生春草，园柳变鸣禽"（《登池上楼》）、"白云抱幽石，绿筱媚清涟"（《过始宁墅》）、"云日相辉映，空水共澄鲜"（《登江中孤屿》）、"野旷沙岸净，天高秋月明"（《初去郡》），也不乏钟嵘所谓"自然英旨"的名句，如"明月照积雪，朔风劲且哀"（《岁暮》）、"首夏犹清和，芳草亦未歇"（《游赤石进帆海》）、"春晚绿野秀，岩高白云屯"（《入彭蠡湖口》）、"清晖能娱人，游子憺忘归"（《石壁精舍还湖中作》），这些优美的诗句形象地再现了山水

---

① （南朝梁）沈约：《宋书》卷六十七，中华书局1974年点校本，第1778页。
② 余嘉锡撰，周祖谟、余淑宜整理：《世说新语笺疏》，中华书局1983年版，第262页。
③ （南朝宋）谢灵运，叶笑雪选注：《谢灵运诗选》，古典文学出版社1957年点校本，第7页。
④ （南朝梁）沈约：《宋书》卷六十七，中华书局1974年点校本，第1754页。

之秀媚及诗人对山水的热爱。

历代诗话对谢诗的评价大致分为两类。一类评价极高,如《南史·颜延之传》记鲍照评谢诗"谢五言如初发芙蓉,自然可爱"[①];钟嵘的《诗品》评谢诗"名章迥句,处处间起;丽曲新声,络绎奔发"[②];释皎然的《诗式》赞谢诗"诗中之日月","故能上蹑风骚,下超魏晋,建安制作,其椎轮乎"[③];严羽的《沧浪诗话》说谢诗"无一篇不佳"[④];沈德潜的《说诗晬语》说"谢诗经营而返于自然"[⑤];方东树的《昭昧詹言》称其为"思深气沉,风格凝重,造语工妙,兴象宛然,人自不能及"[⑥]。另一类评价则持贬抑的态度,如潘德兴的《养一斋诗话》认为"谢客诗芜累寡情处甚多"[⑦];许学夷的《诗源辨体》说谢诗"体尽俳偶,语尽雕刻"[⑧];汪师韩的《诗学纂闻》说谢诗"首尾不辨","不成句法"[⑨]。以上两种评价虽褒贬分明,但历代诗话无一能绕过谢灵运这一事实,也足以证明他在中国文学史上的重大影响。

就谢灵运的历史地位而言,他在晋宋之际诗名最高。《宋书·谢灵运传》载:"每有一诗至都邑,贵贱莫不竞写,宿昔之间,士庶皆遍,远近钦慕,名动京师。"[⑩]"爰及宋氏,颜、谢腾声。灵运之兴会标举,延年之体裁明密,并方轨前秀,垂范后昆。"[⑪] 钟嵘的《诗品·序》云:"元嘉中

[①] (唐)李延寿:《南史》卷三十四,中华书局1975年点校本,第881页。
[②] (南朝梁)钟嵘著,曹旭集注:《诗品集注》,上海古籍出版社1994年点校本,第160页。
[③] (唐)皎然著,李壮鹰校注:《诗式校注》,人民文学出版社2003年点校本,第118—119页。
[④] (宋)严羽著,郭绍虞校释:《沧浪诗话校释》,人民文学出版社1961年点校本,第141页。
[⑤] (清)沈德潜:《说诗晬语》,载王夫之等《清诗话》(下册),上海古籍出版社1963年点校本,第532页。
[⑥] (清)方东树著,汪绍楹校点:《昭昧詹言》卷五,人民文学出版社1961年点校本,第129页。
[⑦] (清)潘德兴著,朱德慈辑校:《养一斋诗话》,中华书局2010年点校本,第28页。
[⑧] (明)许学夷著,杜维沫校点:《诗源辨体》卷七,人民文学出版社1987年点校本,第108页。
[⑨] (清)汪师韩:《诗学纂闻》,载王夫之等《清诗话》(上册),上海古籍出版社1963年点校本,第454页。
[⑩] (南朝梁)沈约:《宋书》卷六十七,中华书局1974年点校本,第1754页。
[⑪] 同上书,第1778页。

有谢灵运,才高词盛,富艳难踪,固已含跨刘郭,凌轹潘左"①,在其《诗品》所列的自汉魏至齐梁的五言诗作者凡一百二十二人,其中上品十二家十一人,东晋以降仅谢灵运一人而已。萧统的《文选》登录谢灵运诗四十首,在其所录南朝诗人中,谢灵运诗居于首位。然而谢灵运的影响不限于南朝,他被誉为"山水诗之宗",其独特的山水描写手段及其山水审美情趣、山水情怀为后人所推崇,影响到整个中国山水诗的发展。方东树在《昭昧詹言》中评价谢灵运:"谢公蔚然成一祖,衣被万世,独有千古,后世不能挑,不敢抗,虽李杜甚重之,称为'谢公',岂假借之哉!"②王士祯对谢灵运在诗史上的地位作了如下评价:"宋齐以下,率以康乐为宗。至唐王摩诘、孟浩然、杜子美、韩退之、皮日休、陆龟蒙之流,正变互出,而山水之奇怪灵阂,刻露殆尽,若其滥觞于康乐,则一而已矣。"③确为切中肯綮之论。

然而谢灵运山水诗的价值不仅仅表现在他对山水的倾情描摹,其诗作中体现的鲜明的士大夫性格和精神气质也是研究的价值所在。中国士大夫一直有着"达则兼济天下,穷则独善其身"的儒家传统,这在谢灵运诗作中表现得极为明显。在《游名山志》中他写道:"君子有爱物之情,有救物之能。横流之弊,非才不治。故时有屈己以济彼,岂以名利之场,贤于清旷之域耶?"诗人怀有济世之志,然而时运不济,仕途跌宕,政治上遭受沉重打击的他怀着一颗失落的心,寄情山水,在清幽的山水境界中寻找精神上的慰藉。林文月先生曾用"和泪试严妆"来形容谢灵运的山水诗风格,透过其异彩纷呈的山水描写,我们看见的是隐伏在诗人心底的那份孤傲和落寞。

二 谢灵运诗歌在英语世界的译介与研究概况

无论谢灵运其人抑或作品,都是非常值得关注和研究的对象。从历朝品评谢灵运的诗论、诗选一直到近代学者对谢灵运作品的选注、研究,谢灵运一直是众人关注的焦点。二十世纪五十年代以来,随着中西文化交流

---

① (南朝梁)钟嵘著,曹旭集注:《诗品集注》,上海古籍出版社1994年点校本,第28页。
② (清)方东树著,汪绍楹校点:《昭昧詹言》卷五,人民文学出版社1961年点校本,第126页。
③ (清)王士祯著,张宗柟纂集,戴鸿森校点:《带经堂诗话》(上),人民文学出版社1963年点校本,第115页。

的发展,谢灵运开始进入西方人的文化视野。

20世纪50年代至70年代是谢灵运诗歌在英语世界译介及研究的起步阶段。20世纪70年代至21世纪初是谢灵运诗歌接受的发展期,这一阶段推出了众多不同角度、不同类型的研究成果,显示出谢灵运在英语世界的接受正处于持续发展的阶段。如今,谢灵运研究正朝着纵深方面发展,西方学者不断寻求着新的探索领域。

在这跨度达三十年的起步阶段过程中,有三位值得关注的人物:汉学家马瑞志(Richard B. Mather)、汉学家傅乐山(J. D. Frodsham)和学者弗朗西斯·韦斯特布鲁克(Francis Westbrook)。马瑞志是英语世界中较早研究谢灵运山水诗作与佛教思想的西方学者,他于1958年发表在《亚洲研究》(*Journal of Asian Studies*)期刊上的论文《5世纪诗人谢灵运的山水佛教思想》(The Landscape Buddhism of the Fifth Century Poet Hsieh Ling - yun)[1],率先提出了"山水佛教思想"(Landscape Buddhism)这一术语,就佛教思想与谢灵运其人及其创作之间的关系进行了独辟蹊径的探讨,其文中也涉及谢灵运作品的零星译文。在马瑞志的影响下,谢灵运以"佛教诗人"的形象进入了西方汉学家的研究视野。

对谢灵运诗歌进行系统的、较为全面的译介始于汉学家傅乐山。1967年傅乐山关于谢灵运的著作《潺潺溪流:中国山水诗人谢灵运(康乐公)的生平与创作》(*The Murmuring Stream: The Life and Works of the Chinese Nature Poet Hsieh Ling - yün* (385—433), *Duke of K'ang - Lo*) (Two Volumes)[2] 在马来亚大学出版,在其著作中,傅乐山对谢灵运的生平思想及诗歌创作作了较为全面的介绍,对谢灵运的诗歌进行了系统的、较为全面的翻译。自此,谢灵运开始以其"山水诗人"形象全面进入西方人的研究视野,成为继陶渊明之后的另一位颇受关注的南朝诗人。

弗朗西斯·韦斯特布鲁克是英语世界第一位对谢灵运诗歌进行全面阐释的美国学者,在其博士论文《谢灵运抒情诗及〈山居赋〉中的山水描

---

[1] Richard B. Mather, "The Landscape Buddhism of the Fifth Century Poet Hsieh Ling - yun", *Journal of Asian Studies*, Vol. 18, Issue 1, Nov., 1958, pp. 67 -79.

[2] J. D. Frodsham, *The Murmuring Stream: The Life and Works of the Chinese Nature Poet Hsieh Ling - yün* (385 - 433), *Duke of K'ang - Lo*, 2 vols, Kualar Lumpur: University of Malaya Press, 1967.

写》(Landscape Description in the Lyric Poetry and "Fuh on Dwelling in the Mountains" of Shieh Ling - yunn)①中,他在西方诗学的背景下,采用文本细读的方式,对诗歌文本进行了详尽的阐释,并对谢诗在英语世界的接受现状作了概述。他指出,尽管存在着惯有的批评及无端的忽视,但是最近几十年②西方学界开始对谢灵运有所关注,这与黄节、叶笑雪,以及法国汉学家戴密微(Paul Demiéville)的努力是分不开的,正是他们的努力,使得谢诗得以在英语世界流传。黄节的《谢灵运诗注》文言文注本和叶笑雪的《谢灵运诗选》白话文注本均为西方学者提供了参考。戴密微在"langue et littérature chinoises"③一文中就谢诗的版本作了说明。韦斯特布鲁克也对谢灵运在西方汉学界的接受前景作了适当预测,他认为戴密微1970年发表在《通报》(T'oung Pao)上的一篇有关傅乐山《潺潺溪流:中国山水诗人谢灵运(康乐公)的生平与创作》的评论文章无疑有助于引起西方汉学界对谢灵运更多的关注,由此确立了谢灵运在西方汉学研究中的重要地位。韦斯特布鲁克认为,"在西方汉学界关于谢灵运的重要研究成果出现之际,像戴密微这样的知名学者对谢灵运在中国文学史上应有地位作出如此评价,是谢灵运批评前景的一个可喜征兆"④。此外,韦斯特布鲁克指出,作为中国第一位描写自然形貌的山水诗人,中国文学批评史诸家将其简单定义为"山水诗人",然而谢灵运不只是简单描摹自然,而是将己之深情注入其中,实现了山水与自我生命的交融升华。

---

① Francis Westbrook, *Landscape Description in the Lyric Poetry and "Fuh on Dwelling in the Mountains" of Shieh Ling - yunn*, Ph. D. diss., Yale University, Ann Arbor, Mich.: UMI, 1973.

② 韦斯特布鲁克这里所说的最近几十年应该是指20世纪50—70年代,其间主要有Richard B. Mather, "The Land scape Buddhism of the Fifth - century Poet Hsieh Ling - yün," JAS XVIII 1958—1959. 戴密微的有关谢灵运的研究成果集中在20世纪60—70年代: Paul Demiéville, "langue et littérature chinoises," in the "Résumé de Cours" of *Exrait de l'Annuaire du collège de France*, 1963; Paul Demiéville, "A la mémoire d'un ami", *Asiatische Studien* XVIII - XIX (1965), 1 - 10; Paul Demiéville, Preséntation d'un poéte (*T'oung Pao*, 56, 1970). J. D. Frodsham. *The Murmuring Stream: The life and works of the Chinese Natwe Poet Usieh Ling - yun (385 - 433), Puke of kang - Lo*, 2vols, Kualar Lunpur: University of Malaya Press, 1967.

③ Paul Demiéville, "langue et littérature chinoises", in the "Résumé de Cours" of *Exrait de l' Annuaire du collège de France*, 1963, pp. 325 - 326.

④ It is a hopeful sign for the future of Shieh Ling - yunn criticism that a scholar as reknowned [原文如此] as Demiéville should make such a statement on Shieh's rightful place in Chinese literature at a time when important studies of the poet are beginning to appear. Francis Westbrook, *Landscape Description in the Lyric Poetry and "Fuh on Dwelling in the Mountains" of Shieh Ling - yunn*, Ph. D. diss., Yale University, Ann Arbor, Mich.: UMI, 1973, p. 1.

马瑞志、傅乐山和韦斯特布鲁克三位学者的研究成果奠定了英语世界谢灵运诗歌译介及研究的基础。在三位学者的引领下，20 世纪 70 年代之后，谢灵运其人其诗在英语世界的影响不断扩大，研究谢灵运的西方学者逐渐增多，在译介和研究方面成果卓著。

就谢灵运诗歌的翻译而言，美国汉学家、翻译家戴维·亨顿（David Hinton）编译的《谢灵运的山水诗》（*The Mountain Poems of Hsieh Ling-yun*）[①] 是除傅乐山、韦斯特布鲁克译本之外的另一个较为完整的译本，亨顿共译山水诗 16 首。

英语世界关于谢灵运诗歌的英译，还散见于西方汉学家的诗歌选集及研究著作。辑录谢诗的诗集如：柳无忌（Liu Wu-chi）、罗郁正（Irving Yucheng Lo）合编的《葵晔集》（*Sunflower Splendor: Three Thousand Years of Chinese Poetry*）[②]、傅汉思（Hans H. Frankel）的著作《梅花与宫闱佳丽》（*The Flowering Plum and the Palace Lady: Interpretation of Chinese Poetry*）[③]、伯顿·沃森（Burton Watson）编译的《哥伦比亚中国诗选：从早期到 13 世纪》（*The Columbia Book of Chinese Poetry—From Early Times to the Thirteenth Century*）[④]、梅维恒（Victor H. Mair）主编的《哥伦比亚中国古典文学选集》（*The Columbia Anthology of Traditional Chinese Literature*）[⑤]、叶维廉（Yip Wai-lim）的著作《汉诗英华》（*Chinese Poetry: An Anthology of Major Modes and Genres*）[⑥]、蔡宗齐（Zong-qi Cai）编撰的《中国诗歌选集》（*How to Read Chinese Poetry: A Guided Anthology*）[⑦]。

一些学术论文及专著中也涉及谢诗的零星英译，田晓菲（Tian Xi-

[①] David Hinton, *The Mountain Poems of Hsieh Ling-yun*, New York: New Directions Publishing, 2001.

[②] Liu Wu-chi and Irving Yucheng Lo, eds., *Sunflower Splendor: Three Thousand Years of Chinese Poetry*, Indiana University Press, 1976.

[③] Hans H. Frankel, *The Flowering Plum and the Palace Lady: Interpretation of Chinese Poetry*, New Haven: Yale University Press, 1976.

[④] Burton Watson, *The Columbia Book of Chinese Poetry—From Early Times to the Thirteenth Century*, New York, London: Columbia University Press, 1984.

[⑤] Victor H. Mair, ed., *The Columbia Anthology of Traditional Chinese Literature*, New York: Columbia University Press, 1994.

[⑥] Yip Wai-lim, *Chinese Poetry: An Anthology of Major Modes and Genres*, Durham: Duke University Press, 1997.

[⑦] Cai Zong-qi, ed., *How to Read Chinese Poetry: A Guided Anthology*, Now York: Columbia University Press, 2008.

aofei）的专著《神游——早期中古时代与十九世纪中国的行旅写作》（*Visionary Journeys：Travel Writings from Early Medieval and Nineteenth - Century*）① 及孙康宜（Kang - l Sun Chang）的专著《抒情与描写——六朝诗歌概论》（*Six Dynasties Poetry*）② 中都有少量诗作的译文。尽管谢灵运诗歌译介的力度还远远不够，但由此可见西方学者对谢灵运的关注在逐渐增加。

就谢灵运诗歌的研究而言，自 20 世纪 70 年代以来，处于西方文化语境之下的西方汉学家，从不同角度出发，对谢灵运作了不同程度的研究，谢灵运的研究成为继陶渊明之后西方汉学研究的又一重镇。西方学者对谢灵运的接受研究主要表现在谢灵运生平思想与诗歌创作、谢灵运诗歌主题思想及谢灵运诗歌艺术特色三个方面。其代表性研究成果如下：

对谢灵运思想与诗歌创作的研究成果主要以陈伟强（Timothy Wai Keung Chan）的研究为代表。他在其著作《对"岁暮"的思考——中古早期诗歌表现中的生死观》（*Considering the End：Mortality in Early Medieval Chinese Poetic Representation*）③ 的第五章"谢灵运与'悟'"（Xie Lingyun on Awakening）中，就佛教思想中的"顿悟"思想与谢灵运诗歌创作的关系作了探讨。

对谢灵运诗歌主题思想的研究，除韦斯特布鲁克的研究之外，伯顿·沃森在著作《中国抒情诗——2 世纪到 12 世纪的古诗史》（*Chinese Lyricism：Shih Poetry from the Second to the Twelfth Century*）④ 中的"隐逸诗歌"（The Poetry Reclusion）这一章节中简要论及了谢灵运的隐逸情怀。

对谢灵运诗歌艺术特色的研究成绩主要体现在以下学者的研究成果中：孙康宜的专著《抒情与描写——六朝诗歌概论》用"一种新的描写

---

① Xiaofei Tian, *Visionary Journeys：Travel Writings from Early Medieval and Nineteenth - Century China*, Cambridge（Massachusetts）and London：Harvard University Asia Center, Harvard University Press, 2011.

② Kang - l Sun Chang, *Six Dynasties Poetry*, Drineton, New Jersey：Princeton University Press, 1986, p. 48, footnote 1.

③ Timothy Wai Keung Chan, *Considering the End：Mortality in Early Medieval Chinese Poetic Representation*, Leiden：Brill Academic Publishers, 2012.

④ Burton Waton, *Chinese Lyricism：Shih Poetry from the Second to the Twelfth Century*, New York：Columbia University Press, 1971.

模式"（a new descriptive mode）来定义谢灵运山水诗的写作风格；田菱（Wendy Swartz）的论文《风景阅读与书写——谢灵运的〈易经〉运用》①探讨了《易经》的典故引文与诗人当前处境及山水诗结构的关系；田菱的另一篇论文《谢灵运诗歌的"自然"》（Naturalness in Xie Lingyun's Poetic Works）②探讨了谢诗语言的"自然"；田晓菲的专著《神游——早期中古时代与十九世纪中国的行旅写作》从"自我"与"他者"的角度对谢灵运诗歌的审美特点作了详尽的分析；黄泽昌（音译，Harrison Tse-Chang Huang）的博士论文《短行、庄园和居高临下的审视——谢灵运的山水诗》（Excursion, Estates, and the Kingly Gaze: The Landscape Poetry of Xie Lingyun）③对谢灵运山水诗的游览视角进行了探讨；赛琳娜·安·谢里登（Selinda Ann Sheidan）的博士论文《六朝诗歌的语词与风格的研究——以谢灵运和谢朓的词语频度研究为例》（Vocabulary and Style in Six Dynasties Poetry: A Frequency Study of Hsieh Ling-yun and Hsieh T'iao）④运用统计词频的方法，对谢灵运诗歌风格作了实证研究。

  从20世纪50年代至今，西方学者在谢灵运诗歌译介和研究方面取得的进展，弥补了英语世界汉学研究中的谢灵运接受研究的空白，由此拉开了谢灵运诗歌"西游"的序幕。随着几代汉学家研究成果在英语世界影响的深入，加之谢灵运在英语世界的影响也不断扩大，更多的西方学者加入了谢灵运作品翻译、研究的行列，谢灵运也因此成为国外汉学界的研究热点。

  英语世界对谢灵运的接受有着以下几个原因：其一，谢灵运于20世纪50年代在西方被接受顺应了20世纪五六十年代西方汉学研究蓬勃发展的这一时代潮流。谢灵运作为中国诗歌史上举足轻重的诗人，其开创的山

---

① Wendy Swartz（田菱）：《风景阅读与书写——谢灵运的易经运用》，李馥名译，载刘苑如主编《体现自然：意象与文化实践》，台湾"中央研究院"中国文哲研究所2012年版。
② Wendy Swartz, "Naturalness in Xie Lingyun's Poetic Works", *Harvard Journal of Asiatic Studie*, Vol 70, No 2, Dec, 2010.
③ Harrison Tse-Chang Huang, *Excursion, Estates, and the Kingly Gaze: The Landscape Poetry of Xie Lingyun*, Ph. D. diss., University of California, Berkeley, Ann Arbor, Mich.: UMI, 2010, pp. 355-386.
④ Selinda Ann Sheidan, *Vocabulary and Style in Six Dynasties Poetry: A Frequency Study of Hsieh Ling-yun and Hsieh T'iao*, Ph. D. diss., University of Washington, Ann Arbor, Mich.: UMI, 1982.

水诗派，在中国诗歌史上具有不可估量的价值，因而谢灵运研究成为西方汉学研究不可缺少的一环。其二，对谢灵运独特的诗人形象及其丰富的学术思想的个案研究具有代表性，有助于西方汉学界深入到对中国古代文人的士大夫形象气质的整体研究，而且谢灵运鲜明的个性更符合西方人的审美。生安锋、白军芳的《孙康宜教授访谈录》中，孙康宜说到，与抒情的陶诗相比，美国学生更倾向于现实的谢诗。因为谢诗真实，充满了命运与现实的抗争，更能激起西方读者的共鸣[1]。其三，谢灵运的山水诗充满了对自然形象的各种描绘，表达了诗人钟情于山水，或寄怀于山水的情致。英语世界也有着酷爱山水、描绘山水的文学传统。英语世界蜚声文坛的自然诗人华兹华斯、柯尔律治笔下的诗歌中也充满了对自然的诗意的描绘，表现出对自然强烈而真挚的情感。尽管谢灵运和西方的自然诗人有着诸多差别，但东西方热爱山水的共同传统使得谢灵运颇受西方汉学家的青睐。

三 谢灵运诗歌的研究目的及意义

关于谢灵运诗歌在英语世界的研究成果，一直缺乏系统性的探讨。黄世中在《谢灵运研究论集》一书中的"《谢灵运研究丛书》编辑缘起"中谈及由于西文资料的缺乏，《谢灵运研究论集》外文卷被迫改为日韩卷[2]。另外，笔者所能找到的关于谢灵运在西方世界的零星介绍仅限于以下三篇论文：黄鸣奋的《英语世界中国先秦至南北朝诗歌之传播》[3]、程章灿的《欧美六朝文学研究管窥》[4]及孙华娟的《于"陈腐"中开出花——评孙康宜〈抒情与描写——六朝诗歌概论〉》[5]。

西方学者立足于异质文化环境，以他者的眼光审视谢灵运，往往可以带来不同于国内学术界的观点。另外，对国外谢灵运研究成果的了

---

[1] 生安锋、白军芳：《孙康宜教授访谈录》，《书屋》2008年第2期，第13页。
[2] 参见葛晓音《谢灵运研究论集》中的"《谢灵运研究丛书》编辑缘起"。载葛晓音编选《谢灵运研究论集》，广西师范大学出版社2001年版，第2页。
[3] 黄鸣奋：《英语世界中国先秦至南北朝诗歌之传播》，《贵州社会科学》1997年第2期，第50—55页。
[4] 程章灿：《欧美六朝文学研究管窥》，《南京理工大学学报〈社会科学版〉》2008年第21卷第1期，第1—5页。
[5] 孙华娟：《于"陈腐"中开出花——评孙康宜〈抒情与描写——六朝诗歌概论〉》，《中国诗歌研究动态》2004年第1辑，第145页。

解，也有利于建立一个立体的谢灵运诗歌接受史。所以笔者拟对20世纪50年代以来谢灵运诗歌在英语世界的译介与研究状况作一梳理，评介西方学者解读谢灵运诗歌的独特视界，从而为国内的谢灵运研究提供参照和借鉴。

第一章

谢灵运诗歌英译本及其特色

与早在19世纪下半叶就被介绍到英语世界的陶渊明相比，谢灵运进入英语世界却是晚近之事。谢灵运进入英语世界较晚可能与谢灵运作品选注较少且较晚有关。顾绍柏在《谢灵运集校注》前言中提到，"（几种古诗选注收录谢灵运作品的也很少）。真正全面为灵运诗作注的是近人黄节先生。"[①]。西方学者在20世纪六七十年代开始关注谢灵运要得益于黄节的《谢康乐诗注》。除黄节的注本外，西方学者也参考叶笑雪白话文选注的《谢灵运诗选》。尽管起步较晚，他们对谢灵运个人及其作品表现出极大的热情和兴趣。

对谢灵运诗歌进行系统、较为全面的译介始于傅乐山。在他之前，"谢灵运的诗歌还未被翻译成任何一门西方语言，这是对西方当前（20世纪60年代）汉学研究空白状况的一个令人遗憾的评价"[②]。这一研究空白直到傅乐山才得以填补[③]。1967年，马来亚大学推出了傅氏的《潺潺溪流：中国山水诗人谢灵运（康乐公）的生平和创作》（以下简称《潺潺溪流》），同年，牛津大学出版了傅氏和程曦的合著《汉魏六朝诗选》（*An Anthology of Chinese Verse*：*Han Wei Chin*

---

① 顾绍柏校注：《前言》，载《谢灵运集校注》，中州古籍出版社1987年版，第42页。

② Very little of Hsieh's verse has ever found its way into translation into any European language—a sad commentary on the undeveloped state of Chinese studies in the West today. J. D. Frodsham, *The Murmuring Stream*：*The Life and Works of the Chinese Nature Poet Hsieh Ling – yun*（385 – 433）, *Duke of Kang – lo*, Vol. 1, Kuala Lumpur：University of Malaya Press, 1967, preface.

③ 马瑞志的论文《5世纪诗人谢灵运的山水佛教思想》仅仅涉及谢灵运《山居赋》《游名山志》《昙隆法师诔》（并序）等诗文的零星译文，缺乏对整首诗的完整译文。所以傅乐山说谢灵运诗歌的翻译在20世纪60年代仍然处于空白状况。

and The Northern and Southern Dynasties）[①]。这两部作品堪称西方汉学界译介、研究谢灵运个人及其诗歌创作的拓荒之作。自此，谢灵运的翻译，在西方汉学界（主要是北美汉学界）日渐兴盛。从20世纪60年代傅乐山开始译介，到20世纪70年代之后，谢灵运受西方学者的关注日益增多，再到21世纪谢灵运翻译的日渐兴盛，历时约半个世纪。在这半个世纪的时间里，谢灵运逐渐成为西方汉学界的研究热点，成为魏晋南北朝诗人中，继陶渊明之后的又一研究热点。尽管由于艰深性，其翻译还未达到一个高峰时期，但毫无疑问这些译介成功地促进了谢灵运在西方汉学界的传播，如今西方汉学界关于谢灵运的研究已经呈现出一些综合性、纵深性的成果。现将谢灵运的译介现状作一述评。

第一节 平易中见精深：傅乐山的译本

一 傅译选诗范围及失误

傅乐山的《潺潺溪流》共两卷：第一卷是谢灵运的生平思想和诗歌创作研究及黄节《谢康乐诗注》四卷所选诗之英译。在第一卷中，傅乐山只标出了注解符号，却没有进行具体注解；第二卷可以说是第一卷的附属文本，是其注解符号所包含具体注解内容的合集。黄节的《谢康乐诗注》辑录谢诗88首，其中乐府诗17首（其中《折杨柳行》名下2首），杂诗71首（其中《述祖德诗》名下2首，《拟魏太子邺中集诗》8首）。傅乐山从中选译谢诗67首，其中选译乐府诗7首，选译杂诗60首（见下表）。

傅乐山选译谢诗67首

诗歌类型	序号	诗名	诗歌译名
乐府诗	1	《善哉行》	*Good Indeed!*
	2	《悲哉行》	*Sad Indeed!*
	3	《长歌行》	*A Long Ballad*
	4	《会吟行》	*A Song of Kuei-Chi*
	5	《折杨柳行》	*Breaking off a Willow-branch*
	6	《缓歌行》	*Adagio Ballad*
	7	《燕歌行》	*A Song from Yen*

---

① J. D. Frodsham, Ch'eng Hsi, ed & tran., *An Anthology of Chinese Verse: Han Wei Chin and the Northern and Southern Dynastie's*, Oxford: Clarendon Press, 1967.

续表

诗歌类型	序号	诗名	诗歌译名
杂诗	8—9	《述祖德诗二首》	Two Poems Telling of the Virtue of My Grandfather
	10	《九日从宋公戏马台集送孔令》	On the Ninth Day of the Ninth Month, I Attend the Assembly of the Duke of Sung, Given in Honour of the Departure of His Excellency K'ung, at the His-ma Tower
	11	《彭城宫中直感岁暮》	While on Duty in the Palace at P'eng-ch'eng I am Affected by the Autumn of the Year
	12	《三月三日侍宴西池》	On the Third Day of the Third Month I am in Attendance on the Emperor at a Banquet by the West Pool
	13	《永初三年七月十六日之郡初发都》	On Setting out from the Capital for My Province on the Sixteenth Day of the Seventh Month of the Third Year of Yung-ch'u
	14	《邻里相送至方山》	On Being Escorted by Neighbours as Far as Mount Fang
	15	《过始宁墅》	On Spending a Few Days at My Estate in Shih-ning
	16	《富春渚》	The Island off Fu-ch'un
	17	《晚出西射堂》	On Going out of the West Hall of Archery at Dusk
	18	《登池上楼》	Up in the Lakeside Tower
	19	《游南亭》	On Making a Trip to the Southern Pavilion
	20	《白石岩下径行田》	I Make My Tour of the Fields along the Path below White Stone Crags
	21	《过瞿溪山饭僧》	On Passing by Mount Ch'ü-ch'i I Give Alms to a Buddhist Monk
	22	《过白岸亭》	On Spending Some Time at the Pai-an Pavilion
	23	《行田登海口盘屿山》	On My Tour of the Fields, I Climb Mount Coiling-island by the Sea
	24	《登上戍石鼓山》	On Climbing Stone Drum Mountain, near Shang-shu
	25	《游赤石进帆海》	On a Journey to Red Rocks, I Sail out on the Sea
	26	《登江中孤屿》	On Climbing the Solitary Island in the River
	27	《登永嘉绿嶂山》	On Climbing Mount Green Crag in Yung-chia

续表

诗歌类型	序号	诗名	诗歌译名
杂诗	28	《郡东山望溟海》	From the Eastern Mountain in My District I Look at the Ocean
	29	《游岭门山》	Wandering on Mount Ling-men
	30	《命学士讲书》	On Commanding Certain Scholars to Expound Books to Me
	31	《种桑》	Planting Mulberry Trees
	32	《初去郡》	On Leaving My District
	33	《田南树园激流植援》	In the Southern Fields I Plant a Garden, with Running Water and a Hedge Set There
	34	《石门新营所住四面高山回溪石濑茂林修竹》	All around My New House at Stone Gate are High Mountains, Winding Streams, Rocky Torrents, Thick Forests and Tall Bamboos
	35	《石壁立招提精舍》	On Founding a Retreat for the Sangha at Stone Cliff
	36	《石壁精舍还湖中作》	Written on the Lake on My Way Back to the Retreat at Stone Cliff
	37	《南楼中望所迟客》	From the Southern Tower I Look out for a Tardy Guest
	38	《庐陵王墓下作》	Written by the Tomb of the Prince of Lu-ling
	39	《入东道路诗》	A Poem on Starting off on the Road for the East
	40	《还旧园作见颜范二中书》	On Returning to My Old Gardens
	41	《登石门最高顶》	On Climbing the Highest Peak of Stone Gate
	42	《石门岩上宿》	Spending the Night on Stone Gate Crags
	43	《于南山往北山经湖中瞻眺》	What I Saw when I Had Crossed the Lake on My Way from Nan-shan to Pei-shan
	44	《从斤竹涧越岭溪行》	I Follow the Chin-chu Torrent, Cross the Peak and Go along by the River
	45	《石室山诗》	A Poem on Stone House Mountain
	46	《酬从弟惠连》	Written in Reply to My Younger Cousin, Hui-lien
	47	《登临海峤初发疆中作与从弟惠连见羊何共和之》	On Ascending the Peak of Lin-hai after Leaving Chiang-chung

续表

诗歌类型	序号	诗名	诗歌译名
杂诗	48	《初发石首城》	On Setting out from Shih – shou – ch'eng
	49	《道路忆山中》	While Travelling I Think of the Time I spent in the Mountains
	50	《入彭蠡湖口》	On Entering the Mouth of Lake P'eng – li
	51	《入华子岗是麻源第三谷》	I Go into the Third Valley of Ma – yüan where Hua – tzu Hill Stands
	52	《初往新安至桐庐口》	Written when I Visited T'ung – lu – k'ou in Hsin – an
	53	《七里濑》	Seven league Shallows
	54	《夜发石关亭》	I Set out at Night from Stone Pass Pavillion
	55	《发归濑三瀑布望两溪》	I Set out from Kuei – lai and the Three Waterfalls to Look at the Twin Streams
	56—63	《拟魏太子邺中集诗八首并序》	Eight Poems after the Style of the Collected Poems of the Assembly in Yeh by the Crown Prince of Wei
	64	《净土咏》	Chant of the Pure Land
	65	《七夕咏牛女》	On the Seventh Night I sing of the Herd – boy and the Weaving Lady
	66	《斋中读书》	Reading in My Study
	67	《从游京口北固应诏诗》	Written by Imperial Command when I Accompanied the Emperor on His Journey to Mount Pei – ku near Ching – k'ou

上述67首诗歌，傅乐山以散体译出。傅译是目前为止，较为完整的谢诗译本，所选诗包括乐府诗、杂诗，颇能展现谢诗的全貌。透过谢诗的整体，可以看到谢灵运的诗歌创作与其生平思想之间的关系，这也是傅乐山选诗的宗旨所在。关于乐府诗的选译，傅乐山在《善哉行》（*Good Indeed!*）译文的序言中从谢灵运乐府诗的创作水平角度谈及了他的选诗缘由。

现存的16首乐府诗中（乐府诗应为17首，其中《折杨柳行》名下2首），我只翻译了其中8首（实际上傅乐山只翻译了7首），因为我认为其余的乐府诗不必翻译。尽管其中的一两首歌谣很好，但整体而言，谢灵运的乐府诗给人印象不深。只要将之与鲍照的乐府诗相比较，谢灵运乐府诗的缺点立刻暴露出来，而鲍照则被一致

第一章 谢灵运诗歌英译本及其特色

认为擅长乐府诗这一体裁。当然其不足可以归因于缺乏兴趣所致，但谢灵运既然编撰乐府诗集，显然这个理由并不充分。唯一能得出的结论就是谢灵运的诗歌天才对于创作此种体裁并非那么得心应手。①

由此可见，傅乐山选译的乐府诗数量与他对谢灵运乐府诗整体评价不高有关。但对于除乐府之外的现存的 71 首杂诗中，傅乐山选译 60 首，其中有 11 首省略不译的缘由，傅乐山未在译文中注明。Clayton Chow 在关于《潺潺溪流》一书的书评中明确指出，"对于（除乐府之外的）其他未被翻译的诗歌，（傅乐山）没说明未翻译的缘由，而且这些诗歌中还包括一些经常被引用的对句"②。比如《岁暮》中的对句"明月照积雪，朔风劲且哀"千古传诵，而傅乐山略去该诗，又未在译文中注明将该诗略去不译的缘由，这不免令人感到遗憾。

其次需要指出的是，傅乐山在选译谢诗时，误把鲍照的一首《登庐山望石门》（*Looking at Stone Gate Mountain*）当作谢灵运的诗歌，而且译文不完整。鲍诗原文及傅译如下：

鲍照原文：

登庐山望石门
访世失隐沦，从山异灵士。
明发振云冠，升峤远栖趾。
高岑隔半天，长崖断千里。
氛雾承星辰，潭壑洞江氾。
崭绝类虎牙，巑岏象熊耳。

---

① I have accordingly selected only eight of the sixteen still extant for translation: the others are simply not worth the carriage. Though one or two of the following ballads are quite effective, the over-all effect is by no means impressive. One has only to compare these poems with the work of Pao Chao, who admittedly excelled at this genre, to see their shortcomings. It would be charitable to ascribe these deficiencies to sheer lack of interest: but since Ling-yün took the trouble to compile an anthology of yüeh-fu himself, this is clearly not the case. One can only conclude that his genius was not at ease in this genre. J. D. Frodsham, *The Murmuring Stream: The Life and Works of the Chinese Nature Poet Hsieh Ling-yun* (385–433), *Duke of K'ang-lo*, Vol. 1, Kuala Lumpur: University of Malaya Press, 1967, p. 107.

② But no explanation is given for the rest of the omissions, which include a most frequently quoted couplet. Clayton Chow, Book Review, *The Journal of Asian Studies*, Vol. 28, No. 3, May, 1969, p. 612.

埋冰或百年，韬树必千祀。
鸡鸣清涧中，猿啸白云里。
瑶波逐穴开，霞石触峰起。
迥互非一形，参差悉相似。
倾听凤管宾，缅望钓龙子。
松桂盈膝前，如何秽城市。①

傅译：

Looking at Stone Gate

The dawning day stirs the cloud caps,
I climb the crags and rest when far away.
High peaks shut out half the sky,
Long precipices cut off a thousand leagues.
A cock crows in the cool ravine,
An ape cries among the white clouds.
Jade-like waves unroll from the open places,
Misty rocks rise up against the peaks.
Twisting and turning, the stream takes on many shades,
The rocks in confusion resemble each other. ②

谢灵运也写过一首关于庐山的诗歌《登庐山绝顶望诸峤》且收入黄节的《谢康乐诗注》。傅乐山译文的选诗除此诗外皆与《谢康乐诗注》相同，而傅亦注明此诗源出书为第 90 页。而在《谢康乐诗注》中，第 90 页是谢灵运的《登庐山绝顶望诸峤》③，其中并无与傅译对应的完整诗歌或词句。因此，此诗当为傅乐山误将鲍照《登庐山望石门》当作谢诗，因而产生此张冠李戴之现象。

---

① （南朝宋）鲍照著，钱仲联增补集说校：《鲍参军集注》，上海古籍出版社 1980 年点校本，第 265 页。

② J. D. Frodsham, *The Murmuring Stream: The Life and Works of the Chinese Nature Poet Hsieh Ling-yun* (385–433), *Duke of K'ang-lo*, Vol. 1, Kuala Lumpur: University of Malaya Press, 1967, p. 172.

③《登庐山绝顶望诸峤》原诗为："山行非有期，弥远不能辍。但欲掩昏旦，遂复经圆缺。扪壁窥龙池，攀枝瞰乳穴。积峡忽复启，平途俄已绝。峦垅有合沓，往来无踪辙。昼夜蔽日月，冬夏共霜雪。"《谢康乐诗注》只选取其中最后六句。

二 平实、严谨的译风

(一) 注释法：傅译的补偿策略

在西方学界，傅乐山的《潺潺溪流》一书因最早全面译介谢灵运诗歌而备受关注。Clayton Chow 在关于《潺潺溪流》一书的书评中指出傅乐山的译文"准确""出色"[①]。韦斯特布鲁克在其博士论文《谢灵运抒情诗及〈山居赋〉中的山水描写》中提到，"傅乐山翻译了谢灵运的大部分抒情诗歌，但这些译文不准确、意义含混，甚至注解不够充分。尽管如此，《潺潺溪流》仍然不失为译介谢灵运必不可少的背景资料，西方后来任何一个谢诗的译者都从中受益匪浅"[②]。尽管西方学者对傅乐山的译文评价不一，但无可否认的是傅乐山在西方汉学界谢诗英译第一人的地位。经过傅乐山对谢灵运诗歌全面的译介和评注，谢灵运这位山水诗人第一次以完整的面貌出现在西方读者面前。

傅乐山的译文是学者式的、严谨的翻译。他不仅把握了谢灵运的个性及思想，而且在翻译过程中采取了增加翻译副文本的手段，所以其译文忠实严谨。在《汉魏六朝诗选》的序言中，他提及他在翻译过程中一直信守的翻译准则，即译者的目标就是尽可能地再现源语的效果，尽管从严格意义上来说，这是一项不可能实现的任务[③]。其次，傅乐山谈到要使译文尽可能地接近原文，而不损失文本的整体性，这就有必要在译文中增加大量的注释[④]。由于文化上的差异，以及汉语古典诗歌凝练的、意象化的语

[①] Clayton Chow, Book Review, *The Journal of Asian Studies*, Vol. 28, No. 3, May, 1969, p. 612.

[②] Most of his lyric poetry has been translated into English by J. D. Frodsham, but these translations often are inaccurate, unclear, or insufficiently annotated. The Murmuring Stream is an indispensable source for background material, and of course any later translator is going to profit from Frodsham's efforts. Francis Westbrook, *Landscape Description in the Lyric Poetry and "Fuh on Dwelling in the Mountains" of Shieh Ling-yunn*, Ph. D. diss., Yale University, Ann Arbor, Mich.: UMI, 1973, p. 4.

[③] I have constantly kept in mind the maxim that the goal of the translator is to reproduce, as nearly as possible, the effect of the original. This is, strictly speaking, an impossible task. J. D. Frodsham, Ch'eng Hsi, Ed. & trans, *An Anthology of Chinese Verse: Han Wei Chin and The Northern and Southern Dynasties*, Oxford: Clarendon Press, 1967, p. ix.

[④] It has been my intention to aim at a rendering as close to the Chinese as possible, without ever losing sight of the integrity of the original. This has often entailed the inclusion of a large number of notes. J. D. Frodsham & Ch'eng His, ed., *An Anthology of Chinese Verse: Han Wei Chin and The Northern and Southern Dynasties*, Oxford: Clarendon Press, 1967, p. ix.

言风格,在语际转换中,的确有必要借助翻译补偿手段来补全翻译过程中原文信息的缺失,以使译文效果接近原文,使译文在目的语语境中有意义,并为目的语的读者认可并接受①。

傅译中的补偿策略是通过注释的方式来完成的,其严谨而翔实的注释包括两方面。一是增加引论,即在诗歌译文标题之下,对诗作的旨意、创作背景、思想内涵及诗歌的大意作了概括,对诗歌标题及标题中所涉及的地理名词也作了详尽的注解。以谢灵运的乐府诗《悲哉行》为例,译文的标题之下译者增加了一段引论,在引论中,他先是指出谢灵运此篇拟陆机之作而来,继而分析了整首诗的思想内容,指出该诗实为含蓄的政治讽喻(a sustained political allegory),诗人通过这一讽喻,表达对刘宋新朝的愤懑,以及对晋室的忠心。傅乐山指出诗人以"松茑(pine - mistletoe)"、"樛葛(cloth - creeper)"影射攀附刘宋新朝的小人,以"风吹清"(the wind's pure breath)喻自身不同流俗,既然自身与新朝格格不入,唯有辞官隐退。诗人又以"幽树虽改观"(Though the gloomy trees do change their aspect)、"终始在初生"(They live and die in the place they were born)以自喻,尽管外界事物在不停地变化,其内心始终如一。此诗托物言志,看是写景,其实诗人是借景以抒发由于眼前节序变化而触发的对自身仕途蹭蹬的感触,诗中充满了难以遣怀的忧思与感伤的情绪,倘若译者不加注解,该诗极易被理解为一首单纯的写景诗。

二是典故注释法的运用。傅乐山对诗歌所涉及的文化典故作了详细的注释,或采取直译或音译加注释的"异域化"策略,或采取意译加注释的策略。谢诗中化用儒道经典中的典故较多,而这些典故与诗歌主题密切相关,是表达诗人情绪的关键。倘若不从典故的想象和意义着手,对原文所引用的典故加以注释,西方读者单从字面出发很难把握中国古典诗歌中典故的独特魅力及其丰富的文化意义,也难以体悟到诗人用典的深意。而且,傅乐山对典故的注释并非一般意义上的注释,而是结合谢灵运的诗歌,对典故在其诗歌中的具体形象及意义加以深入探讨之后得出的注释,所以其注释既体现了学理性,也彰显了译者的主体性。

谢灵运诗歌中的用典的确是翻译的一大难点。典故的一大特点就是

---

① Baker Mona, ed., *Rouledge Encyclopedia of Translation Studies*, London: Routledge, 1998, p. 236.

"隐",这个"隐"包含了典故"以少总多"凝练的语言风格及其深厚的文化意义。翁显良先生在谈典故的"隐"时说:"诗贵含蓄。然而,对于当时人是含蓄,对于后代人可能是隐晦;对于本族人是含蓄,对于外国人可能是隐晦。"① 由于典故的语言特点及其文化的隔膜,不仅西方读者,甚至以汉语为本族语的现代读者在读典故时都会感觉到"隔了一层"。

谢诗中用典极多,而且几乎没有一首诗不用典,学者对此早有体认。近代学者黄节《谢康乐诗注·序》云:"康乐之诗,合《诗》《易》、聃、周、骚、辩、仙、释以成之。"② 关于用典,刘永济指出:"用典之要,不出以少字明多意,其大别有二:一用古事,二用成辞,用古事者,援古事以证今情也。用成辞者,引彼语以明此义也。"③

对谢诗中的用典,傅乐山分别采取了两种不同的典故注释方法:对于直接引用"古事",包括历史人物、历史故事等,以及取"成辞"中的形象的用典,在语言的转换中,这种历史人物、历史故事中的文化形象等"既不能舍,也不能化",因此傅乐山采取直译或音译加注释的"异域化"的补偿策略,以求准确地传递源语的文化信息;对于谢诗中化典入诗,取"古事""成辞"之义理的用典,傅乐山采取意译的策略化隐为显。此外傅乐山在注释中对典故的原始出处、形象性及联想意义加以说明,以准确、完整地传达原文信息。

1. 直译或音译加注释的"异域化"的补偿策略

直译或音译加注释的例子常见于谢诗中人物及故事的翻译,如李牧、郤克、尚子、许生、严子陵、任公、屈原等。如诗句"目睹严子濑,想属任公钓"(《七里濑》④)中引用《后汉书·逸民传》严子陵的故事和《庄子·外物》中任公的故事。

目睹严子濑, My eyes are looking at the Shallows of Master Yen,

---

① 翁显良:《译诗管见》,《翻译通讯》1981年第6期,第6页。
② 黄节注:《序》,载《谢康乐诗注》,人民文学出版社1958年版,第2页。
③ (南朝梁)刘勰著,刘永济校释:《事类第三十八》,载《文心雕龙校释》,中华书局1962年点校本,第146页。
④ 本书中所引用谢灵运诗歌皆引自黄节注《谢康乐诗注》,人民文学出版社1958年版。

想属任公钓。But my thoughts are on Jen Kung and his fishing.①

"目睇"二句用典暗含了隐居之意,傅乐山并未将其意译,而是将严子陵和任公直译为"Shallows of Master Yen""Jen Kung and his fishing",并在注释中对严子陵和任公的故事作了详解,读者结合诗中典故的人物形象及其故事,很容易体悟到该典故所暗含的诗人"隐居之志"的联想意义。又如《富春渚》诗中"伯昏分"和"吕梁壑"的翻译:

亮乏伯昏分,I lacked the courage that Po – hun displayed,
险过吕梁壑。And here are perils worse than Lü – liang gorge.②

"亮乏"和"险过"二句系借用《列子》"伯昏分"和"吕梁壑"二"古事",对此傅译采用直译、音译加注释方式,分别译为"the courage that Po – hun displayed""Lü – liang gorge",再用脚注的形式对其出处及含义加以解释。对"伯昏"的解释是"For Po – hun Wu – jen see Lieh – tzu… which relates how he quite unconcernedly walked backwards until his feet were half over the edge of an abyss a thousand feet deep"③;对"吕梁壑"的解释是"… the Lü – liang gorge 'where even fish, turtles and crocodiles could not swim'. Confucius saw a man swimming there, who through his perfect Spontaneity 自然, was oblivious of the danger."④ 从傅乐山的注释中,西方读者很容易理解到谢灵运用典故指涉山川之险急,以之隐喻诗人当前政治处境之艰难。

对于谢诗中一些带有浓郁文化色彩的典故,如"贝锦""火旻""击壤",傅乐山也采取直译或音译加注释的"异域化"的策略,尽可能地传递原作的文化信息,不随意漏译其中任何一个文化形象。

犹劳贝锦诗。(《初发石首城》)

---

① J. D. Frodsham, *The Murmuring Stream: The Life and Works of the Chinese Nature Poet Hsieh Ling – yun* (385 – 433), *Duke of K'ang – lo*, Vol. 1, Kuala Lumpur: University of Malaya Press, 1967, p. 94.

② Ibid., p. 119.

③ Ibid..

④ Ibid..

I suffered like the man in the Shell – Embroidery song.①

"贝锦"出自《诗经·小雅·巷伯》中的"萋兮斐兮，成是贝锦"。汉郑玄笺："喻谗人集作已过以成于罪，犹女工之集彩色以成锦文也。"② 由此可见，"贝锦"指花纹错杂貌，后来用来比喻谗言。傅乐山没有将它意译为"slander"，而是直译为"Shell – Embroidery"，而且在注释中注明了"贝锦"一词的出处，有助于传递典故的文化内涵。

火旻团朝露。(《永初三年七月十六日之郡初发都》)
From the sky of the fire – star falls thick morning dew.③

"火旻"一词，"火"与"旻"为同义复词，"火"，星名，俗名大火。《诗经·豳风·七月》有"七月流火"，指大火星西行，天气逐渐转凉；"旻"即秋，《尔雅》曰"秋为旻天"。傅乐山直译为"the fire – star"，该译语传递了"火旻"一词的言内意义（原典之义），在注释中对"the fire – star"加以释义，"The fire – star is Antares, harbinger of autumn"，将该词的言外之意（联想意义），即"秋的预兆、秋的预言者"这一层含义完整、准确地传递出来。

获我击壤情。(《初去郡》)
So it seems to me as if I were playing jang.④

"击壤"是上古时代流传下来的一种游戏。周处的《风土记》曰："击壤者，以木作之，前广后锐，长四尺三寸，其形如履。将戏，先侧一壤于地，遥于三四十步，以手中壤击之，中者为上部。""击壤"是一种特有的

---

① J. D. Frodsham, *The Murmuring Stream: The Life and Works of the Chinese Nature Poet Hsieh Ling – yun* (385 – 433), *Duke of K'ang – lo*, Vol. 1, Kuala Lumpur: University of Malaya Press, 1967, p. 152.

② （清）阮元：《十三经注疏》，中华书局1980年影印本，第188页。

③ J. D. Frodsham, *The Murmuring Stream: The Life and Works of the Chinese Nature Poet Hsieh Ling – yun* (385 – 433), *Duke of K'ang – lo*, Vol. 1, Kuala Lumpur: University of Malaya Press, 1967, p. 116.

④ Ibid., p. 134.

文化现象，带有鲜明的民族色彩，在英文中难以找到与其相对应的词汇，译者将其音译为"playing jang"，并在注释中引用明王圻、王思义所辑《三才图会》对"击壤"一词的定义①及晋皇甫谧《帝王世纪》所记载的击壤风俗，"帝尧之世，天下太和，百姓无事。有老人年五十，击壤于道。"② 由释义可见，"击壤"指涉一种悠然自得、其乐陶陶的理想世界。傅乐山的音译加注释的翻译策略既传递了"击壤"一词的文化含义，也很容易使读者联想到仕途失意的谢灵运对"日出而作，日入而息。凿井而饮，耕田而食。帝力于我何有哉"那种逍遥自在的隐居生活的渴慕之情。

直译或音译加注释的"异域化"的补偿策略有助于保留原作中典故鲜明的文化形象，忠实地传达原文的信息。倘若译者用意译或释义法来翻译形象化的典故，就只能得其义理，而损失其生动的形象及凝练的语言，也就无法保留源语的修辞和用语，读者不仅感受不到中国古典诗歌典故中具有浓厚文化色彩的文化意象的存在，也无法理解中国古典诗歌典故语言的含蓄之美。

2. 意译并加注释

谢诗中常有化用《老子》《庄子》《易经》《楚辞》，取其义理而非形象的用典。这类用典常常词婉意深，拘泥于原文字句的硬译或者勉强照字面的直译只会增加语言文化上的"隔膜"，使译文更加晦涩难懂，读者看译文犹如雾里看花、水中望月一般，始终存在文化上的障碍。缘于此，傅乐山在把握其典故形象及寓意的基础上，采用意译的策略化隐为显，曲达原意，以消解读者在阅读中遭遇到的文化阻力。翁显良先生在《意态由来画不成？——文学风格可译性问题初探》一文中谈到翻译典故宜化隐为显。与其直译加注，不如把典故的含义融入句中，即采取意译的方式。考虑到单纯的意译可能会损失一定的语义及文化形象，所以傅乐山在意译之外，通过增加注释

---

① The San ts'ai t'u hui which defines the game as one in which two wooden shoe – shaped objects called jang were used. One was put in the ground and the other cast at it from a distance of some thirty or forty paces. The winner was the first to make a hit. J. D. Frodsham, *The Murmuring Stream*: *The Life and Works of the Chinese Nature Poet Hsieh Ling – yun* (385 –433), *Duke of K'ang – lo*, Vol. 2, Kuala Lumpur: University of Malaya Press, 1967, p. 149.

② The Ti wang shih chi which says: "In the reign of Emperor Yao the world was at peace and the people were idle. Men of eighty or ninety used to play at jang." J. D. Frodsham, *The Murmuring Stream*: *The Life and Works of the Chinese Nature Poet Hsieh Ling – yun* (385 –433), *Duke of K'ang – lo*, Vol. 2, Kuala Lumpur: University of Malaya Press, 1967, p. 149.

的方法以补偿丢失的语义及形象,以求忠实地再现原文。比如:

> 虽抱中孚爻,(《初发石首城》)
> Though I still held fast to the lines of Inner Truth,①

谢灵运诗歌中常见引《易经》卦名入诗,借用卦象义理的例子。《易经·中孚》曰:"象曰:泽上有风,中孚。"《疏》曰:"风行泽上,无所不周,其犹信之被物,无所不至。""中孚"本为《易经》卦名,这里谢灵运引卦名入诗,取其卦义"诚信"之意。"中孚"这类包含了丰富文化形象的词汇是一种独特的语言现象,硬译只可能降低译文的可读性,所以对这些寓意隐曲的卦名,傅乐山化隐为显,意译为"Inner Truth","中孚爻"译为"the lines of Inner Truth",与典故意义相符。此外,傅乐山在注释中对谢灵运诗中"中孚"卦的释义如下:"Chang Hsien asserts that Hsieh is referring to CY, Hex LXI, Chung Fu, 9/5: 'He possesses truth which links together. No blame.'有孚挛如无咎. But surely Ling-yün is alluding to the whole hexagram. He has been dealing with intractable people (the 'pigs and fishes' of the Judgement) and he himself has been pardoned ('Thus the superior man discussed criminal cases...' says the Image). So too, nine in the second place and six in the third place are equally appropriate here. See. R. Wilhelm (1), pp. 250 – 254."② 显然傅乐山的释义受黄节的《谢康乐诗注》中所引的汪上湖语的影响③。在释义中傅乐山指出,张铣认为谢诗此句"虽抱中孚爻"中的"中孚"是应取九五爻之义,但他认为谢诗中

---

① J. D. Frodsham, *The Murmuring Stream: The Life and Works of the Chinese Nature Poet Hsieh Ling-yun* (385 – 433), *Duke of K'ang-lo*, Vol. 1, Kuala Lumpur: University of Malaya Press, 1967, p. 152.
② Ibid., pp. 175 – 176.
③ 谢灵运《初发石头城诗》云:"虽抱中孚爻,犹劳贝锦诗。"臣铣曰:"《易》《中孚》卦九五爻也。"兼明书曰:"案《中孚》九五云'有孚挛如,无咎'。其义言九五居尊,为中孚之主,为信不可暂舍,而挛系不绝,故得无咎。此为王者之事,非臣下之所指用,且其辞义不当。今寻灵运之意,乃指九二爻耳。案九二云'鸣鹤在阴,其子和之。我有好爵,吾与尔靡',其义言九二处重阴之下,履不失中,立诚笃志,虽在暗昧,物亦应焉。故曰'鸣鹤在阴,其子和之'。不私权利,唯德是与,故曰'我有好爵,吾与尔之'。是灵运常抱此道,尚为孟𫖮诬奏,故曰'犹劳贝锦诗'。而张铣以为九五爻,何义也?"参见黄节注《谢康乐诗注》,人民文学出版社1958年版,第86页。

的"中孚"应取整个卦象的意义。结合谢灵运当时遭太守孟颐诬奏,与文帝不加罪的事情,九二爻"鸣鹤在阴,其子和之,我有好爵,吾与尔靡之"和六三爻"得敌,或鼓或罢,或泣或歌"的爻辞也同样适于阐释谢诗中的"中孚"一词,九二爻、六三爻对"中孚"的形象释义都是围绕"诚信"一意。傅乐山的译文"Inner Truth"准确地传递了易典的内涵,而且他对易典卦象的释义加深了读者对卦象的理解,保留了卦象的鲜明的形象性及其丰富的联想意义。又如下文《富春渚》诗中"山"和"水"这两个典故的翻译:

> 洊至宜便习,　　This flowing water taught me to live with danger,
> 兼山贵止托。　　These serried mountains taught me to sit still. ①

"洊至宜便习"和"兼山贵止托"二句借用《易经·坎》中"水洊至,习坎"和《易经·艮》中"兼山艮"而来。谢灵运引用此典故,取其义理,对此"成辞",傅乐山同样采取了化隐为显的意译并加注释的处理方法。"洊至"是江水涟漪涌动的情状,傅译为"flowing water";"兼山"即重山,连绵的山峰,傅译为"serried mountains";"习"即"习险如常",傅译为"live with danger";"止"即"停止",傅译为"still"。整句意译为:"This flowing water taught me to live with danger, These serried mountains taught me to sit still."虽与原文艰深的语言风格有所不同,但译文平实简洁,准确传递了典故的内涵。此外,在对该典故的注释中,他指出其出处,并作了注解:"K'an, Image. 'Water flows on without interruption and reaches its goal'";"Ken, Image, 'Mountains standing close together; the Image of keeping still'"。由此可见,傅乐山化隐为显的意译并加注释不仅保留了易典的文化形象,而且传递了典故的内涵。又如《郡东山望溟海》诗中的"寂寞"的翻译:

> 萱苏始无慰,　　The herb of forgetfulness brought me no consolation,

---

① J. D. Frodsham, *The Murmuring Stream*: *The Life and Works of the Chinese Nature Poet Hsieh Ling-yun*(385-433), *Duke of K'ang-lo*, Vol. 1, Kuala Lumpur: University of Malaya Press, 1967, p. 119.

寂寞终可求。　So now I shall seek it in silence and solitude.①

"寂寞"出自《庄子·天道》中的"夫虚静恬淡寂漠无为者，万物之本也"。《吕氏春秋·审分》曰："若此则能顺其天，意气得游乎寂寞之宇矣，形性得安乎自然之所矣。"可见"寂寞"是指道家的超凡脱俗、清静无为的理想境界，用在这里是暗示谢灵运隐居避世的追求。傅乐山将此译为"silence and solitude"，"silence"和"solitude"二词传递了一种清静、与世隔绝的意味，接近原文。而且二词押头韵，读来有一种音韵美。此外傅乐山在注释中指出"寂寞"一词可参考《楚辞·九辩》"君弃远而不察兮，虽愿忠其焉得，欲寂漠而绝端兮，窃不敢忘初之厚德"之意。傅乐山的注释加深了读者对"寂寞"一词的理解，使读者更容易联想到谢灵运的隐逸之志。

谢诗中的典故含义丰厚，诗中的典故又常常是诗人情致的表达。傅乐山在译文中加注的翻译策略很好地传递了谢诗中典故包含的形象和意义。关于注释，纳博科夫有一段精彩的评论："我所心仪的译文，要有大量的脚注，脚注像摩天大楼一样直抵这一页或那一页的顶端，只留下一行正文的微光，在注释和永恒（的虚空）之间闪烁。"②尽管纳博科夫的说法有些夸张，但译文中的注释无疑会起到跨越两种语言文化鸿沟的作用，使源语文本中的语言特征、文化形象在另一种语言中得以忠实、准确地再现。

施莱尔马赫在《论翻译的不同方法》中说到译者面临两种选择：一是"让读者靠近作者"，使译作尽量保留源语的风格特点；二是"让作者靠近读者"③，对原文作创意性的翻译，使译作尽量呈现目的语的风格特点，照顾处于异质文化背景的读者的接受。傅译在文化层面上采取了"让读者靠近作者"的异化手段，通过翔实的注释，准确地传递原作所折射出

---

① J. D. Frodsham, *The Murmuring Stream*: *The Life and Works of the Chinese Nature Poet Hsieh Ling - yun*（385 - 433）, *Duke of K'ang - lo*, Vol. 1, Kuala Lumpur: University of Malaya Press, 1967, p. 130.

② I want translations with copious footnotes, footnotes reaching up like skyscrapers to the top of this or that page so as to leave only the gleam of one textual line between commentary and eternity. Nabokov Vladimir, "Problems of Translation: *Onegin* in English", *Partisan Review* 22, 1955, p. 512.

③ F. Schleiermacher, On the Different Methods of Translating, trans. W. Bartscht, In Rainer Schulte and John Biguenet, eds., *Theories of Translation*: *An Anthology of Essays from Dryden to Derrida*, Chicago: The University of Chicago Press. 1992, pp. 42 - 43.

来的异域文化色彩。

（二）译语平实

傅乐山译文的语言特点表现为平实。他以平实的语言，自然流畅地再现了原作。试以《晚出西射堂》(*On Going out of the West Hall of Archery at Dusk*) 为例：

晚出西射堂　On Going out of the West Hall of Archery at Dusk

步出西城门，I went walking out through the gate in the western wall,
遥望城西岑。And saw, far off, the hills west of the wall.
连鄣叠巘崿，Long ranges of crags that tower to peaks,
青翠杳深沉。Whose greens and blues run deepening to darkness.
晓霜枫叶丹，With morning frost the maples flush cinnabar red,
夕曛岚气阴。As twilight falls the mountain mists swirl dark.
节往戚不浅，The dying autumn plunges me in sorrow,
感来念已深。I'm stricken with sadness, whelmed in memories.
羁雌恋旧侣，The journeying widow – bird longs for her former mate.
迷鸟怀故林。The lost bird broods on the forest it once knew.
含情尚劳爱，They have feelings and even suffer for their love;
如何离赏心。What then of me, parted from the joy of my heart?
抚镜华缁鬓，The mirror shows my black hair streaked with white,
揽带缓促衿。My belt hangs slackly round my billowing gown.
安排徒空言，"At peace amid flux" proves only an empty saying,
幽独赖鸣琴。In my solitude I confide in my singing lute. ①

谢诗尚骈偶，而傅氏以散体的形式译出，尽管在诗体风格上与原文相去甚远，但整篇译文结构巧妙，比如前四句中的每一句本为独立的句子，但译者运用并列句和关系子句，译为连贯的四句："I went walking out

---

① J. D. Frodsham, *The Murmuring Stream*: *The Life and Works of the Chinese Nature Poet Hsieh Ling – yun* (385 – 433), *Duke of K'ang – lo*, Vol. 1, Kuala Lumpur: University of Malaya Press, 1967, p. 120.

through the gate in the western wall, / And saw, far off, the hills west of the wall. / Long ranges of crags that tower to peaks, / Whose greens and blues run deepening to darkness."译文一气呵成,显得自然流畅。此外,译语平实,但在语气、情感上又能曲肖原作,字里行间不乏深情,颇能传达原诗的"意美"。比如"迷鸟怀故林"中的"故林",译者用"the forest it once knew"来表示,尤其是"it once knew"这一拟人化的翻译,言浅意深,充满情感。"故""旧"一类的词傅乐山常译为"once knew",语言朴质却情深意浓,在"息景偃旧崖"(《游南亭》)一句中,其中的"旧崖"傅乐山也译为"the shores I once knew",整句译为"To let my shade lie still on the shores I once knew"。其次,傅乐山在一些暗含诗人情绪的虚词的处理上也显示出他平实的风格。比如"节往戚不浅"中的"往"(dying)、"感来念已深"中的"已"(-ed)、"含情尚劳爱"中的"尚"(even)、"如何离赏心"中的"如何"(what then)这类虚词的译文既与原文扣合紧密,也准确传递出诗人内心的忧愁。吕叔湘说,"所谓平实,非一语不增,一字不减之谓也。"① 平实是在灵活变通的基础上自然地再现原文。比如"抚镜华缁鬓。揽带缓促衿"二句,傅译为"The mirror shows my black hair streaked with white, My belt hangs slackly round my billowing gown",从字面上看译文"抚""揽"二字未译出,但"抚""揽"二字的意义通过"The mirror shows""My belt hangs"间接地表达出来,语气略有转折,译文读来亲切自然。又如《初往新安至桐庐口》一诗的部分译文:

江山共开旷,	Into the distance, a vista of mountains and rivers,
云日相照媚。	With sun and clouds both dazzling with beauty.
景夕群物清,	The purity of nature as twilight falls
对玩咸可喜。	Fills me with rapture as I drink it in.②

在中国古典诗歌中,每一句诗都可以独立成句,有一个独立的意思,而英文译文常用英语独特的句法将原文中的两句甚至四句合并为一句。

---

① 吕叔湘编:《中诗英译比录》,中华书局2002年版,第5—6页。
② J. D. Frodsham, *The Murmuring Stream: The Life and Works of the Chinese Nature Poet Hsieh Ling-yun (385–433), Duke of K'ang-lo*, Vol. 1, Kuala Lumpur: University of Malaya Press, 1967, p. 156.

"景夕群物清""对玩咸可喜"本单独成句,译文将两句合为一句"The purity of nature as twilight falls fills me with rapture as I drink it in",使译文显得自然流畅。"Into the distance"(远处)、"a vista"(远景)、"both dazzling with beauty"(相照媚)、"purity"(清)、"as twilight falls"(景夕)、"rapture"(喜)及"as I drink it in"(对景赏玩)这一系列的用词既平易,又优美,并结合英语的句法,如"Into the distance""as twilight falls"后置,自然流畅地传递了原文的诗歌语言及形式之美。又如"旅人心长久"一句的译文:

旅人心长久,(《登上戍石鼓山》)
The traveler is a prey to endless sorrows. ①

此处译文措辞平易而不失自然。尤其是"prey"一词译得巧妙,自然、灵活地将"旅人"(The traveler)与"心长久"(endless sorrows)连接起来,将游子客居他乡愈久哀愁愈深的情绪生动地传递出来。此处平易的译文既忠实于原文,也非常符合译语的风格,确为傅译中的亮点。傅乐山此处的译文体现了翻译是一种再创作。译者不是逐字翻译,而是在把握原作的"神"的基础上,用符合本民族语言风格的表达方式再现了原作,使译作与原作"神似",实现了原作的艺术效果。翁显良先生称"舍形取神,才能保持本色"②,才不失原作的情味。Clayton Chow 在一书评中指出"(傅乐山译文中的)措辞妥帖,有的措辞甚至体现了诗人独特的语言风格。一个精通英汉两种语言的读者不难发现译文'The traveler is a prey to endless sorrows'构词巧妙"③。钱钟书曾经说过,"把作品从一国文字转变成另一国文字,既能不因语文习惯的差异而露出生硬拗口的痕迹,又能完全保留原作的风味,那就算得入于'化境'。"他也说:"译本对原作应该忠实得以至于读起来不像译本,因为作品在原文里决不会读起来像翻译出

---

① J. D. Frodsham, *The Murmuring Stream: The Life and Works of the Chinese Nature Poet Hsieh Ling-yun* (385-433), *Duke of K'ang-lo*, Vol. 1. Kuala Lumpur: University of Malaya Press, 1967, p.126.
② 翁显良:《本色与变相——汉诗英译琐译之三》,《外国语》1982 年第 1 期,第 25 页。
③ The words are well chosen. They at times even convey the special idiosyncracies of the poet. A bilingual reader will find the line "The traveler is a prey to endless sorrows" (p.126) a skillful arrangement. Clayton Chow, Book Review, *The Journal of Asian Studies*, Vol. 28, No. 3, 1969, p.612.

的东西。"① 韦努蒂也说"译文应该像玻璃一样,只有在有印记和气泡时才会注意它"②,也就是说好的译文看不出翻译的痕迹来。用钱钟书、韦努蒂的话来评价此处傅译也不为过。

译语平易的例子在傅乐山的译文中不胜枚举。"寡欲罕所阙"(《邻里相送至方山》)一句,傅乐山译为"There is little I want and even less I lack"。原文是说因为寡欲所以少所阙失,"寡欲"与"罕所阙"是因果关系,傅乐山在译文中用"even"一词将"寡欲"与"罕所阙"并列,巧妙地传递了意义,且译文平易自然,符合译语特点。又如诗中一些字词的翻译,如"丘园"一词,傅乐山译为"hills and gardens"。"丘园"即隐居之处,此处傅乐山并未将其译为归隐之处,而是照其字面译为"hills and gardens"。又如"又即秋水驶"(《初往新安至桐庐口》)中的"秋水"一词,"秋水"化用《庄子·秋水》中的"秋水时至,百川灌河",傅乐山直译为"autumn floods",译语平易而又充满联想。译语平实构成傅译显著的语言风格,使其译文在众多谢诗英译中脱颖而出。

(三)情感上的再创造:译"情"

"翻译是用另一种语言表达原作的思想感情……能以作者之心为心,即有最大的自由,否则再拘谨也不会忠实于原作,只得个貌是神非罢了。"③ 忠实于原文,并不只是字句上的忠实,也包括对原作思想、情感的忠实。傅乐山正是以作者之心为己心,所以其译文在译"意"的基础上,更译出了诗中之"情"。对于谢诗中之"情",傅乐山始终以理解同情的眼光来看待。译者与诗人心有灵犀,所以其译文不仅达意,也力求在译作中再现原文含蕴的情思。比如,"幽独赖鸣琴"(《晚出西射堂》),傅译:"In my solitude I confide in my singing lute",此处"confide in"(吐露心迹)是拟人化的用法。"孤独之中,我唯有求助于鸣琴,借以排遣我内心深处无尽的忧思",诗人的孤独之情借助译者优美的文辞,清晰地展现出来。又如《登上戍石鼓山》中的部分译文:

---

① 钱钟书:《林纾的翻译》,载《七缀集》,上海古籍出版社1985年版,第79页。
② Lawrence Venuti, *The Translator's Invisibility, A History of Translation*, Shanghai: Shanghai Foreign Language Education Press, 2004, p. 1.
③ 翁显良:《自由与不自由——试译稼轩词十首附言》,《外国语》1981年第2期,第27页。

摘芳芳靡谖，	The fragrant plants I pluck brook no forgetting,
愉乐乐不燮。	All these delights I must enjoy alone.
佳期缅无像，	Not a trace of a friend to come and meet me here,
骋望谁云惬。	The distance only mocks my loneliness.①

译文中"brook no forgetting""mock my loneliness"这两个拟人化的词组充分表现了诗人本想借登临山水之欢以排遣忧思，却因无人分享这一美景而思念旧友，以至于面对这春色春景平添一分惆怅的思绪。尤其是末句译文中的"mock"本为嘲弄之意，联系上句"Not a trace of a friend to come and meet me here"，友人造访的迹象（trace）全无，诗人满怀期待，纵目远望，而"赏心者"（a friend）终不来，诗人的情感无人分享，漫漫长路（The distance）似乎只是在嘲弄着（mock）诗人的寂寥之情（loneliness）。译者创造性地运用拟人化的手法，将诗人引颈而望的动作，以及由期待而叹息终至落寞的层层心绪，生动形象地刻画出来，可谓译中妙笔。

傅乐山在翻译过程中通过诗歌英译的显化处理，即在目的语中把源语中隐匿于诗歌语言符号之下的人称主语补充出来的方式，在译文中将人称显化不仅符合译入语的语言习惯，而且充分展现了诗人的情感。比如《晚出西射堂》中的这几句：

羁雌恋旧侣，	The journeying widow-bird longs for her former mate.
迷鸟怀故林。	The lost bird broods on the forest it once knew.
含情尚劳爱，	They have feelings and even suffer for their love;
如何离赏心。	What then of me, parted from the joy of my heart?②

诗句"含情尚劳爱，如何离赏心"无人称、无主语，但是联系上面两句"羁雌恋旧侣，迷鸟怀故林"，羁雌依恋旧侣，迷鸟怀念故林，可知"含情尚劳爱"一句省略了主语"羁雌""迷鸟"。"如何离赏心"一句隐

---

① J. D. Frodsham, *The Murmuring Stream*: *The Life and Works of the Chinese Nature Poet Hsieh Ling-yun (385-433), Duke of K'ang-lo*, Vol. 1, Kuala Lumpur: University of Malaya Press, 1967, p. 126.

② Ibid., p. 120.

去了主语"诗人自我",诗人借"羁雌""迷鸟"以自喻。鸟儿含情尚知劳爱,那些无知的事物尚有情感,而况乎远离赏心者的"我"呢?在译文中,傅乐山分别以第三人称"They"、第一人称"me/my"将源语中隐去的主语成分补充出来。其译文,尤其是后句"What then of me, parted from the joy of my heart",第一人称"me"和"my"连续出现,加重了诗歌哀怨的色彩,诗人似乎在叩问心灵,又像是在叩问生命,一种与知己远别,情何以堪的悲戚场景立刻呈现出来,诗人孤寂苦闷的情绪也随之展露无遗。

"妙物莫为赏,芳醑谁与伐"(《石门岩上宿》)二句中,诗人在哀叹没有一个同"我"共赏眼前美景,与"我"共同称美、品尝芳醑的知己。"莫为赏""谁与伐"都隐去了主语"我",而在翻译中,根据英语语言的特点,这些隐含的主语必须补充出来,否则译文显得语意不清,不合逻辑。傅乐山的译文"Yet I can enjoy none of these delights, / To whom can I praise this fragrant wine?"将隐去的人称加以显化,将人称显化处理后的译文符合英语的特点,更情真意切地传递了诗人内心深深的叹息。其实,译者在两种异质语言的差别面前并非无能为力,而是可以发挥译入语的优势,通过翻译中的某种补偿,使译文更加出色[1]。

又如"祁祁伤豳歌,萋萋感楚吟"(《登池上楼》)二句,傅乐山将诗中暗含的人称显化,译为"In crowd...! I am grieved at the song of Pin, / So thickly growing...! I am moved by the lament from Ch'u"。通过补出第一人称"I"的手段,译文忠实地再现了诗人因眼前春景而触发的归思之情。

吕叔湘在《中诗英译比录》序言中指出:"中文常不举主语,韵语尤甚,西文则标举分明,诗作亦然。译中译者遇此等处,不得不一一为之补出。"[2] 中国古典诗歌具有无主语、无人称的特点,这与强调人称、主语的西方诗歌有所不同。汉英两种语言的差异与中西两种不同的世界观有着联系。威廉·冯·洪堡曾就语言世界观作了如下评论,"语言的差异不是声音和符号的差异,而是其世界观本身的差异","每一种语言都包含着

---

[1] 单继刚:《翻译的哲学方面》,中国社会科学出版社2007年版,第141页。
[2] 吕叔湘编:《中诗英译比录》,中华书局2002年版,第5—6页。

一种独特的世界观。"① 由此可见,语言之间的差异表现为声音、符号的不同,但就其本质而言,是世界观的不同。中国古人天人合一的宇宙观不同于西方主张物我相分的二元对立的宇宙观,西方这种对立的宇宙观强调人与自然的对立,自然总是作为一种客体,相对于人这个主体而存在,作为主体的人总是把自然作为一种对立面而对其进行探索,强调人对自然的一种征服。所以,在英语诗歌中,作为主体的人总是无所不在的,他出现在诗歌的每一个角落。因此,在汉英这一语际转换中,有必要将隐含的主语补充出来,这不仅符合目的语的语言特征,而且译文更富有感染力,更充分传递出诗人主体的内在情感。

傅乐山在人称上也作了巧妙的变通,通过人称的改写将诗中饱含的深情更为客观地传递出来。如《悲哉行》中的这几句:

眇然游宦子,	The Journeying official is of little account,
晤言时未并。	He knows his words do not accord with the time.
鼻感改朔气,	His nostrils quicken to the change in the season,
眼伤变节荣。	While his eyes are pained by its fleeting glory.
侘傺岂徒然,	Has he not good cause to be disappointed?
澶漫绝音形。	With nothing to do, he is quite cut off from the world.
风来不可托,	He cannot depend on the wind as it comes,
鸟去岂为听。	Nor entrust a message to departing birds. ②

傅乐山在译文中巧妙地将原文的第一人称"I"改写成第三人称"He/Her",诗人的遭遇、其内心郁结的忧思、激越的情感通过"他者",即"第三者"的视角,客观地呈现出来,更能激起读者的共鸣。傅乐山此处巧妙的变通,使其译文不仅达意,而且在情感上更能打动人,更能传递原文的曲致。

翁显良先生说:"译诗的前提是探求诗人之志。这不但要从其具有代

---

① 威廉·冯·洪堡特:《论与语言发展的不同时期有关的比较语言研究》,姚小平译,载姚小平编《洪堡特语言哲学文集》,湖南教育出版社 2001 年版,第 29 页,第 72 页。

② J. D. Frodsham, *The Murmuring Stream: The Life and Works of the Chinese Nature Poet Hsieh Ling–yun (385–433), Duke of K'ang–lo*, Vol. 1, Kuala Lumpur: University of Malaya Press, 1967, p. 107.

表性的作品中探求，从这些作品所显示的意象中探求，而且要从其思想文化传统与时代精神中探求。有些外国人译中国古典诗歌，其所以不甚真切，或则深入深出，失之于晦涩，或则浅入浅出，失之于浮薄，恐怕是不大懂得士大夫的缘故。"① 译诗也要知其人而论其世。倘若译者不能体会中国士大夫的情怀，无法体会他们的出处语默，"达则兼济天下，穷则独善其身"的儒家意识，也就无法深入地了解其诗歌。就像理解谢灵运的诗歌，倘若不了解其诗作中的儒、释、道的思想，则只见其纵情山水，而不见其"经营惨淡、迷闷深苦"，只见其诗中的景，而不见其诗中的情，这样的译文也"只见其浅，不见其深"。因为作为中国士大夫典型的谢灵运，仕途蹭蹬，一生徘徊于庙堂与山林之间，其"和泪试严妆"的诗作"寄托了作者对美好理想的追求，对坎坷身世的感慨，深深地打上诗人的主观的印迹，它并非寻常流连光景之作"②。

傅乐山的译文之所以能实现情感上的再创造，不仅在于其翻译手法，更在于他和谢灵运在情感上达成的共鸣，所以他才能深切地体会到诗人在诗歌中寄寓的深情。17世纪的英国诗人迪伦·温特沃斯（Dillon Wentworth）曾经就译者与作者的共栖性作了简短却不失精彩的评论：

> Then seek a Poet who your way does bend, / And choose an Author as you choose a Friend: / United by this sympathetic Bond, / You grow familiar, intimate and fond; / Your thoughts, your Words, your Styles, your Souls agree / No longer his Interpreter, but he.③
>
> 寻找一位倾心的诗人，/选择一位朋友似的作者，/因为惺惺相惜，/彼此变得熟悉、亲近，甚至爱恋，/思想、言语、风格，乃至灵魂都水乳交融，/你不再是他的译者，而与其合而为一。

迪伦·温特沃斯这一席话也适合于评价傅乐山和谢灵运。而傅乐山正是从谢灵运的士大夫思想性格、人生际遇出发来理解其诗歌，他与诗人惺

---

① 翁显良：《浅中见深——汉诗英译琐译之二》，《外国语》1981年第6期，第25页。
② 钟优民：《谢灵运论稿》，齐鲁书社1985年版，第146页。
③ Susan Bassnett, "Transplanting the Seed: Poetry and Translation", eds., Susan Bassnett and Andere Lefever, *Constructing Cultures—Essays on Literary Translation*, Shanghai: Shanghai Foreign Language Education Press, 2001, p. 74.

惺相惜，所以他能深入诗人的心灵深处，其译文所表现的也是谢灵运的真实情感，真实的谢灵运，而非他臆想的、虚构的人物，因而其译文在情感上更加真挚动人。

三　傅译中的过失

（一）信息缺失

由于语言文化的隔膜，尤其是中国古典诗歌语言凝练的特点，所以在语际转换中难免存在"信息缺失"（information loss）的现象。谢灵运的诗歌寓玄理于山水之间，其笔下的山水画面中常常蒙有一层神秘的玄理色彩，然而这一玄理色彩在两种异质语言的转换中很难通过译文再现出来。比如"空翠难强名，渔钓易为曲"（《过白岸亭》）二句融玄思与山色的描写为一体，"空翠"句典出《老子》（第二十五章），"吾不知其名，强字之曰道，强为之名曰大"，"渔钓"句典出《老子》（第二十二章），"曲则全，枉则直"，傅译为："So hard to find words for their airy kingfisher blue, so easy for a fisherman to live,"傅译仅翻译了其字面含义，句中所包蕴的"言不尽意，其中的妙处非语言所能言说；委曲反能保全，屈枉反能伸直"的玄理却遗漏了。

"溟涨无端倪，虚舟有超越"（《游赤石进帆海》）的译文也存在"信息缺失"的现象。傅氏将此二句译为："The immensity of ocean knows no bounds, Yet my light boat goes skimming over it."其译文会让读者联想到"诗人乘坐的轻舟飞快地驶过水面"，但"虚"本是道家语，"虚""超越"所暗示的胸怀空旷，"于物无所系"，"心无外物便可实现超越"[①] 这一超然自得的意境却未能在译文中呈现出来。此外，"虚舟"译为"my light boat"也稍欠妥。原诗对"虚舟"并无界定，越发表现出诗人怡然自得之状，作为观赏者的"我"已经与目中所见融为一体，物我难分。然而译文不但将"虚"改为"轻"，而且在"舟"之前加一所有格"my"，如此一来，就突出了主体的存在性，造成了主观与客观之分离，而诗也从无我之境变为有我之境，自是比原诗降了一格。

谢诗中字句的含义丰厚，但译者有时取其字面意义，造成了诗歌意义的单一化。比如"辛苦谁为情，游子值颓暮"（《永初三年七月十六日之

[①] 胡大雷选注：《谢灵运鲍照诗选》，中华书局2005年版，第31页。

郡初发都》）中"颓暮"一词的翻译，傅译为"my declining years"，译者理解为"垂暮之年"，清代吴淇《六朝选诗定论》卷十四也以为是人之暮年，而"颓暮"在此理解为"萧索的黄昏"更为合理，顾绍柏指出，"秋天一片肃杀衰败景象，故云颓暮。此从《文选》李善、张铣注及元刘履《选诗补注》卷六。"[①]"游子值颓暮"此句是说游子（诗人自指）多悲，又赶上这荒凉时节，内心的颓废情绪与外界的萧疏之景相互映衬，其内心悲苦更深了一层，所以，"颓暮"一词译为"萧索的黄昏"更符合诗歌的原意。即使作者有借秋天暮色映射自己的"垂暮"之年之意，但是"颓暮"却是存在几种不同所指的能指，"颓暮之年"也只能是其中之一意。对于英语世界只读傅译而未睹原作的读者而言，就很难读得"颓暮"中"秋天一片肃杀衰败景象"了，从而造成了原诗丰富含义的单一化。

此外，傅译中也存在由于译者对原作中的文化负载词未加注释，造成原作文化信息缺失的现象。比如"三春燠敷，九秋萧索"（《善哉行》），傅氏译为："In the spring it is warm, In autumn, its power declines." 译文显得简单空泛。"三春"固然泛指春天、"九秋"泛指秋天，但译者倘若稍加注解，指出中国古人用"三春"来指阴历正月、二月、三月，或孟春、仲春、季春，用"九秋"来指夏历秋季九十天，原文中的文化信息则可通过译文传递给读者，读者还可理解到"三春"与"九秋"构成的字词上的对仗之美。

（二）译语生硬、过于平淡

傅译有时拘泥于原文字句，因而其译文显得生硬，未能准确、忠实地传递原文意义。比如傅乐山将《缓歌行》中"飞客结灵友，凌空萃丹丘"中"飞客"一词译为"The flying men"，即飞人，会飞的人，译文欠妥。"飞客结灵友，凌空萃丹丘"语出《楚辞·远游》中的"仍羽人于丹丘兮，留不死之旧乡"。这里的飞客、羽人皆指仙人、飞仙。对比源语中的"飞客"一词，译语"The flying men"与"飞客"在语义上不对等，而且不能准确表达飞仙这一神话形象，也不能传递"飞客"一词带有浓烈的神仙思想的色彩。

又如《善哉行》中的这句"凉来温谢，寒往暑却"，傅氏译为"The cold comes and warmth departs, The chill goes and the heart comes again." 此

---

① 顾绍柏校注：《谢灵运集注》，中州古籍出版社1987年版，第36页。

处傅译拘泥于原文字面，逐字转译显得过于生硬，而且语言过于烦琐，读起来让人觉得费解。"凉来"与"温谢"是互文，"寒往"与"暑却"也是互文，不妨译为"The cold comes and departs, The chill goes and comes again"，既符合英文表达的习惯，也言简意赅。

译语过于平淡浅白的例子如《悲哉行》中的"澶漫绝音形"中的"澶漫"一词的译文。"澶漫"一词出自《庄子·马蹄》中的"澶漫为乐，摘擗为礼"。唐陆德明释文："李（颐）云：澶漫，犹纵逸也。"澶漫应作无拘无束、放纵理解，傅氏译为"with nothing to do"，不仅显得浅陋，而且更改了原诗的意义。

（三）语义晦涩

傅乐山的译文中也存在语义晦涩不明之处。如"含情易为盈，遇物难可歇"（《邻里相送至方山》）一句的译文，傅译为："Once there is emotion it is easy to brim over, In the presence of Nature it is difficult to rest."傅乐山的译文笼统，语义不清，尤其是"emotion"和"nature"二词过于宽泛，指意不明。原文中的"情"非一般的情感，而是"离情别绪"；"物"也非寻常的景物，而是"萧散的秋景"，这里指秋月、衰林。对比原文，译语显得含糊，缺乏艺术感染力。其实傅乐山在翻译此句时也是存有疑虑的，在注释中他指出其"译文有意保留了原作中的某些晦涩之处"[①]。受黄节注本的影响，他在该诗注释中指出此句应参照"神无以灵将恐歇，谷无以盈将恐竭"（《老子》第三十九章）的意思，但"神无以灵将恐歇，谷无以盈将恐竭"又如何阐释"含情易为盈，遇物难可歇"？此中有深意，但又不可言说，所以他在译文中保留了原作中的晦涩。但笔者认为，傅译此处晦涩，而原作并不晦涩，而且，"盈"和"歇"是道家的两个哲学范畴，"盈"为充盈，"歇"为消歇，谢诗正是借用"盈"和"歇"这两个生动鲜活的意象来衬托诗人内心正充溢的不可抑制的情感，正因为心中充满了离别的悲伤情绪，又遭遇时物之变，所以诗人的内心始终无法停止下来。韦斯特布鲁克也指出，"我认为谢灵运是在说他内心的离别情绪

---

① I have therefore intentionally conserved something of the obscurity of the original in my translation. J. D. Frodsham, *The Murmuring Stream: The Life and Works of the Chinese Nature Poet Hsieh Ling-yun (385-433), Duke of K'ang-lo*, Vol. 2, Kuala Lumpur: University of Malaya Press, 1967, p.117.

如此悲凉，以至于'衰林'和'秋月'加重了他内心的伤感"①。

（四）误读与误译

傅乐山将"外物徒龙蠖"译作"Where the world is concerned I'm a dragon, a measuring - worm"有悖原意。"龙蠖"一词出自《易经·系辞下》中的"尺蠖之屈，以求伸也；龙蛇之蛰，以存身也"。谢灵运此处并非简单地袭用《系辞》中"龙蠖"一词，"龙蠖"一词在谢诗中产生了新义。联系上句"怀抱既昭旷"（傅译：My inmost self is growing bright and ethereal），"外物徒龙蠖"表达的是诗人旷达自适的人生志向，诗人对"龙蠖"以屈求伸、以蛰求存的处世哲学是持贬抑的态度，而傅译"Where the world is concerned I'm a dragon, a measuring - worm"则是恪守"龙蠖"一词在《系辞》中的原义，将诗人的情志等同于"龙蠖"之志，与诗句的原义不符。

又如"拂衣遵沙垣"（《过白岸亭》）中的"拂衣"这一动作，傅乐山译为"shake the world's dust from my clothes"，按傅乐山的译文，"拂衣"则成了拂去衣衫上的尘土。傅乐山这一解释与拂衣动作的原义不符。拂衣即拂袖、振衣的意思，是中国古人起身时的一种惯有的动作。许渊冲的译文"Sleeves brushed"、韦斯特布鲁克的译文"Brushing my clothes"较傅乐山的译文更能表现拂衣而起这一动作。

翻译中的"信息缺失"、译语欠妥、误读乃至误译在所难免。霍米·巴巴指出："不同语言体系之间的意义传递不可能是完整的"②，英语和汉语属两种不同的语系，由于其文化上、语言上的隔阂，同一性（sameness）在异质性的语言之间是不可能存在的，所以翻译难以实现完全的对等。总体来看，傅译言浅意深，颇能逼近谢诗的原貌，展现谢诗中的复杂情感，仍不失为谢诗的英译典范。

---

① I think Shieh is simply saying he is so upset with the emotions of parting, that he cannot enjoy the landscape, the "things" 物 encountered—the woods and moon. Francis Westbrook, *Landscape Description in the Lyric Poetry and "Fuh on Dwelling in the Mountains" of Shieh Ling - yunn*, Ph. D. diss., Yale University, Ann Arbor, Mich.: UMI, 1973, p. 24.

② H. K. Bhabha, "Dissemination: Time, Narrative, and the Margins of the Moderation", in H. K. Bhabha, ed., *Nation and Narration*, London: Routledge, 1990, p. 314.

第二节　达意工巧：韦斯特布鲁克的译本

一　韦译选诗范围

在傅乐山的译介影响之下，西方研究、翻译谢诗的学者数量逐渐增多，其中，尤以美国学者韦斯特布鲁克成就最大。在其博士论文《谢灵运抒情诗及〈山居赋〉中的山水描写》这一研究性翻译著作中，韦斯特布鲁克选译谢诗 21 首（见下表）。

韦斯特布鲁克选译谢诗 21 首

序号	诗名	诗歌译名
1	《永初三年七月十六日之郡初发都》	To Go to My Province August 19，422，I Set out from the Capital
2	《邻里相送至方山》	My Neighbors See me off to Square Mt.
3	《晚出西射堂》	Leaving West Archery Hall at Dusk
4	《富春渚》	The Fuh – chuen Islets
5	《过始宁墅》	On Passing through My Shyy – ning Estate
6	《登江中孤屿》	Climbing the Solitary Islet in the River
7	《游赤石进帆海》	On An Excursion to Red Rocks，I Survey the Vast Sea
8	《郡东山望溟海》	From East Mt. in My District I look at the Ocean
9	《登上戍石鼓山》	Climbing Stone Drum Mt. above Shanq – shuh Cove
10	《登池上楼》	On Pondside Tower
11	《过白岸亭》	Passing by White Banks Pavilion
12	《游南亭》	Excursion to South Pavilion
13	《入东道路诗》	Poem on Taking the Eastern Road
14	《登永嘉绿嶂山》	Climbing Mt. Green Cliff in Yeong – jia
15	《于南山往北山经湖中瞻眺》	The View as I Cross the Lake Going from South Mt. to North Mt.
16	《夜宿石门》	Spending the Night at Stone Gate
17	《从斤竹涧越岭溪行》	Journeying by Stream：Following Jin – jwu Torrent I Cross the Mountains
18	《石室山诗》	A Poem on Stone House Mountain
19	《石门新营所住四面高山回溪石濑茂林修竹》	All around My New House at Stone Gate are High Mountains，Winding Streams，Rocky Torrents，Thick Forests and Tall Bamboos
20	《入彭蠡湖口》	Entering the Mouth of Perng – lii Lake

续表

序号	诗名	诗歌译名
21	《入华子岗是麻源第三谷》	*I ascend the Third Valley of Mt. Ma-yuan*

韦斯特布鲁克选译的 21 首谢诗的时间跨度为 422 年谢灵运出守永嘉到 431 年谢灵运出守临川期间。韦译对所选的 21 首谢诗作了详细的注解，与傅乐山注重典故注释的译文相比较，韦斯特布鲁克更注重对诗歌的理解。其注释既包括诗句中文学的、历史的典故的注释，也引入了一些研究谢灵运的西方学者（如戴密微、马瑞志、傅乐山等）的批评，可见韦斯特布鲁克在谢诗研究方面的深入和广泛。韦斯特布鲁克在其著作中提到，西方后来任何一个谢诗的译者都从傅乐山的译文中受益匪浅。韦译也不例外，韦译正是在对傅译借鉴的基础上，形成了自己独特的翻译风格。

二 译文达意

韦译对谢诗中字句的理解颇为深刻，所以其译文准确达意，这与其对谢灵运山水诗的细致研究不无关系。比如"析析就衰林"（《邻里相送至方山》）中的"就"一字的翻译："就"字可理解为逼近。叶笑雪的解释为，"就，迎面而来。岸边的树林是静止的，江上的船则顺风随流急驶，在船上看岸上的树林，不觉船动而只看到树林向自己走近。"[①] 韦斯特布鲁克译为"approach"，译文不仅达意，更能传递原诗中舟行水上，船上的诗人的视线被不断迫近的衰林所占据的一种被动的情绪，衰林的"主动行为"恰恰反衬出诗人内心因为遭贬出京而触发的一种极不情愿的无奈。韦斯特布鲁克准确的译文在于他对诗歌的细读。韦斯特布鲁克在译文的注释中提到了他对"就"一字的理解，"诗的第 5 行和 6 行构成了明显的对句结构。正如'明'意指秋月的行为，我认为'就'是一个描写树林行为的实义动词，与诗人内心的勉强和无为形成对照。诗人在诗歌第 4 行里说到'（怀旧）不能发'，所以当船在水上行驶，两岸的树林迎面而来时，他完全被一种被动的情绪所

[①] （南朝宋）谢灵运，叶笑雪选注：《谢灵运诗选》，古典文学出版社 1957 年点校本，第 25 页。

占据"①。所以较之傅译的"move by",韦译的"approach"(迫近、靠近,有主动含义)更贴近原文,更能再现原文的言外之意。

又如"还得静者便"(《过始宁墅》)一句,韦斯特布鲁克译为"I return to gain the boon of quietness",傅乐山译为"for now I had a post where nothing at all ever happens",对比傅译将"静者"具体化为"清静无为的闲职",韦译更稳妥。

三 译文工巧

(一) 形式上的工巧

与傅乐山的译文相比,韦译简洁,在句式结构上颇能体现谢灵运诗歌对仗工整的特点。比如《邻里相送至方山》:

> 析析就衰林,
> 皎皎明秋月。

韦译:

Signing in the wind the sere woods approach,
Bright and dazzling the autumn moon shines.②

傅译:

The wind moans as the sere woods move by,
Such radiance from the shining autumn moon!③

傅译传递了意义,但在译文的形式上不如韦译平行工整。在韦译中,

---

① Lines 5 and 6 form a notably parallel couplet, however, and as ming 明 denotes what the moon does, I suspect jiow is a full verb describing the action of the woods—as opposed to the reluctance and inaction of the poet, who has stated his inability to set out in line 4. Thus he is completely passive as the boat conveys him along the river and the trees on either shore appear to be moving toward him. Francis Westbrook, *Landscape Description in the Lyric Poetry and "Fuh on Dwelling in the Mountains" of Shieh Ling–yunn*, Ph. D. diss., Yale University, Ann Arbor, Mich.: UMI, 1973, p. 25.

② Francis Westbrook, *Landscape Description in the Lyric Poetry and "Fuh on Dwelling in the Mountains" of Shieh Ling–yunn*, Ph. D. diss., Yale University, Ann Arbor, Mich.: UMI, 1973, p. 23.

③ J. D. Frodsham, *The Murmuring Stream: The Life and Works of the Chinese Nature Poet Hsieh Ling–yun (385–433), Duke of K'ang–lo*, Vol. 1, Kuala Lumpur: University of Malaya Press, 1967, p. 117.

"析析""皎皎",分别译作分词结构和形容词结构"Signing in the wind""Bright and dazzling";"衰林""秋月"分别对应两个名词词组"the sere woods""the autumn moon";"就""明"分别对应两个动词"approach""shines"。韦译不仅讲究对句的平行,也力求单个的语词在语法功能及形式上的对等,可见译者的"匠心"。又如《过始宁墅》中这二句的译文:

山行穷登顿,Trekking these hills, conquering their heights and plumbing depths,

水涉尽洄沿。Crossing rivers, following their lengths upstream and down,[①]

韦译中的"conquering their heights and plumbing depths""following their lengths upstream and down"分别对应"穷登顿""尽洄沿"。

韦译在译文形式上的创意性也体现在其跨行(enjambement)上。跨行即一个句子分跨两行或多行,跨行是英诗中极普遍的诗歌现象,沃尔夫冈·凯塞尔在《语言的艺术作品》中提到对诗歌跨行的要求,"不要让每一行诗产生严格的、完整的、统一体的效果。同一统一体的有规则的重现会使人厌倦,不断重复就会产生单调的效果。一个审美的原则要求一切在时间中分布的东西按照分布规则的变化。最简单的方法就是'跳行'(上句牵入下句):意义从一行跳入下一行,因而放松了行列的严格性。"[②] 韦译在追求译文达意的同时,也追求译文作为西方诗歌的节奏变化和结构形式美感。

韦译用跨行的形式,将"plumbing depths""and down"另起一行,这里的跨行有多重用意。其一,句式多变,避免诗行的单调排列。其二,照顾诗歌长短变化。"汉语每字只有一个音节,所以汉语诗句的字数也就是诗句的字数。在西洋,诗句的音数极为人们所重视:英诗每句普通是八个音或十个音。"[③] 可见严格说来,英诗中对于诗行中的音数有一定的限制。上一行共十三个音(Trek/king/ these/ hills, /con/que/ring/ their/ heights /

---

① Francis Westbrook, *Landscape Description in the Lyric Poetry and "Fuh on Dwelling in the Mountains" of Shieh Ling - yunn*, Ph. D. diss., Yale University, Ann Arbor, Mich.: UMI, 1973, p. 38.

② [瑞士]沃尔夫冈·凯塞尔:《语言的艺术作品》,陈铨译,上海译文出版社1984年版,第105页。

③ 王力:《汉语诗律学》,新知识出版社1958年版,第11页。

and/ plu/mbing /depths），下句共十三个音（Cros/sing /ri/vers，/fol/low/ing /their /lengths /up/stream /and /down），两句的音数均超出了英诗对诗行中的音数的限制，而跨行则可以避免诗行音数过多，诗行过于冗长这一点。其三，此处跨行可以加强语气，"plumbing depths""and down"更能够体现原句中所要表达的诗人踏山涉水、无所不至的兴致。而韦译中的跨行不限于此，比如下面这一例跨行（《郡东山望溟海》）：

萱苏始无慰，From the start the herb of forgetfulness brought no
comfort;
寂寞终可求。In the end solitude is all I can seek.①

韦译的跨行并非随心所欲，而是依据诗中情感的流动来进行的。他在"no"和"comfort"二词之间稍作停顿，将"comfort"一词延至次行，这种最短的跨行被王力先生称为"抛词法"，也就是"只留一个词抛到另一行"。"抛词法的作用有二：（一）是求节奏的变化；（二）是把重要的词的价值显现出来。"② 此处跨行造成的停顿加重了诗歌的哀怨情绪，诗人一种难掩的失望情绪跃然纸上，诗歌读起来给人一种欲言又止、言不尽意的感觉，留给读者无限的想象空间。类似将上一行的某个字词延至次行的跨行也见之于《于南山往北山经湖中瞻眺》一诗的译文：

赏废理谁通？　If appreciation is abandoned, who will fathom the
Natural order?③

韦译此处的跨行有两个作用。其一，限制行的音数。该行共十八个音数：If /ap/pre/ci/ation/ is/ aban/doned, / who/ will/ fa/thom/ the/ Na/tu/ral/or/der，超出了英诗中对每一行的音数的限制。其二，起强调作用。

---

① Francis Westbrook, *Landscape Description in the Lyric Poetry and "Fuh on Dwelling in the Mountains" of Shieh Ling‑yunn*, Ph. D. diss., Yale University, Ann Arbor, Mich.：UMI, 1973, p. 51.
② 王力：《汉语诗律学》，新知识出版社1958年版，第849页。
③ Francis Westbrook, *Landscape Description in the Lyric Poetry and "Fuh on Dwelling in the Mountains" of Shieh Ling‑yunn*, Ph. D. diss., Yale University, Ann Arbor, Mich.：UMI, 1973, p. 122.

"Natural order" 是这一行的重点词,将该词单列一行,占据了一个惹人注意的特殊位置,从而凸显出该词的重要性。跨行的作用不限于此,比如《登上戍石鼓山》一诗的译文中的跨行则是为了突出诗歌的押韵和节奏感。

汩汩莫与娱,	Time rushes by, denying the pleasure of a companion;
发春托登蹑。	With spring's coming I devote myself to mountain –
	climbing.
欢愿既无并,	Since there can be no sharing of my joys and hopes,
戚虑庶有协。	Probably my melancholy is more in place.
……	
摘芳芳靡谖,	Picking fragrant plants, their fragrance does not
	let me forget;
愉乐乐不燮。	I would delight in music, but the music is discordant.
佳期缅无像,	The prospect of a tryst is remote and vague;
骋望谁云惬!	I gaze out wildly—who would call me content?①

此处的跨行,正是为了照顾诗歌的韵脚,"companion""mountain""climbing"共用一个韵脚/n/(/ŋ/),"not""forget""discordant""content"共用韵脚/t/,赋予诗歌独特的韵律美和节奏感,而且与原文中的"协""燮""惬"三字押尾韵不谋而合。韦斯特布鲁克在翻译谢诗的过程中,常常是有意识地运用跨行的手法,他的每一首诗中的跨行都呈现出不同的审美意义。韦斯特布鲁克以诗译诗,符合西方读者对于诗歌的审美。

(二) 措辞上的工巧

与傅乐山平易的译风相比较,韦译在语言风格上力求最能体现谢灵运诗歌语言风格的表达,因而其用词达意而不失藻蔚。比如下文中的例子(《登上戍石鼓山》):

---

① Francis Westbrook, *Landscape Description in the Lyric Poetry and "Fuh on Dwelling in the Mountains" of Shieh Ling-yunn*, Ph. D. diss., Yale University, Ann Arbor, Mich.: UMI, 1973, pp. 54 – 55.

| 日没涧生波， | When the sun sets the streams grow turbulent; |
| 云生岭逾叠。 | Clouds form and the ranges multiply their layers. ① |

译文措辞巧妙，"grow turbulent"一语展现了山涧溪流湍急的模样，"the ranges multiply their layers"形象地展现了云聚山岭，层层叠叠的画面。又如下文中的例子（《晚出西射堂》）：

连障叠巘崿，	A running barrier of serried summits and crags,
青翠杳深沉。	Their dark blue sinking into deep obscurity.
晓霜枫叶丹，	In the frost of dawn maple leaves redden,
夕曛岚气阴。	In dusky twilight the mists turn to shadow. ②

诗中的"杳深沉"一词，韦斯特布鲁克译为"sinking into deep obscurity"，较之傅乐山的译文"run deepening to darkness"，无论在措辞上，还是在意境上，都要更胜一筹。"sinking into deep obscurity"一语传神地表现了山色的幽暗朦胧。"晓霜枫叶丹，夕曛岚气阴"中的"丹""阴"二字，韦斯特布鲁克分别译为"redden""shadow"，用字凝练，生动形象地传递了原文枫林尽染、雾气昏暗的深秋画面。译者巧妙的措辞不仅达意，更传递出原文优美的意境，可以说与原文"情貌无遗"。

韦斯特布鲁克译文措辞工巧也表现在他对谢诗中的动词的处理上。如《过始宁墅》一诗中动词的翻译：

岩峭岭稠叠，	The Cliffs are sheer, and the ranges closely serried,
洲萦渚连绵。	Islands twine, and islets stretch in continuous lines.
白云抱幽石，	White clouds enfold dark boulders,
绿筱媚清涟。	Green bamboos bewitch clear ripples. ③

---

① Francis Westbrook, *Landscape Description in the Lyric Poetry and "Fuh on Dwelling in the Mountains" of Shieh Ling-yunn*, Ph. D. diss., Yale University, Ann Arbor, Mich.: UMI, 1973, p. 54.
② Ibid., p. 27.
③ Ibid., p. 38.

"白云抱幽石,绿筱媚清涟"这两句属五言诗"二一二"结构,又称"中动结构"①。用动词连接前后两个意象,"这样的中心词使得前后连接的景物之间的动作指向性被淡化,从而构成共存并置、相互映衬的审美效果,留出充分的想象空间,大大增强了画面的开阔与和谐之感"②。而且"绿筱媚清涟"中"媚"既具有形容词的意项,也有使役动词的义项。韦斯特布鲁克把"抱""媚"这两个动词分别译为"enfold""bewitch",一动一静,不仅赋予"白云""绿筱"灵性、情感,而且整个句子也显得灵动活泼。虽然对比原文中"媚"字所暗含的双重意项,韦斯特布鲁克的"bewitch"一词只实现了"使清涟媚"这一使役动词的意项,而"绿筱自媚于清涟"这层含义却在两种异质性语言的转换中遗失了,但韦译在译文的字句上力求工巧这一点的确不可否认。又如《于南山往北山经湖中瞻眺》一诗中动词的翻译:

> 初篁苞绿箨,　　Early bamboos, wrapped in green skin.
> 新蒲含紫茸。　　New rushes, engulfed in purple fuzz.
> 海鸥戏春岸,　　Seagulls sporting above the springtime shores
> 天鸡弄和风。　　And golden pheasants sweeping the temperate wind.③

谢诗中的动词"苞""含""戏""弄",韦斯特布鲁克用分词的形式译出,韦斯特布鲁克用"wrapped""engulfed"两个同义词来描绘初篁、新蒲初生的娇爱姿态,用"sporting""sweeping"押头韵的词汇来表达禽鸟在春岸边嬉戏、在和风中轻舞的模样。"wrapped""engulfed"这两个静态动词与"sporting""sweeping"这两个动态动词构成对比,贴切生动地再现了春意盎然,诗人与自然相融洽的画面。

四　译文过失

由于古典诗歌的复义性及文化的隔阂,韦译难免存在对诗歌原文理解

---

① 吴小平:《中古五言诗研究》,江苏古籍出版社1998年版,第72页。
② 林静:《谢灵运山水诗对句艺术探微》,《北京大学学报(哲学社会科学版)》2011年第48卷第1期,第83页。
③ Francis Westbrook, *Landscape Description in the Lyric Poetry and "Fuh on Dwelling in the Mountains" of Shieh Ling-yunn*, Ph. D. diss., Yale University, Ann Arbor, Mich.: UMI, 1973, p. 121.

晦涩，甚至误读，从而导致了译文与原文意义不符，甚至有悖原意的误译现象。

"辛苦谁为情，游子值颓暮"（《永初三年七月十六日之郡初发都》）中"颓暮"一词，韦斯特布鲁克译为"his day's decline"，与傅乐山的译文"my declining years"如出一辙。韦斯特布鲁克在对该词的注释中提到，"'颓暮'这一意象既喻指诗人被迫离京，与游子无异的人生事业上的衰退，也喻指诗人之暮年"①。可见西方学者在翻译"颓暮"一词时，总是试图把"颓暮"这一意象的内在含义翻译出来。但翻译不等于解释，译者应该翻译这一意象本身，而非翻译意象所包含的意义，更何况意象所包含的意义往往是多层的，译者不可能把所有意义一一译出。所以翻译意象本身既可以保留这一意象，也可以保留其丰富的联想意义。

"幽人常坦步"（《登永嘉绿嶂山》）中的"幽人"一词，韦斯特布鲁克译为"a dark man"。"dark"一词有忧郁之意，与"幽人"的"隐士"之义不符合，不如傅乐山的译文"a recluse"准确。

"周览倦瀛壖，况乃陵穷发"（《游赤石进帆海》）中的"穷发"一词化用《庄子·逍遥游》"穷发之北，有冥海者，天池也"。唐成玄英疏："地以草为毛发，北方寒冱之地，草木不生，故名穷发。""穷发"即不毛之地，在此句中则是指偏僻荒凉的海边。韦斯特布鲁克的译文"the bald and barren north"拘泥于"穷发"一词的本义，直译为"贫瘠的北方"，其译文不符合原文的语境，因为文中的帆海在永嘉郡，不在北方。与傅乐山的译文"the ocean voyage"相比，不如傅译灵活准确。

"徒作千里曲，弦绝念弥敦"（《入彭蠡湖口》）中的"弦绝"一词，韦斯特布鲁克将其理解为弦断之意，所以译为"The strings are broken"，有悖原意。"弦绝"此处应为曲终之意。

"渔钓易为曲"（《过白岸亭》）一句，韦斯特布鲁克译为"But the fisherman can easily make a song"。他在译文注释中提到黄节和其他谢诗注者都指出"曲"字化用《老子》第二十二章中的"曲则全"，他认为

---

① The imagery metaphorically represents the poet's declining years, as well as the decline in his affairs that has turned him into a wanderer. Francis Westbrook, *Landscape Description in the Lyric Poetry and "Fuh on Dwelling in the Mountains" of Shieh Ling-yunn*, Ph. D. diss., Yale University, Ann Arbor, Mich.: UMI, 1973, p. 17.

"曲"也可能指"bend in the river"（溪涧的曲折处），因为"渔钓易为曲"也可以理解为渔夫在逶迤的溪涧中很容易发现一个不为人知的偏僻之处。但是在翻译中，他仍取"曲"字的原义"曲调"之义，所以译为"song"，整句译文"But the fisherman can easily make a song"投射出溪涧上的渔者恬然自适的情状。韦斯特布鲁克译文的意义或许与原文中渔者在空翠的山林中易于保全自己的含义有出入，但从他对翻译该词所作的思考和对词义的选择可以看出西方学者在解读中国古典诗歌时常常融入个性化的色彩。

将韦译和傅译相比较，在翻译的语言风格上，韦译字句简洁，在形式上颇能体现诗歌的特点，而且在用字上颇显工巧。傅译自然流畅，结构灵活巧妙，但个别译文关联词过多，语言不够凝练，在诗歌形式上不如韦译工整。但傅译在译情上较韦译更胜一筹。在翻译手法上，韦斯特布鲁克倾向于直译，而傅乐山倾向于意译。

比如"白花皭阳林"（《郡东山望溟海》）中的"阳林"一词，"阳林"即南面的树林，韦斯特布鲁克直译为"south-slope woods"，傅乐山意译为"sunlit forest"。

"已睹朱明移"（《游南亭》）中的"朱明"一词，"朱明"指夏天，韦斯特布鲁克直译为"the crimson brilliance"，傅乐山意译为"the summer"。

"远峰隐半规"（《游南亭》）中的"半规"，意为半圆，落日。韦斯特布鲁克直译为"the half-set orb"，傅乐山意译为"half the disc of the sun"。

"怀居顾归云"（《入东道路》）中的"归云"，韦斯特布鲁克直译为"the homing clouds"，傅乐山意译为"the westering clouds"。

"怀抱既昭旷"（《富春渚》），韦斯特布鲁克直译为"Since what I most cherish is the Illumination of Vastness"（怀抱昭旷之志），傅乐山译为"My inmost self is growing bright and ethereal"（内心的自我变得光明坦荡）。

"寻异景不延"（《登江中孤屿》）中的"景不延"一词，韦斯特布鲁克直译为"the scenery never tarries"（胜景不留），傅乐山译为"but the days seemed all too short"（却又觉得时间太短）。

由上述例子可知韦译直观形象，傅译灵活准确。总之，无论直译抑或意译，只要能曲尽其妙，都称得上好的译作。所以韦译傅译，同工异曲。

第三节 "创造性叛逆"：亨顿的译本

一 亨译选诗范围

2001年美国汉学家和翻译家戴维·亨顿编译的《谢灵运的山水诗》由美国新方向出版公司（New Directions Publishing Corporation）出版，这是另一个较为完整的谢诗译本。译本分为"出守永嘉时期：永初三年（422）—景平元年（423）""隐居故乡始宁时期：景平元年（423）—元嘉九年（432）"及"流放南海：元嘉八年（431）—元嘉十年（433）"三部分，共译山水诗16首（见下表）。

戴维·亨顿选译谢诗 16 首

人生阶段	序号	诗名	诗歌译名
出守永嘉	1	《登池上楼》	On a Tower Beside the Lake
	2	《行田登海口盘屿山》	Inspecting Farmlands, I Climb the Bay's Coil-Isle Mountain
	3	《登永嘉绿嶂山》	Climbing Green-Cliff Mountain in Yung-chia
隐居故乡始宁	4	《田南树园激流植援》	I've Put in Gardens South of the Fields, Opened Up a Stream and Planted Trees
	5	《石门新营所住四面高山回溪石濑茂林修竹》	There Are Towering Peaks on Every Side of My Spirit's True Home Atop Stone-Gate Mountain's Impossible Crags, Winding Streams and Rocky Falls, Thick Forests and Tall Bamboo
	6	《石壁立招提精舍》	Inaugurating the Sangha's New Monastery at Stone-Screen Cliffs
	7	《石壁精舍还湖中作》	Returning Across the Lake from Our Monastery at Stone-Screen Cliff
	8	《登石门最高顶》	On Stone-Gate Mountain's Highest Peak
	9	《石门岩上宿》	Overnight at Stone-Gate Cliffs
	10	《于南山往北山经湖中瞻眺》	Crossing the Lake from South Mountain to North Mountain
	11	《从斤竹涧越岭溪行》	Following Axe-Bamboo Stream, I Cross Over a Ridge and Hike on along the River、Stone-House Mountain
	12	《石室山》	Stone-House Mountain

（续表）

人生阶段	序号	诗名	诗歌译名
流放南海	13	《登庐山绝顶望诸峤》	On Lu Mountain
	14	《入华子岗是麻源第三谷》	Out Onto Master – Flourish Ride, Above Hemp – Spring Mountain's Third Valley
	15	《初往新安至桐庐口》	In Hsin – an, Setting Out from the River's Mouth at Tung – Lu
	16	《临终诗》	Facing the End

亨顿选译谢灵运出守永嘉、隐居故乡始宁、流放南海这三个不同阶段创作的诗作，由其人生处境的变化而见出其思想情绪变化，乃至诗境风格的变化。第一部分重在选择表现谢灵运进退维谷矛盾心理的作品，第二部分是戴维·亨顿选诗的重点，因为隐居故乡始宁时期［景平元年（423）—元嘉九年（432）］期间谢灵运的情感趋于淡适，其山水诗中透着深邃的哲学思想，同时也表现出山水特有的情致。第三部分选择表现谢灵运失意、愤激的情绪。总之，亨顿的选诗是围绕两条线索展开的，明线即从出守永嘉，到隐居故乡始宁，再到流放南海这一历时的展开，暗线即谢灵运思想的变化起伏，由仕隐的矛盾心理，到淡适的、逃避现实的道家思想，再到精神上的幻灭。亨顿的选诗及他对谢灵运诗歌的翻译与他对谢灵运生命历程、诗歌创作的研究是不可分的。他在翻译过程中对谢诗语言的灵活处理源于他对谢灵运其人其诗的深刻理解。

二 "创造性叛逆"

"创造性叛逆"（creative treason）这一术语最早是由法国文学社会学家埃斯卡皮（Robert Escarpit）提出的，并且他指出："翻译总是一种创造性的叛逆。"[1] "说翻译是叛逆，那是因为它把作品置于一个完全没有预料到的参照体系里（指语言）；说翻译是创造性的，那是因为它赋予作品一个崭新的面貌，使之能与更广泛的读者进行一次崭新的文学交流；还因为它不仅延长了作品的生命，而且又赋予它第二次生命。"[2] 埃斯卡皮这一

---

[1] ［法］罗贝尔·埃斯卡皮：《文学社会学》，王美华、于沛译，安徽文艺出版社1987年版，第137页。
[2] 同上。

从文化交际角度来解释翻译本质的论断被学者们创造性地运用到具体的翻译实践中，在翻译实践中，"创造性叛逆"表现为根据目的语的审美取向，对源语进行解构、变形和重组。在亨顿的译文中，亨顿对谢诗原文的解构、变形、重组具体表现为跨行、颠倒词序、字句融合与增减。

(一) 跨行

在译文中，亨顿频频运用割裂诗歌意义的"跨行"来突出英文的形美、音美。与韦斯特布鲁克的跨行法不同，亨顿的跨行较韦斯特布鲁克更频繁，几乎每首都出现了跨行。此外，韦斯特布鲁克多采用跨行中的"抛词法"，而亨顿采用的是较复杂的跨行法，即"句子在次行的中间终结"[①]，也就是跨到下一行的中间的做法，放松了诗歌原文行列的严格性。试举《田南树园激流植援》中诗句（"樵隐俱在山，由来事不同"）为例。

亨顿译文：

Woodcutter and recluse—they inhabit
These mountains for different reasons,[②]

傅乐山译文：

Hermits and woodcutters both live in the mountains,
Though naturally for very different reasons.[③]

亨顿有意把上一行的"These mountains"延续到次行的中间，与傅乐山的"尾停诗行"(the end-stopped lines) 相比较，亨顿跨行的译文除了达到语义效果，使上下行语义上连接更紧密之外，更彰显出诗歌的内在节奏，在形式上更符合西方现代诗歌的审美，所以亨顿的译文考虑到了接受者的语言特点。当然亨顿的跨行有时是出于诗歌内容或诗歌中涌动的内在情感的需要，比如《登池上楼》中的跨行：

---

① 王力：《汉语诗律学》，新知识出版社1958年版，第850页。

② David Hinton, *The Mountain Poems of Hsieh Ling-yun*, New York: New Directions Publishing Corporation, 2001, p. 9.

③ J. D. Frodsham, *The Murmuring Stream: The Life and Works of the Chinese Nature Poet Hsieh Ling-yun* (385–433), *Duke of K'ang-lo*, Vol. 1, Kuala Lumpur: University of Malaya Press, 1967, p. 135.

第一章　谢灵运诗歌英译本及其特色　　53

> 衾枕昧节候，　　That sickbed kept me blind to the seasons,
> 褰开暂窥临。　　But opening the house up, I'm suddenly
> 倾耳聆波澜，　　looking out, listening to surf on a beach
> 举目眺岖嶔。　　and gazing up into high mountain peaks.①

与原文中的"暂窥临"相对应的译文"I'm suddenly looking out"分跨两行，在"suddenly"和"looking out"之间稍作停顿隔断，将"looking out"置于下一句的句首，与第三、第四行中的分词"listening to""gazing up"相并列，突出了"看"这一动作，从而凸显了诗人明朗的心境。久病初起的诗人褰开帷帘，临窗眺望，不觉窗外已春意盎然，诗人喜悦之情油然而生。又如《石门新营所住四面高山回溪石濑茂林修竹》中的跨行：

> 庶持乘日车，　　O but to set out on the sun's dragon-chariot
> 得以慰营魂。　　and soar—that's solace to nurture my spirit.②

亨顿把第一行的"and soar"抛至次行，置于次行之首，起到了连接上下行语义的作用，而且突出了该词所要表达的诗人如今将"逍遥遨游"的志向，充分展现了诗人的情感。可见亨顿译文中跨行的作用不仅在于彰显节奏，保留诗行工整对仗的特点，也显现出诗歌内在情感的起伏流动。又如《从斤竹涧越岭溪行》中的跨行：

> 猿鸣诚知曙，　　Though the cry of gibbons means sunrise,
> 谷幽光未显。　　Its radiance hasn't touched this valley all
> 岩下云方合，　　quite mystery. Clouds gather below cliffs,
> 花上露犹泫。　　And there's still dew glistening on blossoms.③

亨顿译文在"all"与"quite mystery"处断开，将"quite mystery"延

---

① David Hinton, *The Mountain Poems of Hsieh Ling-yun*, New York: New Directions Publishing Corporation, 2001, p. 3.
② Ibid., p. 11.
③ Ibid., p. 59.

至次行,除起到体现诗歌节奏变化之外,"quite mystery"一词衔接上下句的语义,使得"猿鸣""谷幽""云合""露泫"这一连串的意象都带上了幽静的色彩,突出了诗歌的意境。

(二) 融合与增减

亨顿的译本在译法上更为灵活大胆,其译文往往摆脱了原文的限制,打破了原文的句法结构,依据目的语的语言习惯,对原文进行变形,或融合或增减,以达到准确传递原文意义的目的。比如"祁祁伤豳歌,萋萋感楚吟"(《登池上楼》)的译文:

傅乐山译文:

In crowds...! I am grieved at the song of Pin,
So thickly growing...! I am moved by the lament from Ch'u. ①

韦斯特布鲁克译文:

"Droves" —I am pierced by the song of Bin;
"Lush and green" —I'm move by the tune of Chuu. ②

亨顿译文:

in them the ancient songs haunt me with
flocks and flocks and full lush and green. ③

傅乐山和韦斯特布鲁克依照原文字句顺序译出,其译文也呈对偶句的形式。而亨顿的译文打破了原文的对句结构,将"祁祁伤豳歌"和"萋萋感楚吟"这两句合而为一,意译为"in them the ancient songs haunt me with / flocks and flocks and full lush and green",译文不仅达意,而且将"flocks and flocks"(祁祁)、"full lush and green"(萋萋)并置,另起一行,使诗歌中"祁祁""萋萋"这两个意象变得活泼鲜明。融合的例子又

---

① J. D. Frodsham, *The Murmuring Stream: The Life and Works of the Chinese Nature Poet Hsieh Ling-yun* (385–433), *Duke of K'ang-lo*, Vol. 1, Kuala Lumpur: University of Malaya Press, 1967, p. 121.

② Francis Westbrook, *Landscape Description in the Lyric Poetry and "Fuh on Dwelling in the Mountains" of Shieh Ling-yunn*, Ph. D. diss., Yale University, Ann Arbor, Mich.: UMI, 1973, p. 64.

③ David Hinton, *The Mountain Poems of Hsieh Ling-yun*, New York: New Directions Publishing Corporation, 2001, p. 3.

如"赏心不可忘，妙善冀能同"(《田南树园激流植援》)的译文：

傅乐山译文：

> I can never forget those who delight my heart,
> For I want to share this paradise with them. ①

亨顿译文：

> How could I forget them in this exquisite
> adoration kindred spirits alone can share?②

对比傅乐山的译文，亨顿的译文在句法上更为灵活。他将原诗中"赏心不可忘，妙善冀能同"这两句的意思巧妙地合并，以反问句的句式合为一句，然后在"exquisite adoration"之间断开，划分为两行。虽然就形式而言，其译文与原诗在句式上并不对等，违背了原诗中每一行有着一个完整意义的特点，但就整体而言，其译文不仅达意，而且自然流畅，其反问的句式令译文在情感的表达上较原诗更为浓烈。

(三) 颠倒词序和创造性地增词减词

亨顿依据诗歌内容的表达和诗情的跌宕起伏，或颠倒词序，或创意性地增词减词，追求意义上的契合。比如"江山共开旷，云日相照媚"(《初往新安至桐庐口》)一联，亨顿译为"Rivers and mountains open away through / that alluring luster cloud and sun share"。将"that alluring luster"前置，承接上文的这一句法不仅展现了山水清旷、云日辉映的和谐画面，而且使得诗歌节奏鲜明。此外，这种颠倒词序的手法也使诗歌更富有诗意。又如《入华子岗是麻源第三谷》中诗句的译文：

天路非术阡。	this road to heaven so free of all cleverness,
遂登群峰首，	and on it atop this crowd of peaks, I ascend
邈若升云烟。	depths that feel like mist and cloud, finding

---

① J. D. Frodsham, *The Murmuring Stream: The Life and Works of the Chinese Nature Poet Hsieh Ling-yun* (385-433), *Duke of K'ang-lo*, Vol. 1, Kuala Lumpur: University of Malaya Press, 1967, p. 135.

② David Hinton, *The Mountain Poems of Hsieh Ling-yun*, New York: New Directions Publishing Corporation, 2001, p. 9.

羽人绝仿佛，	no sign of a winged master. This immortality
丹丘徒空筌。	Summit of his—it's an empty fish trap now:
	...
且申独往意，	but wandering alone, I linger out thoughts①

"遂登"句，亨顿译为"and on it atop this crowd of peaks, I ascend"，亨顿颠倒词序，将"I ascend"后置；"且申"句，亨顿译为"but wandering alone, I linger out thoughts"，译文打破了正常语序，将"I linger out thoughts"后置，这种将"I ascend""I linger out thoughts"后置颠倒词序的做法符合诗歌语言"陌生化"的特点，突出了诗歌中要表现的情感，加重了诗歌的韵味和色彩，其中的诗意自然而然地流露出来。此外，亨顿译文的灵活性也体现在创造性地增词减词的手法。如"羽人绝仿佛"一句，亨顿创意性地增加了"finding"一词，凸显出诗人主体的存在，也凸显了谢诗"有我之境"的特点。增词的例子又如"新阳改故阴"（《登池上楼》）一语，亨顿译为"new yang swelling, transforming old yin"，亨顿在译文中创造性地增加"swelling"一词，"swelling"这一现在分词形式形象地展现了春天万物萌动、生气勃勃的场景，生动地再现了原文，给予读者无限的想象空间。较之傅乐山的译文"The new light is altering the old Shadow"、韦斯特布鲁克的译文"The new sun changes the old shadows"，亨顿的译文因"swelling"一词运用巧妙而突出了原诗的意境。又如《石壁精舍还湖中作》中的部分译文：

入舟阳已微。	and daylight faint before I started back, sailing
林壑敛暝色，	past forested canyons gathering dusky colors,
云霞收夕霏。	And twilight mist mingling into flushed cloud,
芰荷迭映蔚，	past lotus and chestnut a lavish luster woven
蒲稗相因依。	through reeds and rice – grass toppled together.
披拂趋南径，	Then ashore, I hurry south on overgrown paths,②

---

① David Hinton, *The Mountain Poems of Hsieh Ling-yun*, New York: New Directions Publishing Corporation, 2001, p. 64.

② David Hinton, *The Mountain Poems of Hsieh Ling-yun*, New York: New Directions Publishing Corporation, 2001, p. 13.

亨顿分别在"林壑""菱荷""蒲稗""披拂"四句的译文中增加了"past""past""through""Then ashore"这四个词。"入舟"句点明诗人已从山行回到舟上,"林壑"以下四句描写诗人泛舟湖上所看到的风景,所以译者添加了介词"past"和"through"。"披拂"句描写诗人舍舟上岸的情景,所以译者增加了"Then ashore"一词。译者的增词使译文在语义上显得连贯,诗人游玩的轨迹也变得清晰。由于中国古典诗歌语言的跳跃性,所以诗歌中多见空白处,译者常需增加信息,从而化虚为实,化隐为显。又如"孤游非情叹,赏废理谁通"(《于南山往北山经湖中瞻眺》)二句的译文:

韦斯特布鲁克译文:

> The lone wanderer grieves not from passions;
> If appreciation is abandoned, who will fathom the natural order?[①]

傅乐山译文:

> I wander alone, sighing, but not from mere feeling;
> Unsavoured nature yields to none her meaning.[②]

亨顿译文:

> but wandering alone I feel only adoration,
> and without it, who plumbs the inner pattern?[③]

韦斯特布鲁克、傅乐山在翻译"孤游非情叹"句时都是拘泥于原文字句,一字不增、一字不减地逐字译出,在语言形式上也形成对仗,但无论是韦译"The lone wanderer grieves not from passions"抑或是傅译"I wander alone, sighing, but not from mere feeling",都显得晦涩难懂。而亨顿的译文一改原文"孤游非情叹"的否定句式,以肯定的句式译为"but wan-

---

[①] Francis Westbrook, *Landscape Description in the Lyric Poetry and "Fuh on Dwelling in the Mountains" of Shieh Ling - yunn*, Ph. D. diss., Yale University, Ann Arbor, Mich.: UMI, 1973, p. 121.

[②] J. D. Frodsham, *The Murmuring Stream: The Life and Works of the Chinese Nature Poet Hsieh Ling - yun* (385 - 433), *Duke of K'ang - lo*, Vol. 1, Kuala Lumpur: University of Malaya Press, 1967, p. 146.

[③] David Hinton, *The Mountain Poems of Hsieh Ling - yun*, New York: New Directions Publishing Corporation, 2001, p. 58.

dering alone I feel only adoration",委婉地表达了诗人独游的寂寞,结合下句"and without it, who plumbs the inner pattern"这一反问句式,准确地表达了原文中孤游无侣的我,至为叹惋,而赏心若废,又有谁能解其中的情和理这一层含义。其译文灵活,上下句衔接巧妙,意义明白晓畅。

增词和颠倒词序的例子又如"披拂趋南径,愉悦偃东扉"(《石壁精舍还湖中作》),亨顿译为"Then ashore, I hurry south on overgrown paths, / and settle into my eastern home, enchanted still",亨顿在译文中不仅增加了"Then ashore",使译文扣合紧密,而且在翻译"愉悦偃东扉"一句时,将"愉悦"(enchanted still)一词移到句末,给译文增添了诗意。

但亨顿的译文也存在对原文的过度变形,而造成原文信息流失的现象。比如"衾枕昧节候"(《登池上楼》)中的"衾枕"一词,亨顿意译为"That sickbed"(That sickbed kept me blind to the seasons),译文略去了原文中所描写的诗人久病卧床,终日与被子枕头为伍的场景,不如把"衾枕"直译为"my pillow and quilt"形象贴切。亨顿对诗歌原文的增词也影响到诗歌的含蓄之美。比如"昏旦变气候,山水含清晖"(《石壁精舍还湖中作》)一联,亨顿译为"In the transformations of dusk and dawn, skies fill rivers and mountains with crystalline light"。亨顿在译文中增加了"skies"一词,将诗歌中隐含的施事者显化,其译文"skies fill rivers and mountains with crystalline light"类似于对诗歌的释义,减损了原作的诗意,使得诗歌的言外之意、味外之旨荡然无存,有损诗歌的含蓄之美。

尽管如此,亨顿在翻译中的创造性叛逆使其译本多了些归化的色彩,因而也更容易为目的语读者所接受。文化翻译学"移植理论"的领军人物苏珊·巴斯奈特(Susan Bassnett)在《种子移植:诗歌与翻译》(*Transplanting the Seed: Poetry and Translation*)一文中指出:"诗人先是把玩语言,而后将其中某些词句组合成不可移位的整体,这样一首诗就形成了。而译者的任务却完全不同,这就牵涉到了另外一种文字游戏。他先将诗人语言组合拆散,继而用另一种语言对其重组。"[1] 译者的任务不是复

---

[1] The poet plays with language and comes to create a poem by fixing language in such a way that it cannot be altered. But the translator has a completely different task, that involves a different kind of play. The translator starts with the language that the poet has fixed, and then has to set about dismantling it and reassembling the parts in another language altogether. Susan Bassnett, "Transplanting the Seed: Poetry and Translation", eds., Susan Bassnett and Andere Lefever, *Constructing Cultures—Essays on Literary Translation*. Shanghai: Shanghai Foreign Language Education Press, 2001, p. 66.

制原文本，而是用另一种语言构建一个与之相似的文本（"an analogous text"），如同种子移植（"transplanting the seed"）。亨顿的译本也是如此，他从译本的接受环境、接受者的审美角度和审美心理来审视中国古典诗歌。他运用目的语的语言手段，从诗歌的形式上、内容上对诗歌原文的语言材料进行了解构、变形和重组，如同种子被移植到新的土壤一般，在异域的文化土壤中开出花来。

第四节　散缀的珍珠：西方学者的零星译文

一　20世纪70年代傅汉思的译文

1976年耶鲁大学推出了傅汉思的著作《梅花与宫闱佳丽》。书中分主题和风格对106首中国诗歌进行了新译和阐释，其中选译谢诗一首（《登江中孤屿》）。傅汉思在"序言"中阐述了他的翻译立场：在直译和意译间采取折中的方式，保留源语本身的诗行与诗节的划分，尽可能不改变词语的顺序，传递一种普遍的诗歌现象，即诗句中的平行与对偶，字词之间、诗行之间，有时甚至是诗节之间的对应[①]。傅汉思也提到意象的翻译，希望尽量保留。至于中国诗歌的句长、韵律、节奏及音调的平衡等现象，傅汉思则认为很难而且也不可能在英语中再现。试以傅译"Ascending Solitary Islet in the Middle of the River"（《登江中孤屿》）为例：

> South of the river I'm tired of seeing sight after sight,
> North of the river I've long refrained from roaming.
> I crave the new, but the roads wind too far;
> I seek the unusual, but time is short.
> The turbulent flow rushes against an upright bar;
> Solitary Islet charms in midstream.
> Clouds and sun reflect brilliance on each other,

[①] Hans H. Frankel, *The Flowering Plum and Palace Lady: Interpretations of Chinese Poetry*, New Haven: Yale University Press, 1976, p. x.

Sky and water are equally pure and fresh.
No one appreciates such magic,
Who will transmit this truth?
In my fancy I picture the beauty of the Kunlun Mountains,
Letting the world's complications fade away.
Now at last I have faith in An‑ch'I art.
To make the most of the years by nourishing life. ①

傅汉思的译文自然流畅，宛如一首清新的小诗，将谢诗中的情和景真实地一一再现。在诗歌形式上，傅译对仗工整，保留了原文的句法特点，实现了他在"序言"中所言，译文要尽可能地传达中国古典诗歌的平行和对偶的形式之美。然而由于谢诗"体尽俳偶"的语言风格，若要使整篇译文能传达中国古典诗歌的平行和对仗的形式之美，却是极其艰难的。比如"云日相辉映，空水共澄鲜"二句，傅译为"Clouds and sun reflect brilliance on each other, Sky and water are equally pure and fresh"，其译文只实现了诗歌意义的传递，在语言形式上却未能再现原文的对仗这一诗歌特点。当然，在诗歌翻译中，我们不必对译者如此苛求。傅氏译法自然灵活，译文简练优美，颇能传递谢诗情致，就这点而言，其译文就不失为佳译典范。

二 20世纪80年代沃森的译文

70年代之后，谢诗只有零星的英译，散见于汉学家的研究著作中。尽管译诗不多，却显示出西方学者对谢灵运的关注在增加。美国汉学家和翻译家伯顿·沃森于1984年编译的《哥伦比亚中国诗选：从早期到13世纪》，选录谢灵运诗四首。沃森在"序言"中引用了大卫·拉提莫（David Lattimore）在"中国诗歌与美国想象力会议"（Chinese Poetry and the American Imagination Conference）上所做的关于中国古典诗歌英译的论断，"在翻译中国古典诗歌的过程中，西方译者只有将传统英语诗歌的韵律及西方关于诗歌语言和诗歌主题的观念搁置一边，创造出能使源语的魅力得

---

① Hans H. Frankel, *The Flowering Plum and Palace Lady: Interpretations of Chinese Poetry*, New Haven: Yale University Press, 1976, p. 12.

以彰显的，更为自由的形式，中国古典诗歌的英译才算成功"[1]。沃森译文一个明显的特点就是形式的自由。在忠实源语句法、保留源语语序不变的前提下，采取一种不押韵、类似现代英语诗的自由形式。就形式而言，他与前几位译者的风格迥异。此外，他的译文巧妙，语言简洁，可读性强，因此，在文体上与谢灵运典丽的诗风大相径庭。试以《石壁精舍还湖中作》前八行诗的译文为例：

昏旦变气候，	The weather changeable at dusk and dawn,
山水含清晖。	Mountain waters shot through with clear light,
清晖能娱人，	a clear light that makes men joyful:
游子憺忘归。	the wanderer, lulled, forgets to go home.
出谷日尚早，	Out of the valley, the sun still high;
入舟阳已微。	boarding the boat, the light fading now,
林壑敛暝色，	forest and ravine clothed in sombering color,
云霞收夕霏。	clouds of sunset wrapped in evening mist;[2]

在语言形式上，沃森省略了助动词"be"，以名词、悬垂分词（dangling participle）的形式，使物象得以自然呈现，译文直观生动，可见在句法上所下的功夫，但这种客观的、无动于衷的写实手法却影响到诗歌的情感表达。Yin C. Liu 就指出"这种以美国现代口语体形式的译文尽管非常接近于原文，而且译文生动，但是译文有时却少了些诗歌的味道。就其意义的表达而言是完美的，但原文所包蕴的情感却被缩减了"[3]。

此外，沃森的译文舍弃了谢诗中因动词的拟人手法所构成的诗歌之意境美。"昏旦变气候，山水含清晖"中的"变"与"含"，"林壑敛暝色，

---

[1] Gregory Orr, *Chinese Poetry and the American Imagination: excepts from a panel discussion attended by poets and scholars*, Ironwood, 17, Tucson: Ironwood Press, 1981, p. 38.

[2] Burton Watson, *The Columbia Book of Chinese Poetry—From Early Times to the Thirteenth Century*, New York, London: Columbia University Press, 1984, p. 172.

[3] The English translation of the poems is made into the spoken language of "present-day America," virtuously close to the original, often vivid, but at times it fails to bring out the flavour of a poem. It is fautless [原文如此] in meaning and idea but the sentiment is abbreviated. Yin C. Liu, Book Review on Burton Watson's Chinese Lyricism, *The Journal of Asian Studies*, Vol. 32. No. 1, Nov, 1972, pp. 136 – 137.

云霞收夕霏"中的"敛"与"收",这类带有诗人浓烈主观色彩、表示动态意象的词语,分别被"changeable""shot through""clothed""wrapped"这类表示状态的形容词或悬垂分词所替代。译文呈现的是一种静态意象,远逊于原文呈现的动态意境。谢诗之美,就在于诗中的动词均染上了主观色彩,于景物之中却总包孕深情。王夫之在《古诗评选》中称之"情不虚情,情皆可景,景非滞景,景总含情"①。其中"动词的用法带有很强的主观感受,使自然风光显得富于人情味。而且,这种景物描写大都是虽幽静却又处于变化之中,很能引起丰富的感想"②。另外,英语时态死板,不如汉语灵活,因为汉语动词无时态之分,比如诗中"敛"字既可表示"已经敛起"(clothed),亦可表示"正在敛起"(is being clothed),而译文中仅取汉语中的一层含义"已经敛起"(clothed),表示的是完成状态,忽略了原文或许要传达的另一层更为优美的意境,即渐进的动作,"林壑间渐渐聚敛着暮色"。

美国当代诗人海登·卡鲁斯(Hayden Carruth)在一首名为《为中国古典诗人所羞辱的沮丧》(*Of Distress Being Humiliated by the Classical Chinese Poets*)的诗歌中表达了中国古典诗歌的时态缺席现象给西方读者带来的尴尬:

> 因为时态的缺席,你的诗歌
> 不能被完整地译成英语。
> 你的思考和想象
> 从来不与时间连在一起
> 当所有场景在同一时刻并置,哪里会有冲突
> 翻译陷入僵局。谁能告诉我
> 黄昏时芦苇丛中飞起的那只白鹭
> 是怎样向着远方的岛
> 永恒地穿越那白练似的河。
>
> Your language has no tenses, which is why your poems can
> never be translated whole into English;
> Your minds are the minds of men who feel and imagine

---

① (清)王夫之著,李中华、李利民校点:《古诗评选》,上海古籍出版社2011年点校本,第205页。

② 章培恒、骆玉明主编:《中国文学史新著》,复旦大学出版社2007年版,第325页。

    without time...
    When everything happens at once, no conflicts can occur.
    Reality is an impasse. Tell me again
    How the white heron rises from the reeds and flies
    forever across the nacreous river at twilight
    Toward the distant islands!①

卡鲁斯认为中国诗歌语言没有时态之分，所有场景在同一时刻并置，而且都是以超越时间和空间的形式而存在的。对于中国古典诗歌语言的特点，许渊冲在《谈李商隐诗的英译》一文中指出，"中文的动词可以写实，也可以写虚；可以写现在，可以写过去，也可以写将来，但在形式上往往看不出分别。这就是说，中文的内容大于形式，可以说一指二，一中见多。"②

三 20世纪90年代叶维廉、孙康宜及伯德曼的译文

华裔学者叶维廉是在中西诗学比较视野下来审视中国诗歌的翻译的，他认为中国的诗歌艺术与西方之不同就在于诗人抓住瞬间的视觉意象，从限制性的时空概念中释放出这些意象，让它们从无差别的存在模式中自然流出，而不是挡在读者和物象之间去解释它们、分析它们。诗人"自我"（ego）的隐去与融"自我"与纷呈的物象为一体的概念是一致的③。然而西方学者在翻译时，总带有一种"知性的介入"，将意象翻译为对意象的陈述④，所以西方译者常常把汉诗译成散文。这种散漫的、分析性的、将一切展露无遗的译文损害了中国古典诗歌的含蓄美。在这样一种背景下，叶维廉的译文在处理方面不同于前几位译者。他的译文包括逐字加注及逐字直译两部分，目的就是开辟一个审美空间，使西方读者在中国古典及美

---

① Hayden Carruth, *Collected Shorter Poems*, 1946–1991, Port Townsend: Copper Canyon Press, 1992, pp. 353–354.（另见 Robert Kern, Orientalism, Modernism, and the American Poem, New York: Cambridge University Press, 1996, P. X.）
② 许渊冲：《谈李商隐诗的英译》，《外语学刊》1987年第3期，第75页。
③ Yip Wai-lim, *Chinese Poetry: An Anthology of Major Modes and Genres*, Durham: Duke University Press, 1997, p. 7.
④ Ibid., p. 8.

国现代的"感知—表达"维度之间"往回"①。叶维廉的《汉诗英华》英译谢诗三首。试以《从斤竹涧越岭溪行》前四行("猿鸣诚知曙,谷幽光未显。岩下云方舍,花上露犹泫。")英译为例:

> Monkeys cry: dawn, they know.
> Valleys still dark, no light visible.
> Beneath the peak, clouds close up.
> On the flowers, dews drip. ②

叶译跳出了英语句法的限制,省去了句子关系的连词,也省去了助动词"be",依据原文的句法结构,逐字翻译原文,使诗中各种表示声音与形态的物象如"猿鸣""谷幽""云合""露泫"逐一纷呈。就脱离英语语法限制和省略助动词"be"而言,叶译的风格与沃森较为接近,但叶译在词句之间的空白更大,更需要读者发挥其想象力以填补诗中的空白。

有学者认为叶译只"译了一半"(half translation)。诚然,就句法结构而言,他的译文是不完整的。因为英语中词与词、句与句之间的关系是靠表示语法作用的功能词来实现的,所以译文中增加表示句法关系的词汇是必要的。尽管如此,叶译的初衷是想让西方读者更多地注意到中国古典诗歌中的意境,体会"中国诗人颇能在有限中创造无限,亦即利用意象与意象的对比关系,来唤起语言表象之外的'象外之象、景外之景',以达到'以少总多,情貌无遗'的要求"③。这也是叶译的价值所在。

1994年,哥伦比亚大学出版社推出汉学家梅维恒主编的《哥伦比亚中国古典文学选集》,其中收录谢诗两首:孙康宜译《从南山往北山经湖中瞻眺》及伯德曼(Richard W. Bodman)译《登石门最高顶》。二位译者的译风与傅乐山的译风颇为相似,译文不仅达意,而且体现了译入语的风格特点。相比之下,伯德曼还注意到谢诗中拟声叠词的音韵美,翻译时采取了音译,如伯德曼将"活活夕流驶,嗷嗷夜猿啼"这两句译为

---

① Yip Wai-lim, *Chinese Poetry: An Anthology of Major Modes and Genres*, Durham: Duke University Press, 1997, p. xiii.
② Ibid., p. 146.
③ 王国璎:《中国山水诗研究》,中华书局2007年版,第289页。

"Huo – huo the evening torrents rush; Chiao – chiao the nocturnal gibbons howl"①。诗中的"活活""嗷嗷"分别译为拟声词"Huo – huo""Chiao – chiao",较之傅乐山的译文"The raging torrents rush on through the dusk, The monkeys clamour shrilly through the night"②,伯德曼的译文更贴近原文,更能传神地将水流声、猿啼声形象地传递出来。

四 21世纪初山姆·汉密尔及田菱的译文

2004年Shambhala Library出版了由山姆·汉密尔(Sam Hamill)和J. p. 塞顿(J. p. Seaton)二人编译的《禅宗诗歌》(*The Poetry of Zen*)一书,书中辑录了美国诗人、翻译家汉密尔翻译的谢诗两首:《过白岸亭》(*Visiting Pai – an Pavilion*)和《石壁精舍还湖中作》(*Written on the Lake While Returning to Stone Cliff Hermitage*)。汉密尔以诗译诗,译语自然活泼。试以《过白岸亭》译文为例:

过白岸亭	Visting Pai – an Pavilion
拂衣遵沙垣,	Beside this dike, I shake off the worlds dust,
缓步入蓬屋。	enjoying walks alone near my brushwood house.
近涧涓密石,	A small stream gurgles down a rocky gorge.
远山映疏木。	Mountains rise beyond the trees
空翠难强名,	Kingfisher blue, almost beyond description, but
渔钓易为曲。	reminding me of the fisherman's simple life.
援萝聆青崖,	From a grassy bank, I listen as springtime fills
春心自相属。	my heart.
交交止栩黄,	Finches call and answer in the oaks.
呦呦食苹鹿。	Deer cry out, then return to munching weeds.
伤彼人百哀,	I remember men who knew a hundred sorrows,

---

① Victor H. Mair, *The Columbia Anthology of Traditional Chinese Literature*, New York: Columbia University Press, 1994, p. 185.

② J. D. Frodsham, *The Murmuring Stream: The Life and Works of the Chinese Nature Poet Hsieh Ling – yun*(385 – 433), *Duke of K'ang – lo*, Vol. 1, Kuala Lumpur: University of Malaya Press, 1967, p. 144.

嘉尔承筐乐。	and the gratitude they felt for gifts.
荣悴迭去来,	Joys and sorrows pass, each by each, failure at
穷通成休感。	one moment, happy success the next.
未若长疏散,	But not for me. I have chosen freedom from the
万事恒抱朴。	world's cares. I chose simplicity. ①

　　在诗歌形式上，汉密尔采用跨行、诗句长度不一的形式来彰显诗歌的音乐美、形式美，凸显诗歌的情感。如"From a grassy bank, I listen as springtime fills/ my heart"，他在"fills"和"my heart"之间断开，将"my heart"抛至下行，尽管在形式上不如原文简练紧凑，但这种表达方式却制造出一种"形虽断意还连"的效果，而且译文因其内在的轻重节奏，读起来自有一种抑扬顿挫之美。

　　在语言上，译文简洁而不失自然。比如"缓步入蓬屋"一句，汉密尔译为"enjoying walks alone near my brushwood house"，"enjoying walks"一词，表现了诗人缓步走进蓬屋过程中闲适的心情。"近涧涓密石，远山映疏木"二句，汉密尔译为"A small stream gurgles down a rocky gorge. / Mountains rise beyond the trees"。拟声词"gurgles"形象地描绘了水流潺潺的情状，译文"Mountains rise beyond the trees"看似简单，实则传神展现了透过树林的空隙，远处的山峰隐约可见的画面，勾勒出了诗中的意境。汉密尔的译文不拘泥于原文，在达意的原则上对原文有所增删。"未若长疏散，万事恒抱朴"二句，汉密尔译为"But not for me. I have chosen freedom from the / world's cares. I chose simplicity"，在译文中增加了"But not for me"，不仅使上下行在意义上衔接紧密，而且渲染了诗中的情感。但在"近涧"二句的译文中，汉密尔不无遗憾地舍弃了原作中的"近""密""远""疏"，这与原作中所描绘的远近有致、疏密相间的画面略有不符。但总体而言，汉密尔是诗人译诗，译诗为诗，颇能传递原作的意义和形式之美。

　　2008年哥伦比亚大学出版社出版了汉学家蔡宗齐编撰的《中国诗歌选集》。内收汉学家田菱译谢诗三首《登永嘉绿嶂山》（*Climbing Yongjia's*

---

① Sam Hamill, J. p. Seaton, ed & trans., *The Poetry of Zen*, Boston, London: Shambhala Library, 2004, p. 25.

Green Crag Mountain)、《于南山往北山经湖中瞻眺》(What I Observed as I Crossed the Lake on My Way from Southern Mountain to Northern Mountain)、《登池上楼》(Climbing the Lakeside Tower),其译文灵活而不失准确。比如"池塘生春草,园柳变鸣禽"(《登池上楼》)一联,我们不妨将田译与傅乐山、韦斯特布鲁克、亨顿的译文简略比较。

傅乐山译文:

Upon the pool, spring grass is growing,
The garden willows have changed into singing birds.①

韦斯特布鲁克译文:

The pond is growing into springtime plants,
Garden willows have turned into singing birds.②

亨顿译文:

Lakeshores newborn into spring grasses
And garden willows become caroling birds:③

田菱译文:

The pond's banks grow spring grasses,
And garden willows have transformed the singing birds.④

---

① J. D. Frodsham, *The Murmuring Stream: The Life and Works of the Chinese Nature Poet Hsieh Ling-yun*（385-433）, *Duke of K'ang-lo*, Vol. 1, Kuala Lumpur: University of Malaya Press, 1967, p. 121.

② 笔者援用韦斯特布鲁克期刊论文中的译文,而非其博士论文《谢灵运抒情诗及〈山居赋〉中的山水描写》中的译文。具体参见 Francis Westbrook, "Landscape Transformation in the Poetry of Hsieh Ling-yün", *Journal of the American Oriental Society*, 100, No. 3, 1980, p. 243.

③ David Hinton, *The Mountain Poems of Hsieh Ling-yun*, New York: New Directions Publishing Corporation, 2001, p. 3.

④ Wendy Swartz, "The Landscape Poetry of Xie Lingyun", in Zong-qi Cai ed., *How to Read Chinese Poetry: A Guided Anthology*, New York: Columbia University Press, 2008, p. 137.

"池塘生春草,园柳变鸣禽"这两句是说池塘边上春草繁生,园中禽鸟鸣声已变换,敏感的诗人从视觉、听觉上都感受到初春的来临。其中的"生"与"变"二字透出浓郁的春天的气息,以及诗人面对如此生意盎然的春景油然而生的喜悦之情。二字是诗歌的"诗眼"所在,不仅赋予诗歌生气,而且在句法结构中所处的独特位置也使诗歌产生了复义之美,体现谢灵运用字琢句的风格,对二字的把握是翻译的关键。

傅乐山译为:"Upon the pool, spring grass is growing, / The garden willows have changed into singing birds."傅译中,"池塘"一词译作地点状语,"园柳"译作主语,整句理解为"池塘边上长出了密密的细草,园柳变成了欢唱的禽鸟"。田菱对其评价是:

> 在他(傅乐山)的解读中,园柳似乎已经变成了鸣禽,变成了那些在枝头欢畅的鸟儿们。谢灵运的心中很可能有这种诗歌意象的存在,但是我们却对鸣禽取代园柳,继而园柳从画面上消失,视觉意象让位于听觉意象这一说法感到迷惑不解,春景的画面无疑需要鸟和柳这两个意象的共现。此外,傅译忽略了原文诗句中的对仗关系。诗句中的成分(主语、动词及承受这一动作的宾语)在对句中应是一一对应的关系。①

田菱指出傅译不仅违背了原文的对句特征,而且园柳变成了鸣禽的说法显得逻辑不通。

傅乐山之后的译者韦斯特布鲁克和亨顿注意到了谢诗中独特的句法和炼字琢句的讲究,在翻译中他们把"池塘""园柳"看作"生""变"这两个动作的主语,所以韦斯特布鲁克将"生""变"译为"is growing into""have turned into",亨顿译作"newborn into""become",整句就成了

---

① In this interpretation, the garden willows seem to have turned into singing birds, which populate the trees and fill them with sound. Xie may well have had this poetic image in mind, but one wonders about the replacement of willows by birds, which causes the former to disappear from the picture and privileges the aural over the visual. This spring scene surely needs the copresence of birds and willows. This translation moreover ignores the lines' parallel relationship. The relationship among the components in each line [the subjects, verbs, and objects they act on] is usually assumed to be parallel in a parallel couplet. Wendy Swartz, "The Landscape Poetry of Xie Lingyun", in Zong-qi Cai ed., *How to Read Chinese Poetry: A Guided Antholog*, New York: Columbia University Press, 2008, p. 137.

"池塘变成了春草、园柳变成了鸣禽"。尽管他们的解读较傅乐山的更富有诗性,而且译文符合谢诗用字的特点,但仍然是对诗歌原文的误读,因为池塘变成了春草、园柳变成了鸣禽这一说法显得逻辑不通。韦斯特布鲁克在《登池上楼》译文的注释中作了一定的解释:

> "池塘""园柳"当然可以被视为地点名词充当主题:"至于池塘,春草繁茂地生长在池塘的两边、池塘附近,池塘之上;至于园柳,由于时节的变化,成群的鸟儿们在枝头欢唱。"但是这种现实主义的解读过于平淡,倘若把"池塘""园柳"视为动词的主语,则会有更好的解读,那么园柳本身变成了鸣禽,其对句结构意味着池塘也变成了春草。①

田菱指出,"其(韦斯特布鲁克)译文显然是对原文诗句充满诗意的解读。"② 然而尽管韦斯特布鲁克和亨顿对原文的解读充满诗意,而且他们的译文也表现了谢诗的对句特征,但仍然是一种误读,因为译文"池塘变成了春草,园子里的杨柳变成翻飞枝头的禽鸟"显得不合常理。译者之所以会产生此种误读,是因为他们囿于其母语的语言规则。英语中"become""grow into""turn into"这类表示"生"或"变"意义的动词或动词词组,只有主动含义,无使动含义,所以在这三种译文中,"生"和"变"二字都只具有主动含义,而无原文中所具有的使动含义。然而,在谢诗原文中,"生"与"变"这两个动词,因汉语独特灵活的句法结构使然,它们既可以表主动含义,也可以表使动含义,即同时具有"春草生,鸣禽变"和"使春草生,使鸣禽变"两种含义。

田菱正是注意到谢诗独特的句法特点,所以在翻译中尽量再现原文的

---

① "Reservoir" and "garden willows" of course can be taken as place-word topics: "As for the reservoir, there is a growing of spring-time plants [by, near, on it]; as for the garden willows, there has been a change resulting in singing birds [in, on them]." But something much better than this realistic but prosaic reading is possible, if the topics are taken as the subjects of the verbs. If the willows have themselves turned into singing birds, parallelism suggests that the reservoir has grown into spring plants. Francis Westbrook, *Landscape Description in the Lyric Poetry and "Fuh on Dwelling in the Mountains" of Shieh Ling-yunn*, Ph. D. diss., Yale University, Ann Arbor, Mich.: UMI, 1973, pp. 71-72.

② this translation was explicitly presented as a poetic reading of the lines. Wendy Swartz, "The Landscape Poetry of Xie Lingyun", in Zong-qi Cai ed., *How to Read Chinese Poetry: A Guided Anthology*, New York: Columbia University Press, 2008, p. 137.

句法特征。她用"grow""transform"传递原文"使春草生""使鸣禽变"的含义,译文整句理解为"池塘边上长出繁密的春草,随着季节的变化,园子里的鸟儿们也变换了"。"使鸣禽变"一语含义丰厚,其字面意义即"季节变了,鸟儿也变了",但"使鸣禽变"还可以联想到鸟鸣声已变换,"由于园柳的换装,鸣禽的心境也显得很酣畅,那在枝头歌唱的黄莺,现在更唱得分外悦耳了"①,甚至还可以联想到鸟儿在园中不停地飞来飞去的活泼样儿。田菱的译文既避免了韦斯特布鲁克和亨顿译文中不符合常识的错误,也译出了谢灵运对自然的诗意表达。

第五节 中国本土学者的译本

国内学者翻译谢灵运诗歌的人较少,所以本节仅对许渊冲、汪榕培二位学者的诗歌译本作简要的评述。从他们为数不多的译诗中,可以看出中国学者在翻译谢诗方面的努力。在翻译过程中,他们充分发挥母语优势,力求从音、形、意三方面去再现谢诗的原貌,以便西方读者更多地去体味谢诗的情致和神韵。

一 许渊冲的译本

(一)许渊冲的选诗范围

许渊冲先生在其所编译的《汉魏六朝诗选》(Golden Treasury of Chinese Poetry in Han, Wei and Six Dynasties)中辑录谢诗13首(见下表)。

许渊冲选译谢诗13首

序号	诗名	诗歌译名
1	《过始宁墅》	Passing My Ancestral Estate
2	《晚出西射堂》	Out of West Archery Hall at Dusk
3	《登池上楼》	On Poolside Tower
4	《登江中孤屿》	A Lonely Islet in the River
5	《登上戍石鼓山》	Mount Stone Drum
6	《石壁精舍还湖中作》	Written on the Lake, Returning from Stone Cliff

---

① (南朝宋)谢灵运,叶笑雪选注:《谢灵运诗选》,古典文学出版社1957年点校本,第45页。

(续表)

序号	诗名	诗歌译名
7	《从斤竹涧越岭溪行》	*Journey across the Mountain and along the Brook*
8	《过白岸亭》	*Passing the Pavilion on Sandy Shore*
9	《石门岩上宿》	*Passing a Night on Mount Stone Gate*
10	《入彭蠡湖口》	*Entering Pengli Lake*
11	《岁暮》	*The Year's End*
12—13	《东阳溪中赠答》（二首）	*Exchange of Verse on the Stream*

其中，选谢灵运在江陵、建康等地为官时期创作的诗歌 1 首——《岁暮》；出守永嘉时期创作的诗歌 8 首——《过始宁墅》《晚出西射堂》《登池上楼》《登江中孤屿》《登上戍石鼓山》《过白岸亭》和《东阳溪中赠答》（二首）；第一次隐居故乡始宁时期创作的诗歌 2 首——《石壁精舍还湖中作》和《从斤竹涧越岭溪行》；第二次隐居故乡始宁时期创作的诗歌 1 首——《石门岩上宿》；出守临川时期创作的诗歌 1 首——《入彭蠡湖口》。在谢灵运身上，儒释道三家思想相互交织，只是在其不同的人生阶段分别占据着主导地位，这一占据主导地位的思想又影响到其诗歌创作的风貌，所以许渊冲选译谢灵运不同时期的诗作，力求全面展现谢诗的创作风格。在所选的这 13 首诗歌中，《岁暮》及《东阳溪中赠答》（二首）这 3 首诗是西方译者所未翻译过的。《东阳溪中赠答》（*Exchange of Verse on the Stream*）与谢灵运的山水诗风格不同，它是以民间对歌的形式来表达男女的爱慕之情，展现了谢灵运诗歌创作类型的多样性。在翻译过程中，许渊冲一直追求音美、形美、意美的"三美"翻译原则，以韵体译诗，力求传递中国古典诗歌的神韵和情致。

（二）许渊冲的三美、三化、三之论

许渊冲不仅在翻译实践这一领域成就卓著，在翻译理论的领域也提出了深刻的见解。在《汉魏六朝诗选》一书的"代后记：中国学派的文学翻译理论"里，他将中国的翻译理论与中国传统文化中的儒家思想和道家思想联系起来，他认为中国的翻译理论可以在儒道两家思想中找到理论依据。他引用《老子》中的名言"名可名，非常名"来分别比拟翻译过程中原文和译文的关系，"'名可名，非常名'应用到文学翻译理论上来，可以有两层意思：第一层意思是原文的文字是描写现实的，但并不等于现实，文字和现实之间还有距离，还有矛盾；第二层意思是译文和原文之间也有距离，也有矛盾，译文和原文所描写的现实之间，自然还有距离，还有矛盾，译文应该发挥译语优势，运用最好的译语表达方式，来和原文展开竞赛，使译文和现实的距离或矛盾小于原文和现实之间的矛盾，那就是超越原文了。"① 其次，他借用《论语》"知之者不如好之者，好之者不如乐之者"一语来比拟翻译过程。第一，译文忠实于原文，使人知之；第二，用"三化"（深化、浅化、等化）的译法来使人好之，"译诗除了直译之外，应该多用意译的方法，也就是'深化、浅化、等化'的译法。所谓'深化'，应该包括加词、'分译'等在内……所谓'浅化'，应该包括减词、'合译'等法在内……所谓'等化'，应该包括换词、'反译'等法在内"②；第三，用"三美"（意美、音美和形美）使人乐之③。翻译过程也是一个从知之、好之，到乐之的过程，"意似使人知之，形似而意似使人好之，神似使人乐之"④。三美、三化、三之构成了其文学翻译理论的主体，在对文学作品的翻译过程中，他也实践着自己的翻译艺术。

（三）遵循三美 意美为先

《汉魏六朝诗选》所辑录的这13首谢灵运的五言诗，许渊冲均以英文韵文的形式译出，且每行保持8个音节。译文语言简洁达意，笔调轻灵。"文学翻译要求意足神完，不在乎词句一一对应。""貌是神非，有何艺术而言？"⑤ 许渊冲的译文不拘泥于原作字句，而是追求与原作的神似。试以《东阳溪中赠答》（二首）（*Exchange of Verse on the Stream*）的译文为例：

一 可怜谁家妇，缘流洒素足。明月在云间，迢迢不可得。
二 可怜谁家郎，缘流乘素舸。但问情若为，月就云中堕。

Ⅰ. Young Man

How lovely is the maiden sweet,
Washing in the stream her white feet!

---

① 许渊冲译：《汉魏六朝诗选》，五洲传播出版社、中华书局2012年版，第330—331页。
② 许渊冲：《前言》，载《文学与翻译》，北京大学出版社2003年版，第2页。
③ 许渊冲译：《汉魏六朝诗选》，五洲传播出版社、中华书局2012年版，第330—331页。
④ 许渊冲：《文学与翻译》，北京大学出版社2003年版，第91页。
⑤ 翁显良：《意态由来画不成——文学风格可译性问题初探》，《翻译通讯》1981年第2期，第1页。

She's like the bright moon o'er the cloud
To reach her I am not allowed.
Ⅱ. Maiden
How pleasing is the young man bright,
Spreading on the stream his sail white!
Should you ask me if you're allowed,
See the moon sinks into the cloud![1]

整篇译文无论从音韵、形式，抑或是意蕴方面都忠实地再现了原作之美。原作是民歌的形式，一唱一和，第一首是男子所唱，第二首是女子所和。许渊冲的译文也体现出情感浓烈、语言活泼明朗的特点。从音美角度看，译文是四音步抑扬格的形式，可标示为：⌣ －/⌣ －/⌣ －/⌣ －。

Ⅰ. Young Man
How love/ly is /the mai/den sweet,
Washing/ in the/ stream her/ white feet!
She's like/ the bright /moon o'er /the cloud
To reach/ her I/ am not/ allowed.
Ⅱ. Maiden
How plea/sing is/ the young/ man bright,
Spreading/ on the/ stream his/ sail white!
Should you/ ask me/ if you'/re allowed,
See the/ moon sinks/ into/ the cloud

译文每行中的轻重音的交替出现，构成了诗歌的内在节奏，使译文读起来有一种跌宕起伏的美感。除节奏美之外，译文押韵，译文以两行转韵（AABB）的韵脚形式译出，读起来自有一种独特的音韵美。由此可见，译者力求以英诗的格律和韵法来传递中国古典诗歌的音美。

从形美角度看，译文句式灵活，唱和的诗文相互对照。"How lovely is the maiden sweet,"（"可爱哟，这是谁家的女子！"）与 "How pleasing is

---

[1] 许渊冲译：《汉魏六朝诗选》，五洲传播出版社、中华书局2012年版，第185页。

the young man bright,"（"可爱哟，谁家的小伙子!"）相互对照，"Washing in the stream her white feet!"（江中洗素足）与"Spreading on the stream his sail white!"（乘素舸而下）两个分词结构相对照。"明月在云间，迢迢不可得"这两句男子所唱，许渊冲先生译为"She's like the bright moon o'er the cloud，To reach her I am not allowed"，"但问情若为，月就云中堕"这两句女子所答，许渊冲先生译为"Should you ask me if you're allowed，See the moon sinks into the cloud"，原文是对答的形式，译文也是以对答的形式译出，而且译文每行都是 8 个音节，传递了原作的形美。

从意美角度看，"明月在云间，迢迢不可得"二句用明月这一意象来比喻女子如那云中月，遥不可及，许渊冲先生意译为"She's like the bright moon o'er the cloud，To reach her I am not allowed"，将原作中暗含的人称显化，生动地传递了诗中浓烈的感情色彩。"但问情若为，月就云中堕"二句意为"若是你的感情是真挚的，那么明月就会从云中坠落"，许渊冲先生意译为"Should you ask me if you're allowed，See the moon sinks into the cloud"，用设问句的形式将女子深情而又直率的回答忠实地再现出来。许渊冲运用英语独特的句法、音韵，从音、形、意的角度传递了原作的情趣和意象。

许渊冲翻译的这 13 首谢诗中，并非每一首翻译的诗歌都能体现三美。许渊冲在《论唐诗的英译》文中指出"三美"并非鼎足三分，其中意美是最重要的，其次是音美，再其次是形美。在"三美"不可兼得时，要尽可能地传达原文的"意美"①。试以《晚出西射堂》②中的前六句的译文为例：

步出西城门，	Out of the town gate in the west,
遥望城西岑。	I gaze afar where mountains loom.
连障叠巘崿，	I see cliff on cliff, crest on crest,
青翠杳深沉。	The deep blue sinks into the gloom.
晓霜枫叶丹，	Maple leaves reddened by hoar frost,
夕曛岚气阴。	Evening crags exhale misty breath. ③

---

① 许渊冲：《谈唐诗的英译》，《翻译通讯》1983 年第 3 期，第 8 页。
② 黄节注：《谢灵运诗注》，人民文学出版社 1958 年版，第 34 页。
③ 许渊冲译：《汉魏六朝诗选》，五洲传播出版社、中华书局 2012 年版，第 175 页。

在译文中，许渊冲通过含蓄传神的用字和句法，再现了原作的意美。"遥望"一句中，他在译文中增加了"loom"一词，"loom"有隐约出现、赫然耸立之意，译文"I gaze afar where mountains loom"生动展现出诗人步出西门远眺，苍茫暮色中的山峦呈现在诗人眼前的情景。"连障"句中，他将"连鄣"译为"cliff on cliff"，将"巘崿"译为"crest on crest"，用词语的重复手段来传递原文中山岭连绵不断、山崖重重叠叠的视觉效果。"青翠"句中，他用"sinks into the gloom"这一表达形象自然地表现了山色逐渐被夜晚的暮色所笼罩，呈现出一种幽暗深沉的色彩，其中"sink"一词生动地展现了原诗中暮色苍茫的意境。"夕曛"句中，许渊冲运用"exhale misty breath"这一表达，拟人化地展现了黄昏时山中雾气氤氲的场景。这六句译文再现了原文中深秋暮色苍茫的画面，同时也再现了诗人内心难以排遣的孤独苦闷之情，一种凄清的意境也随之而产生。"意境的译法，专在于用字传神。"① 许渊冲通过含蓄传神的诗意的翻译，再现了原作中含蕴的意境。

传递意美不仅要传递出原文的言外之意，还要传递出原文的言外之情。因为"中国的文学语言往往有言外之意，甚至还有言外之情"②。这在许渊冲的译文中不乏其例。比如"佳期缅无象，骋望谁云惬"《登上戍石鼓山》二句，许渊冲译为"I gaze afar, but all in vain. / What is the use to gaze again"，意思是我纵目远眺，却也只是徒劳，再眺望又有何意义？"gaze"一词在上下句中的重复出现不仅赋予其译文一种迂回往复的音韵美，而且渲染了诗歌哀怨的色彩，凸显了诗人内心难以排遣的孤寂与愁苦。译文意美的例子又如《入彭蠡湖口》一诗末二句的译文：

徒作千里曲，　　In vain I play on lute the Crane,
弦绝念弥敦。　　Strings snap and leave parting refrain. ③

"徒作"二句中，许渊冲不拘泥于原作字句，而是循着原作的意义"重写"，创造性地译为"一曲终了，而那充满离情别绪的琴曲的余音仍然未尽"（Strings snap and leave parting refrain）。译文和原文虽然用字不

---

① 林语堂：《论译诗》，载刘靖之主编《翻译论集》，香港三联书店1981年版，第220页。
② 许渊冲译：《汉魏六朝诗选》，五洲传播出版社、中华书局2012年版，第331页。
③ 同上书，第180页。

同,然而寄意相同,尤其是"leave parting refrain"一词,渲染了诗人思归的情绪,琴曲的演奏已结束,而那充满离情别绪的曲调还未散尽,仍然残留在诗人耳畔,抑或诗人心底,由此衬托出诗人内心愈加强烈的思乡情怀。该句的译文,优美婉转地传递了原作中诗人本想借琴声以排遣忧愁,反而因琴声而引起了更为深切的思乡之情,颇有言尽而意未尽的情致。李善的《文选注》有云:"言奏曲冀以消忧,弦绝而念逾甚。"此外,上下句末尾词"crane"与"refrain"押韵,/n/这一对韵脚制造了一种连绵不绝的听觉效果,与原作中曲终而琴音缠绵、情难却的含义不谋而合。许渊冲的译文将音韵和意义巧妙地结合起来,不仅译出了言外之意,更译出了言外之情。

许渊冲在翻译过程中也使用符合西方传统文化理念的词汇来表达诗中的意美。如"空翠难强名"(It's hard to describe the void so blue)中的"空"字,许渊冲用"void"来表达"空"字暗含的"虚空"之意,把"空"译为一种存在的"形",译文"void so blue"(无边的空翠)不仅符合西方的实体宇宙观,而且传递了诗中空蒙苍翠山色与玄理相融的耐人寻味的境界。

许渊冲的译本间或会使用一些古语体如"o'er""nigh"等词来替代常用词汇,从音韵、形式、意义上增饰译文。比如"明月照积雪"(《岁暮》)的译文"The moon shines bright all o'er white snow","明月在云间"(《东阳溪中赠答》)的译文"She's like the bright moon o'er the cloud",译者采用一般用于诗歌用语的古语体"o'er"一词替代"over",一方面给译文增添了诗意和古雅的韵味,另一方面通过使两个音节合为一个音节,满足了译诗每行音节数相等,即每行保持八个音节的形式的要求,以及满足轻重音的要求来彰显诗歌的内在节奏。又如"异音同至听"(《石门岩上宿》)的译文"Different sounds come far and nigh",译者用"nigh"一词替代了"near","nigh"一词源于古英语"neah",常用于英语诗歌中,此处"nigh"一词的选用增添了诗歌形式上的美感,变换了诗歌的内在节奏,读起来自有一种独特的音韵美。

许渊冲在翻译过程中也会通过增词的方式来表现原文的意美,而这一增词并非无中生有的增词,而是原作本身含有此种含义,只是字面上没有体现出来,需要读者用心去把握。比如"运往无淹物"(《岁暮》)一句,许渊冲译为"World changed, nothing unchanged can stay",他在译文中创造性地增加了"unchanged","unchanged"一词,为译文增添了诗意,委婉地表现"世间没有任何不经改变的久留之物,随着岁月的流逝,世间的一切都已发生了改变"这一含义。

由此可见,许渊冲的译文不仅通过传神的用字,以达到译作与原作意义深层结构的相似,传递文本最深层次的意义,从而实现译作与原作的神似,而且许渊冲也擅长将音韵和意义的传递巧妙地结合起来,传神地再现原作之美。

(四) 译作过失

许渊冲的译文灵活,但有时也因对原作过度变形而遗失了原作的信息,与原作在诗行上不对等,更改了原作的意义,甚至在翻译中因受音节、韵脚所限而省略原作中重要信息的缺陷。比如(《过始宁墅》)一诗的翻译:

过始宁墅

束发怀耿介,逐物遂推迁。
违志似如昨,二纪及兹年。
缁磷谢清旷,疲薾惭贞坚。
拙疾相倚薄,还得静者便。
剖竹守沧海,枉帆过旧山。
山行穷登顿,水涉尽洄沿。
岩峭岭稠叠,洲萦渚连绵。
白云抱幽石,绿筱媚清涟。
葺宇临回江,筑观基曾巅。
挥手告乡曲,三载期旋归,
且为树枌槚,无令孤愿言。

Passing My Ancestral Estate

While young, I would be right and fair,
But tarried then in worldly care against my will till yesterday,
When twenty years have passed away.

Blackened and ground, can I be bright?

Tired and spent, I'm shamed by the upright.

Now dull and ill, I come again to see my quiet old domain.

Ordered to rule over the seaside,

To my ancestral house I ride. I come uphill and down the vale;

Upstream and downstream I set sail.

High mountains spread for miles and miles;

The streamis dotted with isles on isles.

White clouds embrace the boulders steep;

Green ripples lull bamboos to sleep.

I will rethatch my roof and rest

In my cottage on mountain crest.

To villagers I wave my hand:

"In three years I'll come to this land.

Try to plant elms and coffin – trees!

Don't neglect this wish of mine, please!"①

原作 22 句,许渊冲先生译为 19 句,"逐物遂推迁。违志似如昨"两句合为一句,译为"But tarried then in worldly care against my will till yesterday","拙疾相倚薄,还得静者便"合为一句,译为"Now dull and ill, I come again to see my quiet old domain","枉帆过旧山。山行穷登顿"合为一句,译为"To my ancestral house I ride. I come uphill and down the vale",所以译作与原作在句数上不等。诚然,译作可以根据译文的表达方式、句式结构对原作的形式作一定的变形,或融合或拆分,但诗歌翻译应尽量保留原作的行数,译作与原作在行数上对等这一点很重要。"白云抱幽石,绿筱媚清涟"二句,许渊冲先生译为"White clouds embrace the boulders steep; Green ripples lull bamboos to sleep",意为"白云包裹着凌空壁立的山岩,微波轻拂下的绿竹安静地入睡"。译作表现的静的画面与原作描写的静的画面不符,"白云抱幽石,绿筱媚清涟"呈现出的静是一种虚静、空寂的境界,而非许渊冲先生译文中的安静、静静地入眠(lull bamboos to

---

① 许渊冲译:《汉魏六朝诗选》,五洲传播出版社、中华书局 2012 年版,第 174 页。

sleep）的静，译作较之原作少了些逸荡之气。

省略原文中信息的例子又如"披拂趋南径，愉悦偃东扉"（《石壁精舍还湖中作》）一句的译文，试将许译与傅乐山、韦斯特布鲁克的译文相比较：

许渊冲译文：

I hurry back on southern way；
Happy, I rest behind east door.

傅乐山译文：

I swept them aside with my hands as I hastened southwards.
How glad I was to reach my house in the east!

亨顿译文：

Then ashore, I hurry south on overgrown paths,
and settle into my eastern home, enchanted still.

汉密尔译文：

I had to push them aside to pass southward,
happy to be reaching my home in the east. [1]

许渊冲先生省去了"披拂"，即以手分开掩路的草木这一动作，仅翻译了"趋南径"这一动作。傅乐山的译文则保留了原作中的"披拂"，直译为"swept them aside with my hands"，汉密尔译为"push them aside"，即用手拨开掩路的草木，亨顿意译为"overgrown paths"，即杂草丛生的小径。"披拂"这一动作实际上暗示了诗人内心的愉悦和激动，在感情色彩

---

[1] Hamill Sam, J. p. Seaton, ed & trans., *The Poetry of Zen*, Boston, London：Shambhala Library, 2004, p. 26.

上为该句增色不少。傅乐山、亨顿、汉密尔的译文会使读者联想到诗人舍舟离岸,正怀着轻快明朗的心情在草木繁茂的南径上行走的生动画面。而许渊冲先生的译文"I hurry back on southern way"因受音节、韵脚的限制,省略了"披拂"一词,只是表达了诗人由南径匆匆返回的场景,未能表现诗人闲逸的心情,虽无伤大雅,但未能忠实地传达原意,确为遗憾。

许渊冲先生的译文中也有语义含混的例子。比如"索居易永久,离群难处心"(《登池上楼》)二句,许渊冲先生译为"Living apart, I can last long; But hermits cannot take their ease",无论语义抑或语气都与原作不符。"索居易永久,离群难处心"二句互文,联系描写归思情绪的"祁祁伤豳歌,萋萋感楚吟"二句,"索居"二句应是诗人对自己和朋友离散之后,在永嘉的独居生活的感叹。离群索居的生活容易使人感觉到日子漫长,心神也难以安定下来。"索居易永久"一句,许渊冲先生译为"Living apart, I can last long",语言表达欠妥,且语义含混,未能传递诗人内心的孤独之情。"离群难处心"一句中,许渊冲先生将"离群"一词过度变形,转译为"hermits"(隐士),其译文"But hermits cannot take their ease"翻译过来就成了"但是隐者也不能悠闲自在"。上句译文人称是"I",下句人称转为"hermits",人称的变更显得突兀,与原作中所暗含的诗人自我的人称不相符合。

许渊冲先生认为古诗的英译"即使百分之百地传达了原诗的'意美',如果没有押韵,也不可能保存原诗的风格和情趣"①。在翻译中有时为了押韵的需要,对原文进行删减,颠倒语序,结果"因韵害义",不仅使译文偏离了原作,而且译文显得拘束,不自然。试以《登池上楼》中的诗句翻译为例:

衾枕昧节候,	Ignoring seasons on my pillows,
褰开暂窥临。	I open door despite my ills.
倾耳聆波澜,	I give ear to the surging billows,
举目眺岖嵚。	And feast my eyes on craggy hills. ②

上述四句译文尽管押韵,但是"褰开"一句有凑韵之嫌,译者为了

---

① 许渊冲:《谈唐诗的英译》,《翻译通讯》1983 年第 3 期,第 21 页。
② 许渊冲译:《汉魏六朝诗选》,五洲传播出版社、中华书局 2012 年版,第 176 页。

押韵，给原文增加了"despite my ills"这一信息，而漏译了"暂窥临"这一掺杂了诗人复杂情绪的动作。此外译者将"褰开"一词译为"open door"也不准确。"褰开暂窥临"有"揭起帘子，临窗眺望"之意，许渊冲先生译为"I open door despite my ills"，译文不仅未能忠实地传达原作的意义，而且在音美上也未能如愿。曾有西方学者对许渊冲译诗中尾韵过多的押韵方式提出了批评，认为这种方式过于刻板，缺乏美感。诚然，押韵是实现诗歌的音美的一种方式，但诗歌的音美更多是通过诗歌的内在节奏来实现，朱光潜在《谈翻译》中就指出：

> 语言都必有意义，而语言的声音不同，效果不同，则意义就不免有分别；换句话说，声音多少可以影响意义。……文字传神，大半要靠声音节奏；声音节奏是情感风趣最直接的表现，对于文学作品无论是阅读或是翻译，如果没有抓住它的声音节奏，就不免把它的精华完全失去，但是抓住声音节奏是一件极难的事。①

林语堂先生也说过：

> 凡译诗，可用韵，而普遍说来，还是不用韵妥当。只要文字好，仍有抑扬顿挫，仍可保存风味。因为要叶韵，常常加一层周折，而致失真。……在译中文诗时，宁可无韵，而不可无字句中的自然节奏。②

由此可见，就诗歌的音美而言，诗歌的内在节奏，即内在的韵律较之韵脚更为重要。如果韵脚限制了思想的表达，不妨舍弃押韵的诗体形式，因为无论是押韵的诗体形式抑或无韵的自由体诗的形式，传递原作的神韵才是译诗的关键。

诚然在翻译中颠倒语序以求协律是一种灵活的翻译技巧，但有时为求协律而颠倒上下句语序也损害到诗歌描写的空间顺序。如《登江中孤屿》中的这四句：

---

① 朱光潜：《谈翻译》，载《谈文学》，安徽教育出版社1996年版，第132页。
② 林语堂：《论译诗》，载刘靖之主编《翻译论集》，香港三联书店1981年版，第219页。

乱流趋正绝，Suddenly when the waves are crossed,
孤屿媚中川。The stream's charmed by a lonely isle.
云日相辉映，The azure sky in water lost,
空水共澄鲜。The sun and white clouds beam with smile.①

许渊冲先生为了照顾 ABAB 的韵式，将"云日"和"空水"两句颠倒顺序，违背了原作中诗人观景的视角由上及下的空间顺序结构，而且在意义表达上二句也有先后之分，白云、丽日辉映下水天一色，显得那么澄澈明净。译作颠倒了语序，在意义表达上不如原作清晰连贯。

整体而言，尽管许渊冲先生翻译的谢灵运诗歌为数不多，但从这 13 首译诗已可略窥许渊冲先生的翻译风格和标准。在翻译过程中，他一直遵循着意美、音美和形美，而以意美为先的翻译标准，在达意传神的基础上，尽量以韵体译诗。

二 汪榕培的译本

（一）汪榕培的选诗范围

除许渊冲翻译的《汉魏六朝诗选》中辑录谢灵运诗歌 13 首之外，国内关于谢灵运诗歌的另一个译本是《汉魏六朝诗三百首》（300 poems of the Han, the Wei and the Six Dynasties）一书中辑录的汪榕培 9 首译诗（见下表）。

汪榕培选译谢诗 9 首

序号	诗名	诗歌译名
1	《邻里相送至方山》	Written on the Square Mount
2	《七里濑》	The Seven-Mile Bar
3	《登池上楼》	Upstairs in My Lake Chamber
4	《游南亭》	A Visit to the South Pavilion
5	《登江中孤屿》	Written on an Isle
6	《石壁精舍还湖中作》	Written on My Return to the Lake
7	《石门岩上宿》	Stay Overnight on Mount Shimen

---

① 许渊冲译：《汉魏六朝诗选》，五洲传播出版社、中华书局 2012 年版，第 177 页。

（续表）

序号	诗名	诗歌译名
8	《入彭蠡湖口》	Written on the Mouth of Pengli Lake
9	《岁暮》	At the End of the Year

其中，汪榕培选谢灵运在江陵、建康等地为官时期创作的诗歌1首——《岁暮》；出守永嘉时期创作的诗歌5首——《邻里相送至方山》《七里濑》《登池上楼》《游南亭》及《登江中孤屿》；第一次隐居故乡始宁时期创作的诗歌1首——《石壁精舍还湖中作》；第二次隐居故乡始宁时期创作的诗歌2首——《石门岩上宿》及《入彭蠡湖口》。可见汪榕培选诗标准与许渊冲的选诗标准是一致的，他们都是从谢灵运的主要创作阶段各选其具有代表性的山水诗作品，以反映不同时期的山水诗风貌。

（二）"意"的传递

汪榕培的译诗重在传递原作中的"意"。为求达意，对原作中的信息常有取舍。在形式上其译诗与其他译诗有一个很大的不同，就是他的译诗一般分为3个或4个小节，这种分节的译诗清晰地显示了谢诗先叙事，继而写景，最后言情说理的结构模式。此外，译者在译诗的每一节都采用两行转韵（AABB），或抱韵（ABBA）的韵式，力图以英语诗歌韵脚再现中国诗歌的音美。试以《岁暮》一诗的译文为例：

殷忧不能寐，　I toss and turn in bed with deepest sorrow,
苦此夜难颓。　Inflicted by expectations for tomorrow.
明月照积雪，　The brilliant moonlight is shed on heaped snow,
朔风劲且哀。　While chilly northern winds do howl and blow.
运往无淹物，　As everything flows with the passing time,
年逝觉已催。　At year's end, I know that I have passed my prime.[①]

全诗以两行转韵的形式译出。译文达意，再现了原作中岁月不居、年命易逝的迟暮之感。"殷忧"二句中，译者用"toss and turn"这一对押头

---

① 汪榕培英译，弘征、熊治祁今译：《汉魏六朝诗三百首》（大中华文库汉英对照本），湖南人民出版社2006年版，第355—357页。

韵的词汇，形象地展现了诗人因心中愁苦而辗转反侧、难以入眠的情形，"deepest sorrow"忠实地传递了原作中的隐忧、深忧之义。"苦此"句中，译者翻译了忧思之苦的缘由，但因译文中省略了"夜难颓"这一意象反不如许渊冲的译文"I'm pained to see night slowly creep"真切，许译更诗意地表达了诗人心绪不宁，漫漫长夜难以入眠的不堪忍受之苦。"明月"二句中，"howl"与"blow"这对形相近、音相似的动词，分别从听觉、视觉的角度传递了原作中北风的呜咽凄厉之声和风势之猛烈，而且寒冽的北风这一意象也衬托出诗人处境的森寒和孤寂。"运往"二句中，译者巧妙地运用"passed my prime"来表达原作中自己盛年已逝，美好的岁月已经一去不复返的含义，诗人悲凉的心境跃然纸上。译语平易，情真意切地将诗人沉郁凝重的慨叹、壮志难酬的整个形象完全展露出来，既传递了原作之意，也传递了原作中"恐美人之迟暮"的慨叹之情。

汪榕培的译文虽然用字与原文差别较大，但用字独特，传神地再现了诗人情感和诗中的意境。译者这一自然妥帖的用字显示出译者对原文颇有一番理解。比如《石门岩上宿》一诗中，"美人竟不来，阳阿徒晞发"二句意为"期待的好友迟迟不来，我在这里空等到天明"。"晞发"袭用《九歌·少司命》中的"与女沐兮咸池，晞女发兮阳之阿；望美人兮未来，临风恍兮浩歌"① 一语，也袭用了其意境。"美人"二句，汪榕培译为"I wait and wait but see no beauties fair, / Standing by South Hill and chanting there"；傅乐山译为"The fair one has not come, / At Sunny Bank vainly I dry my hair"；许渊冲译为"I wait in vain for the Fair One. / Who would dry my hair in sunshine"。三种译文相比较，可见傅乐山和许渊冲的译文都是依照原作，直译为友人不来，徒晞发于阳之阿。傅乐山译为"诗人自己孤独地晞发于阳阿"，许渊冲译为"谁为我晞发于阳之阿"，而汪榕培的译文则是将"阳阿徒晞发"直接抛弃，借用《九歌·少司命》中的意境，取"望美人兮未来，临风恍兮浩歌"中之深情，译为"Standing by South Hill and chanting there"，意思是"思望之人迟迟不来，孤独失意的我，独自在阳阿临风悲歌"。"chanting"（吟咏）一词系译者按谢诗所化用的《九歌·少司命》中的意境而增添，生动再现了谢诗所要表现的诗人孤高落寞的失意心绪。

---

① 马茂元选注：《楚辞选》，人民文学出版社1958年版，第90页。

又如"芰荷迭映蔚,蒲稗相因依"(《石壁精舍还湖中作》)二句,汪榕培译为"Water chestnuts and lotus grow in the lake; / Weeds and reeds are floating in the wake",意为"湖中芰荷绿叶生长繁盛,菖蒲稗草在船行过后的尾波中摇曳动荡"。译者在文中创造性增加"wake"(船行之后的尾波)一词,其译文"floating in the wake"生动描绘出菖蒲和稗草在船行过后的尾波中摇曳生姿,左偏右伏,相互依偎的情态,与"相因依"异曲同工。较之傅乐山译文"Rushes and cattails growing side by side",许渊冲译文"Dark reeds and cattails lean before",汪榕培的译文通过独特的用字来创造意境,自然妥帖地还原了原文中所描写的船边蒲稗的真实情态。由此可见,别具一格的译文与译者对原作深刻的理解和探索是分不开的。

(三)译作过失

汪榕培的译文存在缺陷,比如趁韵、因韵害义,省略原作中重要信息,以及译文未能准确传递原文意义的例子。趁韵的例子比如"解缆及流潮,怀旧不能发"(《邻里相送至方山》)一句,他译为"When anchors are weighed, the boat will sail downstream, / but waits because I hate to leave the team"。译文中,译者将诗中的第一人称"I"译出,并且用"hate to leave"一词强烈地表达了诗人与送别的亲友难舍难分,不忍离去的感伤情绪,但是为求押韵,译者在句末加上"the team"一词,使原作的诗意为之减损,实为画蛇添足之举。又如《登江中孤屿》一诗的译文:

……
乱流趋正绝,	I cross the rapid stream to reach an isle,
孤屿媚中川。	Which is a wonder set amidst the stream.
云日相辉映,	How the sun and clouds appear to beam!
空水共澄鲜。	How the sky and water seem to smile!
表灵物莫赏,	Its pretty scenery is not known to all
蕴真谁为传。	Who in the world is aware of its true worth?
想象昆山姿,	In my mind's eye, Mount Kunlun grand and tall
缅邈区中缘。	Its farther still away from mundane earth.
始信安期术,	If I should have Tao at my beck and call,

得尽养生年。　I can preserve the vigour, mine from birth.①

　　第一小节中，诗行末尾词"isle""stream""beam""smile"构成了 ABBA 的韵脚形式，但译文"How the sky and water seem to smile"与原文"空水共澄鲜"所要表达的水天一色、澄澈明净的境界相去甚远，此处"smile"有趁韵之嫌。第二小节中，诗行末尾词"all""worth""tall""earth""call""birth"也构成了 ABABAB 的韵脚形式，但译文"In my mind's eye, Mount Kunlun grand and tall"中的"tall"和"I can preserve the vigour, mine from birth"中的"birth"等词，也有趁韵之嫌，译者为求押韵而增词，虽无伤大雅，但有损译文的意美和音美。

　　"谁谓古今殊，异代可同调"（《七里濑》）二句，汪榕培译为"Who says that here exists an idea gap? Different people may share the same mishap"。译文尾词押韵，但原文中的"古今殊"译为"idea gap"，语言略显浅陋，"异代"一句，译为"Different people may share the same mishap"，似与原文要表达的志趣相同的意义不相符。与傅乐山的译文（"who was it said past and present are not alike? / Though in a different age, I can sing the same tune as they"）相比较，汪译显得平淡、缺乏诗味，不如傅译自然、达意。

　　汪榕培的译本存在省略原文重要信息，或者译文只是与原文意似，未能忠实地传递原作的现象。比如"衾枕昧节候"（《登池上楼》）一句，汪榕培译为"In illness, I forget about the clime"，省略了"衾枕"这一形象的表达，而是笼统地译为"In illness"，其译文未能传递原作中诗人久淹病榻，终日与衾枕为伍，浑然不知节候之易的情景。又比如"析析就衰林"一句，汪榕培译为"The whistling breeze gives trees an autumn sight"。"析析就衰林"出自《邻里相送至方山》一诗，该诗是谢灵运于永初三年（422）七月出任永嘉太守时所作，谢灵运出京赴郡是在 422 年农历七月，结合诗歌上下文，"析析"句描写的应是秋景，所以"析析"一词应为秋天风吹木叶发出的声响，而汪译中的"breeze"一词一般指微风，或柔和的春风，与"析析"所指涉的"萧瑟的秋风"不符。此外，汪榕培的译文省略了"就"字。按叶笑雪的解释，"就衰林"一语可理解为诗人在船

---

① 汪榕培英译，弘征、熊治祁今译：《汉魏六朝诗三百首》（大中华文库汉英对照本），湖南人民出版社 2006 年版，第 351 页。

上看到的岸边的风景，其中的"就"字表现了船行水上，岸边的秋林朝自己逼近的情景。"就"字贴切、形象，体现了谢灵运用字的特点，而汪榕培的译文将"就"字略去不译，"就"字的省略让读者感到译文笼统，未尽原意。

译作未能准确地传递原作信息的例子如"各勉日新志"（《邻里相送至方山》）句中的"日新志"，有《礼记·大学》中"苟日新，日日新，又日新"及《易经·系辞上》中"日新之谓盛德"之意，所以"日新志"应理解为不断进取之意，汪榕培译为"happiness"，与原文不符。又如"潜虬媚幽姿，飞鸿响远音。薄霄愧云浮，栖川怍渊沉。"（《登池上楼》前四句），汪榕培译为：

> A hidden dragon lies in wait at ease;
> A soaring wild goose warbles in the breeze.
> Unlike the wild goose, I can't quietly lie;
> Unlike the dragon, I cannot soar to the sky.①

"薄霄"二句，汪榕培译为"Unlike the wild goose, I can't quietly lie, / Unlike the dragon, I cannot soar to the sky"，意为"我不能像飞鸿那样静卧，也不能像潜龙那样直冲云霄"。就"薄霄愧云浮"承"飞鸿响远音"，"栖川怍渊沉"承"潜虬媚幽姿"而言，"薄霄"二句应理解为"我既不能像飞鸿那样高翔云端，也不能像潜虬那样深潜水底"，而汪榕培的译文将原文的上下句语意完全颠倒，未能准确传递原文的意义。

在译诗过程中，由于各种因素，译本难求圆满，所以译作常留有遗憾。汪榕培的译文也是如此，尽管有所缺憾，但总体而言，他的译本传递了原诗的意义，再现了原诗的情感，尤其是他在译诗过程中借助自身对文本深刻的理解，通过妥帖自然的用字再现原作意境、表现诗人情感的手法为其译文增添了独特的魅力。

---

① 汪榕培英译，弘征、熊治祁今译：《汉魏六朝诗三百首》（大中华文库汉英对照本），湖南人民出版社2006年版，第347页。

第二章

中西异质文化背景下的谢诗英译本比较研究

将上述中西译者谢诗英译本进行比较，不难发现中西译者各擅胜场。中国本土译者因其生长的文化语境、母语优势，因而在文本的理解、意境的把握与传递方面较西方译者胜出。处于异质文化背景之下的西方译者尽可能忠实地传递源语的信息，然而他们对源语文本总存在着误读、误释的情况，且其误读、误释更多表现在对文化形象、意境的处理上。文化形象的误读、误释和意境的缺失等现象的产生一方面是由于语言文化的差异，译者很难在一种文化语境中忠实地再现异质文化语境下的文化形象或诗歌绝妙的意境，译者因而被动地误读、误释源语文本；另一方面则是译者主观上有意地、创造性地误读，误释，通过对源语文本中的文化形象的变形，或置换为西方文化形象，为其披上了西方文化色彩的外衣，从而使译文在更大程度上为译入语的读者所接受。此外，西方译者因其母语的优势，其译法灵活，译文自然流畅，音韵和谐，在叠音词的处理上就可以窥见这一点。

第一节 国内外学界对中西译本的整体评价

对于西方学者关于古诗英译的译本，国内学者从整体上作出了评价。吕叔湘先生在《中诗英译比录》的序言中对西方学者汉语古诗英译的得失作了精辟的论述。就西方学者翻译过程中的"得"与"失"，他分别从意义和诗体风格两方面作出了极为中肯的评价：

（翻译过程中的"得"）意义方面，其一，中文常不举主语，韵语尤甚，西文则标举分明，诗作亦然。译中诗者遇此等处，不得不一一为之补出；此外，译诗者往往改变原诗之观点，或易叙写为告语，……其中有因而转更亲切或生动者；其二，必要的意义之变通，或相异、或减省、或增饰。诗体风格方面，其一，以平稳为要义，婉转以求曲达；其二，跨行。中诗大率每句自为段落，两句连贯如"旧时王谢堂前燕，飞入寻常百姓家"者，其例已鲜。西诗则常一句连跨数行，有多至十数行者。译中诗者嫌其呆板，亦往往用此手法。对于中诗中的对偶句，译者或逐句转译，保留原作形式上的整齐，或融为一片，改作散行。此外，译者甚至有意打破原作整齐的句法结构，制造一种参差不齐、错落有致之感。

（翻译过程中的"失"）意义方面，其一，误解字义、误解词性。中文动词之特殊意蕴，往往非西人所能识别；其二，不明白其中的虚字、熟语。然一种文字之最足以困惑外人者，往往不在其单个之实字，而在其虚字与熟语，盖虚字多歧义，而熟语不易于表面索解也；其三，不熟悉中文中常常更易主语而又省略主语的语法现象；其四，对原作的变通超过了界限。诗体风格方面，其一，以诗体译诗之蔽，约有三端：一趁韵；二颠倒词语以求协律；三增删及更易原诗意义。不同之语言又不同之音律，欧洲语言同出一系，尚且各有独特之诗体，以英语与汉语相去之远，其诗体不能苟且相同；其二，逐字转译，亦有类乎胶柱鼓瑟。硬性的直译，在散文容有可能，在诗殆绝不可能；其三，一味追求连贯而流于牵强附会。

一般言之，中诗尚整，西诗尚散，译诗者固末由自外也。①

而对于中国学者的英译，西方的一些汉学家、译者对此持有疑问。葛瑞汉（Angus Charles Graham）曾说，"中国译者的汉诗英译常常显得'别扭'，而且表现为一种'汉语式的英语表达'。"② 他还指出汉诗的英译不能由中国学者来完成，因为最好的翻译应由操本族语的人来完成，而非本

---

① 吕叔湘编：《中诗英译比录》，中华书局 2002 年版，第 1—23 页。
② English translations of classical Chinese poems by Chinese translators are often "awkward" and "move towards a kind of Sino‐English". A. C. Graham, *Poems of the Late T'ang*, Translated and with an Introduction, Harmaondsuonth, Midksex Baltimore：Penguin Books, 1977, p. 24.

族语外的人来完成①，葛瑞汉失之偏颇的观点已过去了好几十年，但他这一观点在当今西方汉学界、西方译界并非罕见。

吕叔湘先生对西方学者汉语古诗英译的整体评价同样也适合于评价谢灵运诗歌的英译。谢灵运诗歌的英译本，西方早于东方。从20世纪60年代英语世界翻译谢灵运的第一人傅乐山开始，到21世纪的今天，英语世界翻译谢诗的不乏其人，涌现出以傅汉思、韦斯特布鲁克、沃森、叶维廉、孙康宜、伯德曼、亨顿、田菱为代表的译者，但对谢诗作全面系统的翻译仅傅乐山一人而已，而国内译者，就目前笔者所收集到的资料来看，仅许渊冲和汪榕培二人。

中西学者在翻译谢诗时，都倾向于选择其风格秀媚或折射出其儒释道思想的山水名篇，比如《登池上楼》《石壁精舍还湖中作》《过始宁墅》《登上戍石鼓山》《石门岩上宿》《登江中孤屿》《从斤竹涧越岭溪行》《入彭蠡湖口》等，这些诗中既有对山光水色绘声绘色的描写，也是对诗人情绪、思想的真实写照，诗中或流露出"心放俗外""顺性轻物"的道家思想，或超脱现实的佛家思想，或"穷则独善其身，达则兼善天下"的儒家思想。

笔者将从文本的理解与意义的传递、意境、文化形象，以及叠音词的角度对中西学者的译本作一比较。

第二节 文本的理解与意义的传递

不同的语言有着不同的语言规律、不同的思维方式，所以有着不同的表达方式；处在异质文化背景之下的中西学者思路不同，审美情趣不同，所以对文本的理解和文本意义的表达方面也存在着明显不同。尽管西方学者在语言的表达上较中国学者更有优势，但中国学者对本土诗歌文本的理解、对诗句的诠释上较西方学者更准确，尤其是对于隐藏在该字背后的深广而微妙的意义，中国学者较西方学者更胜一筹。朱光潜在《谈翻译》一文中对这一层意义作了极为深刻的阐述：

---

① A. C., Graham, *Poems of the Late T'ang*, Translated and with an Introduction, Harmondsworth, Middlexex, Baltimore: Penguin Books, 1977, p. 37.

此外文字还另有一种意义。每个字在一国语文中都有长久的历史，在历史过程中，它和许多事物情境发生联想，和那一国的人民生活状态打成一片，它有一种特殊的情感氛围。各国各地的事物情境和人民生活状态不同，同指一事物的字所引起的联想和所打动的情趣也就不同。比如英文中"fire, sea, Roland, castle, sport, shepherd, nightingale, rose"之类字对于英国人所引起心理反应和对于我们中国人所引起的心理反应大有分别。它们对于英国人意义较为丰富。同理，中文中"风""月""江""湖""梅""菊""燕""碑""笛""僧""隐逸""礼""阴阳"之类词对于我们所引起的联想和情趣也绝不是西方人所能完全了解的。①

谢灵运诗歌的中西学者译本中不乏中西学者理解不一的例子，对文本理解的不同势必导致了文本意义表达的不同。比如"潜虬媚幽姿"（《登池上楼》）一句的译文：

许渊冲译文：

The coiling dragon hides with ease;②

汪榕培译文：

A hidden dragon lies in wait at ease;③

傅乐山译文：

The hidden dragon displays a mysterious beauty,④

---

① 朱光潜：《谈翻译》，载《谈文学》，安徽教育出版社1996年版，第131页。
② 许渊冲译：《汉魏六朝诗选》，五洲传播出版社、中华书局2012年版，第176页。
③ 汪榕培英译，弘征、熊治祁今译：《汉魏六朝诗三百首》（大中华文库汉英对照本），湖南人民出版社2006年版，第347页。
④ J. D. Frodsham, *The Murmuring Stream*: *The Life and Works of the Chinese Nature Poet Hsieh Ling - yun* (385 - 433), *Duke of K'ang - lo*, Vol. 1, Kuala Lumpur: University of Malaya Press, 1967, p. 121.

韦斯特布鲁克译文：

Hidden dragons made their mysterious forms alluring,[①]

亨顿译文：

Quiet mystery of lone dragons alluring,[②]

田菱译文：

A submerged dragon entices with mysterious charms,[③]

"潜虬媚幽姿"中的"媚"和"幽姿"二字是理解该句的关键。西方学者仅仅从字面上去把握原文，所以他们在翻译中都取"媚""幽姿"的字面意义，"媚"即"美好"，译为形容词"alluring"（诱惑的、迷人的）或动词"entices"（诱惑），"幽姿"即"神秘的姿态、魅力"，译为"mysterious forms""Quiet mystery""mysterious charms"，或将"媚幽姿"整个译为"displays a mysterious beauty"，结果西方学者拘泥于字面的理解，对文本把握不准而导致了其译文的失真。"媚"在此处应有孤芳自赏之意，叶笑雪也指出"媚"字"有自我怜惜的意思"[④]。"幽姿"在此处应为深隐的姿态，黄节的《谢康乐诗注》引刘坦之云："言虬以深潜而自媚。"诗人托物起兴，以潜虬深隐而不失其真美来反衬自己进退两难的矛盾心理。许渊冲的译文"hides with ease"、汪榕培的译文"lies in wait at ease"贴切地传递了潜虬深隐的自适、自在，较之三位西方译者，更能深

[①] Francis Westbrook, *Landscape Description in the Lyric Poetry and "Fuh on Dwelling in the Mountains" of Shieh Ling－yunn*, Ph. D. diss., Yale University, Ann Arbor, Mich.：UMI, 1973, p. 64.

[②] David Hinton, *The Mountain Poems of Hsieh Ling－yun*, New York：New Directions Publishing Corporation, 2001, p. 3.

[③] Wendy Swartz, "The Landscape Poetry of Xie Lingyun", in Zong－qi Cai, ed., *How to Read Chinese Poetry：A Guided Anthology*, New York：Columbia University Press, 2008, p. 137.

[④] （南朝宋）谢灵运，叶笑雪选注：《谢灵运诗选》，古典文学出版社1957年点校本，第44页。

刻地理解文本字句中潜在的意义，其译文也更贴近原作。中国学者较西方学者更能体会到中国古典诗歌语言的含蓄之美，所以对于谢灵运诗歌中动词的微妙用法把握准确，对文本的理解较西方学者胜出。又如"孤屿媚中川"（《登江中孤屿》）的译文：

许渊冲译文：

The stream's charmed by a lonely isle.①

傅乐山译文：

The Solitary Island, lovely in mid – stream.②

韦斯特布鲁克译文：

The solitary islet is enticing in mid – river.③

傅汉思译文：

Solitary Islet charms in midstream.④

由于语言上的差异，西方学者在理解该文本时，都倾向于取"媚"字的形容词义项"孤屿自媚于中川"，因而译为"lovely""enticing""charms"，许渊冲的译文"is charmed"则译出了"媚"字的另一层义项，即使动用法的义项"孤屿使中川媚"，凸显出谢灵运诗歌独特的句法

---

① 许渊冲译：《汉魏六朝诗选》，五洲传播出版社、中华书局2012年版，第177页。
② J. D. Frodsham, *The Murmuring Stream: The Life and Works of the Chinese Nature Poet Hsieh Ling – yun* (385 – 433), *Duke of K'ang – lo*, Vol. 1, Kuala Lumpur: University of Malaya Press, 1967, p. 128.
③ Francis Westbrook, *Landscape Description in the Lyric Poetry and "Fuh on Dwelling in the Mountains" of Shieh Ling – yunn*, Ph. D. diss., Yale University, Ann Arbor, Mich.: UMI, 1973, p. 44.
④ Hans H. Frankel, *The Flowering Plum and Palace Lady: Interpretations of Chinese Poetry*, New Haven: Yale University Press, 1976, p. 12.

特点。

西方学者在理解文本时,容易脱离语境,仅仅从字面上把握其意义,从而导致其译文违背了原作的意义。试以《登上戍石鼓山》中的部分译文为例:

> 泪泪莫与娱,
> 发春托登蹑。
> 欢愿既无并,
> 戚虑庶有协。

傅乐山译文:

> Time rushes by, yet no one shares my pleasures,
> So when spring comes I have to start climbing alone.
> Perhaps, I thought, since no one shares my pleasures,
> I shall find a scene to suit my melancholy. ①

韦斯特布鲁克译文:

> Time rushes by, denying the pleasure of a companion;
> With spring's coming I devote myself to mountain – climbing.
> Since there can be no sharing of my joys and hopes,
> Probably my melancholy is more in place. ②

许渊冲译文:

---

① J. D. Frodsham, *The Murmuring Stream: The Life and Works of the Chinese Nature Poet Hsieh Ling – yun (385 – 433)*, *Duke of K'ang – lo*, Vol. 1, Kuala Lumpur: University of Malaya Press, 1967, p. 126.

② Francis Westbrook, *Landscape Description in the Lyric Poetry and "Fuh on Dwelling in the Mountains" of Shieh Ling – yunn*, Ph. D. diss., Yale University, Ann Arbor, Mich.: UMI, 1973, pp. 54 – 55.

Ill at ease, how to spend my leisure?
In early spring I climb for pleasure.
My homesickness can't be consoled,
I'll climb to drown my sorrow old.①

对于诗中"汩汩莫与娱""欢愿既无并"二句，傅乐山、韦斯特布鲁克的理解同出一辙，不如许渊冲的理解深入。傅乐山、韦斯特布鲁克将"汩汩"句中的"汩汩"理解为时光飞逝，"莫与娱"理解为无人与我分享其中的快乐，整句译为"Time rushes by, yet no one shares my pleasures"（傅译），"Time rushes by, denying the pleasure of a companion"（韦译）；将"欢愿"句也理解为无人分享之意，整句译为"Perhaps, I thought, since no one shares my pleasures"（傅译），"Since there can be no sharing of my joys and hopes"（韦译）。从这两句的译文看，他们显然把"汩汩莫与娱""欢愿既无并"两句理解为同一个意思，即山水之乐无人分享。他们的这一理解违背了诗歌的创作原则，即诗歌中的每一句都有一个独立的完整意义。因为这两句既非语言上的重复，也非上下句互文见义，所以这种理解显然有误。

许渊冲对该诗句的理解不同于二位西方学者的望文生义，而是从整体上去把握文本的内在意义。他将"汩汩"一词理解为不安、心烦意乱。"汩汩"一词，可以表示疾行之意。《方言》："汩，遥疾行也，重言之曰汩汩。"但也可以表示心烦意乱。《尚书·洪范》曰："我闻在昔，鲧堙洪水，汩陈其五行。"然而就"汩汩"一词所在的上下文语境而言，联系诗歌开头四句"旅人心长久，忧忧自相接。故乡路遥远，川陆不可涉"所展示的背景：景平元年（423）春，诗人被贬谪永嘉，思念故土，然而故土远在天涯，为山外山水外水所阻隔，难以抵达，诗人心中的愁苦难以排遣。所以将"汩汩"解读为诗人不安、心烦意乱的心态较傅乐山、韦斯特布鲁克理解为时光的流逝似乎更为合理，所以许渊冲将"汩汩"二句译为"Ill at ease, how to spend my leisure? / In early spring I climb for pleasure"。"欢愿"二句本是指山水的乐趣与归乡的愿望不可兼得，只好企望通过登高望乡来缓解心中的归思之情，其中的"欢""愿"分别指登山临

---

① 许渊冲译：《汉魏六朝诗选》，五洲传播出版社、中华书局2012年版，第178页。

水之欢和返乡的愿望,许渊冲将"欢愿"二句译为"My homesickness can't be consoled, / I'll climb to drown my sorrow old",意为"我心中郁积的思乡之情如此之深,唯有借登山临水之欢以忘记心中的哀愁",其译文在意义的传达上更逼近原文。

西方学者望文生义的例子又如"白芷竞新苕,绿蘋齐初叶"中"白芷竞新苕"一句的译文:

傅乐山译文:

White flag is vying with the young tree – creeper,①

韦斯特布鲁克译文:

White flag vies with the new trumpet – creepers,②

许渊冲译文:

White clovers vie in their shoots new,③

傅乐山、韦斯特布鲁克都把诗中的"竞"字理解为"竞争",所以译为"is vying with"或"vies with",整句译文就成了白色的菖蒲(White flag)与新生的蔓藤(the young tree – creeper)或是白芷与新生的紫薇(trumpet – creepers)相互竞争。"白芷"二句袭用《楚辞·招魂》"绿蘋齐叶兮白芷生"之义,即白芷生出了新茎,绿蘋长出了新叶。其中的"竞"有竞相、争先之意,"苕","同'薹',指白芷中间长出的嫩茎"④,"竞新苕"与"齐初叶"是互文,都表示争相抽出嫩茎。所以傅乐山、韦

---

① J. D. Frodsham, *The Murmuring Stream: The Life and Works of the Chinese Nature Poet Hsieh Ling – yun (385 – 433), Duke of K'ang – lo*, Vol. 1, Kuala Lumpur: University of Malaya Press, 1967, p. 126.

② Francis Westbrook, *Landscape Description in the Lyric Poetry and "Fuh on Dwelling in the Mountains" of Shieh Ling – yunn*, Ph. D. diss., Yale University, Ann Arbor, Mich.: UMI, 1973, p. 54.

③ 许渊冲译:《汉魏六朝诗选》,五洲传播出版社、中华书局2012年版,第178页。

④ 顾绍柏校注:《谢灵运集校注》,中州古籍出版社1987年版,第69页。

斯特布鲁克译文的"相互竞争"之意与诗的原义"竞相抽出嫩茎"不符，实为文本理解错误所致。许渊冲先生对文本把握准确，翻译为"White clovers vie in their shoots new"，意思是白色的苜蓿长出了新茎，许译忠实地再现了原文。

又如诗中的"感往虑有复，理来情无存。庶持乘日车，得以慰营魂"《石门新营所住四面高山回溪石濑茂林修竹》中"持"一字的理解：

傅乐山译文：

Would that I were the charioteer of the sun!①

韦斯特布鲁克译文：

I hope to take the reins of the sun – chariot.②

亨顿译文：

O but to set out on the sun's dragon – chariot.③

从上述三位译者的译文中可见，他们未能把握"持"字的意义，在译文中都无一例外地将该词略去。关于"持"字，黄节引胡克家考异曰："盖上文有难留易奔感往等句。而接以庶持乘日车。意谓得此新营。留连景光。庶持乘日之车。而使之稍缓也。持车二字相衔应。"④《史记·范雎传》云："须贾待门下，持车良久"。依照上述说法，"持"字应有"停下来"之意，所以"庶持乘日车"是说使乘日之车稍缓，以此安居而不再

---

① J. D. Frodsham, *The Murmuring Stream: The Life and Works of the Chinese Nature Poet Hsieh Ling – yun* (385 –433), *Duke of K'ang – lo*, Vol. 1, Kuala Lumpur: University of Malaya Press, 1967, p. 136.

② Francis Westbrook, *Landscape Description in the Lyric Poetry and "Fuh on Dwelling in the Mountains" of Shieh Ling – yunn*, Ph. D. diss., Yale University, Ann Arbor, Mich.: UMI, 1973, p. 150.

③ David Hinton, *The Mountain Poems of Hsieh Ling – yun*, New York: New Directions Publishing Corporation, 2001, p. 11.

④ 黄节注：《谢康乐诗注》，人民文学出版社1958年版，第61页。

远游,即在此新营停留尽享幽居之志。傅乐山、韦斯特布鲁克、亨顿的译文因为省略了该词,"停下来"的意义未译出,整句话就成了"我将驰骋远游",译文的意义恰恰与原文的意义相反。所以"持"字在此意义微妙,影响到整句的意义,翻译中尤其不可省去。

第三节　意境的传达

意境是中国美学中的一个重要范畴。唐代诗人刘禹锡在《董氏武陵集记》中说道:"片言可以明百意,坐驰可以驭万景,工于诗者能之。……诗者其文章之蕴耶?义得而言丧,故微而难能,境生于象外,故精而寡和。"刘禹锡的"境生于象外"是对"意境"的深刻阐述。叶朗在《说意境》一文中指出,"'境'是对于在时间和空间上有限的'象'的突破。'境'当然也是'象',但它是在时间和空间上都趋向于无限的'象',也就是中国古代艺术家常说的'象外之象''景外之景''境'是'象'和'象'外虚空的统一。"①。"'意境',就是超越具体的有限的物象、事件、场景,进入无限的时间和空间,即所谓'胸罗宇宙,思接千古',从而对整个人生、历史、宇宙获得一种哲理性的感受和领悟。②"

诗歌常以意境来打动读者。谢灵运常常创造意境来表达自己的情绪,引起读者的共鸣。谢诗中的意境,是情景融合之后升华而成的对自然、对生命的一种哲理上的感悟,对此学者早有体认。明代学者胡应麟在《诗薮》中引薛考功云:"曰清曰远,乃诗之至美者也。灵运以之。'白云抱幽石,绿筱媚清涟',清也;'表灵物莫赏,蕴真谁为传',远也;'岂必丝与竹?山水有清音''景昃鸣禽夕,水木湛清华',清与远兼之矣。"③所谓清,即清婉;远即深远,其诗歌清婉深远的意境与诗人的人生际遇、深厚的思想情感密不可分。诗人独特的人生际遇使得诗人在观照自然山水时,总是带有一种复杂的主观情感,因为其笔下的山水描写"突破山水有限的形体,使人的目光伸展到远处,从有限的时间空间进入到无限的时间空间,进入所谓'象外之象''景外之景'"④。

---

① 叶朗:《说意境》,《文艺研究》1998年第1期,第19页。
② 同上。
③ (明)胡应麟:《诗薮》,上海古籍出版社1958年点校本,第151页。
④ 叶朗:《说意境》,《文艺研究》1998年第1期,第20页。

在诗歌的翻译中,"意境第一,自不必说"①。就谢诗中的意境再创造而言,中国学者的译文和西方学者的译文表现出不同:西方译者着重表现"象外之象""景外之景"的第一个"象"、第一个"景",即表现诗中的物象、实景;中国译者着重表现存在于第一个象和景之外的"象"和"景",也就是诗歌中的"境",即诗歌中的象征世界。试以《石门岩上宿》中的部分诗句译文为例:

暝还云际宿,
弄此石上月。
鸟鸣识夜栖,
木落知风发。
异音同致听,
殊响俱清越。

许渊冲译文:

> At night I rest amid the cloud,
> Enjoying rocks in moonlight lost.
> Roosting birds sing their lullaby;
> The rising wind hastens leaves' fall.
> Different sounds come far and nigh;
> Melodies are clear one and all.②

汪榕培译文:

> When I come back to Mount Shimen at night,
> I relish the rocks enshrouded in moonlight.
> Birds sing and then I know that night is deep;
> Leaves fall and now I hear the wind beweep.

---

① 林语堂:《论译诗》,载刘靖之主编《翻译论集》,香港三联书店1981年版,第219页。
② 许渊冲译:《汉魏六朝诗选》,五洲传播出版社、中华书局2012年版,第182页。

Various sounds at once come to my ear,
In soft melodious tunes from far and near. ①

傅乐山译文：

When dark returned, I slept on the fringe of the clouds,
Enjoying the moon above these rocky heights,
Bird cries tell me they are roosting down,
The falling leaves tell me the wind is up.
Different sounds come alike to my hearing,
Differing notes all drift clearly across to me. ②

韦斯特布鲁克译文：

At night I return to stay at the clouds' edge,
Enjoying here the moonlight on the rocks.
Birds cry and reveal their nocturnal roost,
Falling leaves tell that the wind has risen.
Different sounds all are perfectly heard,
Variant echoes clearly carry together. ③

亨顿译文：

Passed the night among fringes of cloud,
Savoring a moon up beyond all this rock,

---

① 汪榕培英译，弘征、熊治祁今译：《汉魏六朝诗三百首》（大中华文库汉英对照本），湖南人民出版社2006年版，第352页。

② J. D. Frodsham, *The Murmuring Stream: The Life and Works of the Chinese Nature Poet Hsieh Ling-yun (385-433), Duke of K'ang-lo*, Vol. 1, Kuala Lumpur: University of Malaya Press, 1967, p. 145.

③ Francis Westbrook, *Landscape Description in the Lyric Poetry and "Fuh on Dwelling in the Mountains" of Shieh Ling-yunn*, Ph. D. diss., Yale University, Ann Arbor, Mich.: UMI, 1973, pp. 123-124.

Chortles telling me birds have settled in,
Falling leaves giving away fresh winds.
Sounds weave together in the ear, strange
unearthly echoes all crystalline distance.①

这六句诗展现了月夜云际，诗人赏玩岩上的竹阴花影，聆听山间声响的静寂世界，呈现出一幅情与景相谐、心与物相融的画面。诗人内心的虚静与外部世界的静谧融为一体，展现出一种独特的意境。上述 5 则译本中，许渊冲、汪榕培的译文较傅乐山、韦斯特布鲁克、亨顿的译文更能体现诗人心物相融、体物精妙的境界。

"暝还"句袭用《楚辞·九歌·少司命》中"夕宿兮帝郊，君谁须兮云之际"之意，该诗句充满了浪漫的色彩。谢灵运"暝还云际宿"一句既袭用其义，也袭用其意境。许渊冲将此译为："At night I rest amid the cloud"，其译文传递了诗人夜宿云端的之"实"与其夜宿云端之"情"，保留了原诗的浪漫色彩，体现了诗人旷达洒脱的道家思想。而傅乐山的译文"slept on the fringe of the clouds"、韦斯特布鲁克的译文"stay at the clouds' edge"，以及亨顿的译文"Passed the night among fringes of cloud"均将原文"云际宿"所描写的虚实相映的画面完全描写为实景，少了些原诗中想象的色彩与诗人超凡脱俗的浪漫情怀。张少康在《论意境的美学特征》一文中指出，"我国古代艺术意境的基本特征是：以有形表现无形，以有限表现无限，以实境表现虚境，使有形描写和无形描写相结合，使有限的具体形象和想象中无限丰富形象相统一，使再现真实实景与它所暗示、象征的虚境融为一体，从而造成强烈的空间美，动态美，传神美，给人以最大的真实感和自然感。"② 中国译者能把握诗中的有形与无形、有限与无限、实景与虚境，因而能译出诗中之境，而西方译者将原作中情溢于景、虚实相映的画面过于现实化、实景化，其译文注重对诗歌中物象的把握，而损失了诗歌的情致和韵味。

"弄此石上月"句描绘出诗人赏玩月下岩石上婆娑的竹阴花影时的悠闲自适，展现出一幅在山间的夜晚，诗人看那月色笼罩山林，竹影、花

---

① David Hinton, *The Mountain Poems of Hsieh Ling-yun*, New York: New Directions Publishing Corporation, 2001, p. 57.

② 马茂元选注：《楚辞选》，人民文字出版社 1958 年版，第 91 页。

影、树影随之在岩石上轻舞晃动的宁静的画面。许渊冲的译文"Enjoying rocks in moonlight lost"、汪榕培的译文"I relish the rocks enshrouded in moonlight"均再现了原诗中诗人醉心于竹阴花影的意境。而傅乐山的译文"Enjoying the moon above these rocky heights"、韦斯特布鲁克的译文"Enjoying here the moonlight on the rocks"、亨顿的译文"Savoring a moon up beyond all this rock"都译为"赏玩月色"("Enjoying the moon"或"Enjoying the moonlight"),意境贫乏,未能达到原文"弄此石上月"所蕴含赏玩月下竹阴花影这一优美意境。

"鸟鸣"二句朴拙自然,从鸟喧而知夜色深,从叶落而知风起。以鸟儿的喧闹声、树叶飘落声来衬托出山中夜晚的寂静。许渊冲的译文"Roosting birds sing their lullaby; The rising wind hastens leaves' fall"创造性地运用"lullaby"(摇篮曲)、"hastens"(催促、加快)这两个拟人化的词汇,生动地展现了原诗中静谧的意境:鸟儿的喧闹声渐渐落下,沉寂的夜晚中时时听到簌簌的落叶声,才知道山中晚风骤起。汪榕培的译文"Birds sing and then I know that night is deep; Leaves fall and now I hear the wind beweep"将鸟鸣(Birds sing)、夜深(deep night)、木落(Leaves fall)、风过(wind beweep)这四个意象联系在一起,再现了山间夜晚的空寂、幽清的意境。傅乐山的译文"Bird cries tell me they are roosting down, The falling leaves tell me the wind is up"、韦斯特布鲁克的译文"Birds cry and reveal their nocturnal roost, Falling leaves tell that the wind has risen"、亨顿的译文"Chortles telling me birds have settled in, Falling leaves giving away fresh winds"如出一辙,他们的译文只是再现原诗的内容,静谧的意境却流失了。较之许渊冲、汪榕培的译文,在原诗中的"象外之象""景外之景"的呈现上逊色许多。

"异音"二句构成互文,描写上句所提到的夜色里鸟鸣声、木落声、风声纷纷同至于耳,各种声音清越悠扬,创造出一种音调和谐的意境。许渊冲的译文"Different sounds come far and nigh; Melodies are clear one and all",远近声响纷至沓来(come far and nigh),音调清越和谐(clear one and all)。其译文形象地再现了原作中描写的大自然中的各种音调合一的意境及诗人虚静的精神状态。正因为诗人处于虚静的状态,所以他能够聆听到静寂山间清越的声响。汪榕培的译文"Various sounds at once come to my ear, In soft melodious tunes from far and near"中的"soft melodious tunes"生动地再现了诗人感悟到的清越的声响。而傅乐山的译文"Different sounds come alike to my hearing, Differing notes all drift clearly across to me"、韦斯特布鲁克的译文"Different sounds all are perfectly heard, Variant echoes clearly carry together"及亨顿的意译"Sounds weave together in the ear, strange unearthly echoes all crystalline distance"仅仅传递出诗歌中异音殊响同至于耳的含义,未能传递谢诗中各种清越声响合一,自然融为一体的弦外之音;在再现谢诗中各种音调和谐的意境之美,以及表现谢灵运笔下充满哲学意味的自然之境方面不如许渊冲译得自然、深入浅出。

许渊冲指出,"我认为译诗要得其精而忘其粗,得其神而忘其形,因为译诗总是有得有失的,如果能'得意忘形',那就不算'得不偿失'了。"[①] 所以以许渊冲、汪榕培为代表的中国学者在翻译时在把握诗歌意义的前提下总是努力去捕捉其中的意境,着重在译文中再创造原作中的"境",虽然在捕捉意境的同时遗漏了原文中的一些信息,甚至使得译文相对于原文过度变形。西方译者的译文有时因为拘泥于原作的实景、实象而缺少原作的意蕴。

就其根本而言,中西学者在意境表现上的差异源于中西传统哲学体系的差异,如宗白华所言,西方是唯理的体系,它要了解世界的基本结构和秩序理数;中国是生命的体系,它要了解、体验世界的意味、情趣和价值[②]。对比西方理性的概念世界,中国的"立象以尽意"的象征世界是感性的、体悟式的,是在有限的象中探寻无穷的意。

第四节 文化形象的处理

在对具有浓厚文化色彩的形象的处理上,中国学者总是力图保存原作中的文化形象的独特性,以准确、忠实地传递原作丰富的文化内涵。西方学者略有不同,他们一方面通过异化的手段来保留原作中的他国文化形象,将富有东方色彩的文化形象移植到异域文化土壤中,而另一方面,由于不同语言文化之间的差异,他们也依照译语读者的审美心理和译语文化,对原作中独特的文化形象进行适度变形或重新塑造,以符合译语读者

[①] 许渊冲:《文学与翻译》,北京大学出版社2003年版,第104页。
[②] 宗白华:《形上学——中西哲学之比较》,载《宗白华全集》,安徽教育出版社1994年版,第583—631页。

的期待视野,从而能更好地为西方读者所接受。

一 文化形象的保留

以傅乐山为代表的西方译者在处理源语中的文化形象词汇时,常常是通过直译或音译加注释的异化方式以传递源语文化。这样的译文例子不胜枚举,如下文中所列举的谢诗中的川后、天吴、龙蠖及兰的文化形象。

(一) 龙蠖的形象

"龙蠖"出自《富春渚》中的诗句"外物徒龙蠖",傅乐山直译为"a dragon, a measuring-worm",并通过注释的"异域化"的补偿策略,解释"龙蠖"一词的出处及文化内涵:"Hsi Tz'u Chuan (B), Ⅲ. The measuring-worm draws itself together when it wants to advance. Dragons and snakes hibernate to preserve life."[①] 即"尺蠖之屈,以求伸也;龙蛇之蛰,以存身也"(《易经·系辞下》)。通过其译文及注释,西方读者不难把握"龙蠖"这一文化形象所象征的"屈伸显晦"的处世哲学。

(二) 川后、天吴的形象

"川后""天吴"出自《游赤石进帆海》的诗句:

川后时安流,　　This time of year, the River Lord flows quietly,
天吴静不发。　　The Earl of the Waters does not stir at all.[②]

"川后"出自曹植《洛神赋》中的"川后静波"。"川后"即河伯,黄河之神。《庄子·秋水》中就有河伯之名。《淮南子·齐俗训》云:"昔者冯夷得道,以潜大川",即河伯也。"天吴"即水伯,出自《山海经·海外东经》中的"朝阳之谷,神曰天吴"。傅乐山直译为"the River Lord""The Earl of the Waters",并注出:"Lü Hsiang says the Lord of the

---

[①] J. D. Frodsham, *The Murmuring Stream: The Life and Works of the Chinese Nature Poet Hsieh Ling-yun (385-433), Duke of K'ang-lo*, Vol. 2, Kuala Lumpur: University of Malaya Press, 1967, p. 119.

[②] Ibid., p. 127.

Rivers is the Earl of the Yellow River 河伯, also known as P'ing Yi 冯夷。"①这样一来，典故的"隔"顿然消失，译文不仅达意，而且保留了原文中的神话人物，传递了其中的神话色彩。

（三）兰的形象

"兰"是中国古典诗歌中的一个重要的文化形象。孔子云："芝兰生于深林，不以无人而不芳；君子修道立德，不为穷困而改节。"② 兰花在中国文化中有"美好""典雅"之意，有"花中君子"之美称，常用来形容人高洁的品质。"兰"这一形象频频出现于谢诗中，"握兰勤徒结"（《从斤竹涧越岭溪行》）、"朝搴苑中兰"（《石门岩上宿》），诗人以此喻指不与世俗同流的高尚情怀。在翻译这一词时，中西学者都选用了"orchids"一词，可见中西学者都有通过译入语中的文化形象来再现中国士大夫的高尚人格与情操的愿望。比如"握兰勤徒结"（《从斤竹涧越岭溪行》）中"兰"字的翻译：

傅乐山译文：

With a handful of orchids I grieve for my lost friendship,③

韦斯特布鲁克译文：

With a handful of orchids I try in vain to twine,④

许渊冲译文：

---

① J. D. Frodsham, *The Murmuring Stream: The Life and Works of the Chinese Nature Poet Hsieh Ling-yun* (385-433), *Duke of K'ang-lo*, Vol. 2, Kuala Lumpur: University of Malaya Press, 1967, p. 133.

② 陈士珂辑：《孔子家语疏证》卷五，上海书店1987年版，第135页。

③ J. D. Frodsham, *The Murmuring Stream: The Life and Works of the Chinese Nature Poet Hsieh Ling-yun* (385-433), *Duke of K'ang-lo*. vol. 2. Kuala Lumpur: University of Malaya Press, 1967, p. 147.

④ Francis Westbrook, *Landscape Description in the Lyric Poetry and "Fuh on Dwelling in the Mountains" of Shieh Ling-yunn*, Ph. D. diss., Yale University. Ann Arbor, Mich.: UMI, 1973, p. 146.

I break off hemp, orchids in hand.①

对于诗中的文化形象词汇，一些西方学者比如亨顿也采取异化的手法，通过造词的方式来保留其独特的文化内涵，比如在他翻译的《田南树园激流植援》（*I've Put in Gardens South of the Fields, Opened Up a Stream and Planted Trees*）一诗中，他将"卜室倚北阜"一句译为"I ch'i-sited my house on a northern hill"。其中的"卜"即卜居之意，中国古人仰观天文，俯察地理，相土卜居，所以"卜居"一词有着浓烈的中国文化的色彩。亨顿译为"chi-site"，这是一个融合了中国哲学概念的新造词汇，借用了中国文化中的"气"（chi）这一重要的哲学概念。老子云："道生一，一生二，二生三，三生万物。万物负阴而抱阳，冲气以为和。"（《老子》第四十二章）阴阳二气互动而化生万物。气是构成宇宙的生命元素。中国传统哲学中正是通过"气"这一概念来认识宇宙、阐释宇宙的。亨顿在译文中引入"气"（chi）这一中国传统哲学的基本范畴，传递了源语的文化信息，实现了文化的交流。苏珊·巴斯奈特说过，翻译并非单纯的语言之间的转换，实质上是一种文化交流，诗歌这类文学体裁也无不例外。

二 文化形象的变异

（一）乘日车的形象

"庶持乘日车，得以慰营魂。"《石门新营所住四面高山回溪石濑茂林修竹》中的"乘日车"的译文：

傅乐山译文：

Would that I were the charioteer of the sun!
Only this would bring some solace to my soul.②

韦斯特布鲁克译文：

---

① 许渊冲译：《汉魏六朝诗选》，五洲传播出版社、中华书局2012年版，第180页。
② J. D. Frodsham, *The Murmuring Stream: The Life and Works of the Chinese Nature Poet Hsieh Ling-yun* (385–433), *Duke of K'ang-lo*, Vol. 2, Kuala Lumpur: University of Malaya Press, 1967, p. 136.

I hope to take the reins of the sun – chariot
And succeed thereby in comforting my soul.①

亨顿译文：

O but to set out on the sun's dragon – chariot
and sore——that's solace to nurture my spirit,②

"乘日车"语出《庄子·徐无鬼》："（牧马）小童曰：……有长者教予曰：若乘日之车而游于襄城之野。"晋郭象注："日出而游，日入而息也。"唐成玄英疏："昼作夜息，乘日遨游，以此安居而逍遥处世。""乘日车"有"乘着日车而逍遥远游"之义。在这首诗中，"乘日车"带有遁世隐居之义。傅乐山译为"the charioteer of the sun"（太阳战车的御者），韦斯特布鲁克译为"take the reins of the sun – chariot"（驾驭着太阳战车），亨顿译为"the sun's dragon – chariot"（配有龙的太阳战车）。尽管亨顿的译文在"chariot"前增饰"dragon"，多了些东方色彩，颇有《楚辞·九章·涉江》中"驾青虬兮骖白螭"的味道，但他们三位的译文透着浓厚的西方文化色彩，"the charioteer of the sun"专指太阳战车的御者，即古希腊神话中的日神赫利俄斯（Helios）。他驾驭着由四匹焰马所拉的金色的日辇在天空中驰骋，晨出晚没，夜晚时分降临俄克阿诺斯彼岸，给世界带来光明。"Chariot"专指日神赫利俄斯的战车。译者将西方文化中日神赫利俄斯及其太阳战车这一积极的形象引入译文中，表现了原作中的逍遥驰骋之义，但同时也因舍弃了"乘日车"所隐喻的"以日为车，而游六合之外"，使烦躁不安的心趋于宁静的消极遁世之义，使得"乘日车"的文化形象产生了变异。

然而西方学者的翻译初衷是良好的，他们试图找到两种文化形象的类同点，通过借用本土的文化形象来替代异域的文化形象的做法以化解文化

---

① Francis Westbrook, *Landscape Description in the Lyric Poetry and "Fuh on Dwelling in the Mountains" of Shieh Ling – yunn*, Ph. D. diss., Yale University, Ann Arbor, Mich.：UMI, 1973, p. 150.

② David Hinton, *The Mountain Poems of Hsieh Ling – yun*, New York：New Directions Publishing Corporation, 2001, p. 10.

阻力，从而达到使译作中的文化形象为译语文化所接受的目的。

(二)"山阿人"的形象

谢灵运《从斤竹涧越岭溪行》诗中"想见山阿人，薜萝若在眼"一句袭用《九歌·山鬼》中"若有人兮山之阿，被薜荔兮带女萝"之意，谢灵运诗中的山阿人的形象源于屈原《九歌·山鬼》中的山鬼。以薜荔为衣，以女萝为带的山鬼形象具有浓厚的东方神话色彩。这一句的译文：

傅乐山译文：

In my mind's eye I see someone in the fold of the hill,
In a fig – leave coat and girdle of rabbit – floss. ①

韦斯特布鲁克译文：

I fancy seeing someone in the mountain's fold,
The coat of fig – leaves, the rabbit – floss girdle
Seem before my eyes. ②

许渊冲译文：

I fancy Goddess of the Mountain.
In fig and ivy leaves in view. ③

"薜荔"为一种藤蔓；"女萝"，又名莬丝，一种寄生的藤蔓植物。许渊冲译为以无花果叶和藤蔓为服饰（In fig and ivy leaves）的山中女神（Goddess of the Mountain），傅乐山、韦斯特布鲁克的译文参考了大卫·霍克斯（David Hawks）《楚辞·九歌·山鬼》译本："There seems to be

---

① J. D. Frodsham, *The Murmuring Stream*: *The Life and Works of the Chinese Nature Poet Hsieh Ling – yun*（385 – 433）, *Duke of K'ang – lo*, Vol. 2, Kuala Lumpur: University of Malaya Press, 1967, p. 147.

② Francis Westbrook, *Landscape Description in the Lyric Poetry and "Fuh on Dwelling in the Mountains" of Shieh Ling – yunn*, Ph. D. diss., Yale University. Ann Arbor, Mich.: UMI, 1973, p. 146.

③ 许渊冲译：《汉魏六朝诗选》，五洲传播出版社、中华书局2012年版，第180页。

someone in the fold of the mountain/ In a coat of fig – leaves with a rabbit – floss girdle"① ("若有人兮山之阿，被薜荔兮带女萝")。在霍克斯的译本中，山鬼是一个上着无花果叶（fig – leaves），下着兔毛紧身褡（a rabbit – floss girdle）的女神形象。傅乐山、韦斯特布鲁克的译文中也借用了这一形象，分别将"薜萝若在眼"译为"In a fig – leave coat and girdle of rabbit – floss" "The coat of fig – leaves, the rabbit – floss girdle"。

译文中"girdle"一词的引入也同时引入了西方文化。"girdle"意为腰带、紧身褡，在西方神话中，"girdle"被视为一种神物，赋予女神某种神秘的力量，是某种神秘的保护力量的传统象征。古巴比伦掌管性爱、生育和战争的女神伊师塔（Ishtar）就拥有一条具有生殖魔力的腰带（a fertility girdle），一旦失去，自然界一切生物的生长繁殖骤然衰歇。希腊神话中阿玛宗人的女王希波吕忒拥有一条象征着阿玛宗女王权力的神奇的腰带（Girdle of Hippolyta）。另外，"girdle"也是性征服，女性主动求欢的符号。在古罗马神话中，被视为美貌、爱情化身的古罗马爱神维纳斯就拥有一条能燃起情欲之火的金腰带（the girdle of Venus）。

所以西方学者在译文中有意增加"girdle"一词，其目的是使诗中的山阿人的形象更接近于西方神话中的女神形象，以符合西方读者的审美心理和译语的接受环境。不同于许渊冲先生译文中身着藤蔓、无花果叶的山中女神（Goddess of the Mountain in fig and ivy leaves）形象，西方学者笔下的"山阿人"形象更符合西方人的审美。傅乐山、韦斯特布鲁克的译文源自霍克斯的译本，而霍克斯在翻译《楚辞·九歌·山鬼》时，指出"山鬼的形象就是宋玉《高唐赋》（《高唐赋》误为宋玉所作）为楚王'荐枕席'的巫山神女形象。巫山神女是一位生殖女神，她化身而成的朝云和暮雨孕育了自然界中的万物"②。霍克斯将"女萝"译为

---

① David Hawks, *The Songs of the South: An Ancient Chinese Anthology of Poems by Quyuan and Other Poets* (Translated, Annotated and Introduced), Penguin Books, 1985, p. 115.

② The mountain goddess intended is the Lady of Gao – tang, goddess of Shaman Mountain (Wu – shan) above the Yangtze gorges near the eastern border of Sichuan – The same who offers herself to the King of Chu in the beautiful Gao – tang fu erroneously attributed to Song Yu. The Lady of Gao – tang was a fertility goddess. Her physical manifestation was in the 'the clouds of morning and the rain of evening'. David Hawks, *The Songs of the South: An Ancient Chinese Anthology of Poems by Quyuan and Other Poets* (Translated, Annotated and Introduced), Hardmondsconth: Penguin Books, 1985, p. 115.

"a rabbit – floss girdle",暗示巫山神女有着与西方女神一般的自由奔放,充满原始情欲的性格。傅乐山、韦斯特布鲁克的译文沿袭了霍克斯的译文,也沿袭了霍克斯译文下的充满西方文化色彩的山鬼这一形象,二人译文中的"山阿人"在被赋予西方神话中女神的形貌的同时,也被赋予其西方女神自由奔放的思想和原始情欲,然而屈原笔下的巫山神女的形象所具备的女性的一切美及她空灵缥缈的姿态与西方女神又有着本质的不同。

对于翻译中文化形象的变形,康达维(David R. Knechtges)先生提出了他的见解,他认为"这无疑是对读者和中国文学的一种伤害"①。在其论文《玫瑰抑或美玉:中国中古时代文学的翻译问题》(Rose or Jade? Problems in Translating Medieval Chinese Literature)中,他引约翰·特纳(John Turner)翻译杜诗《佳人》中的诗句"新人美如玉"为例。特纳将此句译为"Another maid he took to wife. / Sweet as a lily or a rose",康达维认为特纳将"玉"译为"百合花或玫瑰"并非特纳以为"玉"就是指"花",而是因为特纳认为英语读者更倾向于认同百合花或玫瑰,而不是中国的美玉,因为百合花或玫瑰更符合英语读者的接受心理和审美情趣。"然而用花('flower')取代原文中的玉('jade'),造成中国诗歌中一个最具普遍性的文化意象的流失"②。

在文化形象的处理上,西方译者面临着两种选择:一种是采取归化的策略,即寻找两种文化的类同点、契合点,将源语中的文化形象置换为与其相似的,甚至等值的西方文化形象,或通过对源语文化形象的变形,甚至大幅度的改变,以缩小译本与西方读者的心理距离;另一种则是异化的策略,即引入异族的文化形象,保留其用语,并通过增加注释的方式以求忠实、准确地传递源语中的文化形象及其深层次的文化内涵。

---

① This approach to translation does a great disservice to the reader and to Chinese literature. David R. Knechtges, "Rose or Jade? Problems in Translating Medieval Chinese Literature", *Institute of Chinese studies Visiting Professor Lecture Series* (Ⅲ),香港:香港中文大学出版社 2013 年版, p. 16.

② Substituting flowers for jade deprives the line of one of the most pervasive images of Chinese poetry. David R. Knechtges, "Rose of Jade? Problems in Translating Medieval Chinese Literature", *Journal of Chinese Studies special Issue*, *Institute of Chinese Studies Visiting Professor Lecture Series* (Ⅲ), The Chinese University of Hong Kong, 2013, p. 16.

第五节　叠音词的英译

　　叠音词，或称叠词，是由两个相同的音节重叠而成。前人称之为"重言""重文"。叠音词的运用可使诗歌语意充足，形象鲜明，音调和谐。《诗经》《离骚》《古诗十九首》中都不乏叠音词的例子。刘勰在《文心雕龙·物色》篇中提及了《诗经》中描写物象的叠音词：

　　　　是以诗人感物，联类不穷，流连万象之际，沉吟视听之区，写气图貌，既随物以婉转，属采附声，亦与心而徘徊。故灼灼状桃花之鲜，依依尽杨柳之貌，杲杲为出日之容，瀌瀌拟雨雪之状，喈喈逐黄鸟之声，喓喓学草虫之韵。……并以少总多，情貌无遗矣。虽复思经千载，将何易夺？①

　　"灼灼""依依""杲杲""瀌瀌""喈喈""喓喓"这类叠音词既倾情地写气图貌，也寄托了诗人内心的情致，诗人的情感从这些字眼中自然渗出，其描写达到了"情貌无遗"的艺术效果。
　　谢诗"形似"的描写手段表现在他常用叠音词来描摹山水的声色形貌，它们或描摹声音，或描摹事物形貌状态，或强调动作的持续反复，或表示动情的感叹等，既传递山水之美，也寄寓着诗人的主观情感。谢诗中的叠音词主要有拟声词、形容词类的叠音词及动词类的叠音词三类，其中又以形容词类最多。就叠音词的性质而言，许惟贤将叠音词分为意义与单字义无关的叠音词（单纯词）和意义由单字义生成的叠音词这两类。

　　　　叠音词，旧称重言，应分为性质不同之两小类。
　　　　一类叠音词之意义与其单字义绝然无关，如属象声词之丁丁、关关、许许，属于形容词副词之采采（形容茂盛）、蛩蛩（形容敦厚）、振振（形容众盛）、丸丸（形容高大挺直）、营营（状往来飞动）、汕汕（状鱼游水），皆见于《诗经》。此类性质当为单纯词。

---

①（南朝梁）刘勰著，范文澜注：《文心雕龙注》（下册），人民文学出版社 1958 年点校本，第 693—694 页。

一类叠音词之意义即由其单字义生成,其结构关系如同等义并列复合词。①

叠音词因其音、形、义结合的特点,成为谢诗翻译中的难点。但从西方译者的译文中可见,他们在翻译谢诗的过程中,因其译入语的优势,在叠音词的翻译方面较国内译者更为灵活、丰富,因而显得独具特色。对于谢诗中叠音词的翻译,西方译者的翻译手法归结有三:一是运用头韵和拟声的音韵修辞手段;二是运用词汇手段,即译为单个的形容词或副词,译为同义复词或并列的形容词,借助词语重复的手段,词类的转译,通过增词;三是运用句法手段,即运用分词、介词结构来描摹其声色形貌。

一 音韵修辞手段

谢诗中常见一些摹拟自然界声音的词汇,这类拟声词一般为不可拆分释义的单纯词,其意义与其单字义决然无关,且拟声词具有重音不重义的特点,所以西方译者倾向于音译。

"活活""嗷嗷"["活活夕流驶,嗷嗷夜猿啼"(《登石门最高顶》)]为拟声词,伯德曼音译为"Huo – huo""Chiao – chiao"(Huo – huo the evening torrents rush; Chiao – chiao the nocturnal gibbons howl),生动地摹拟了水流声及猿鸣声。

"交交""呦呦"["交交止栩黄,呦呦食苹鹿"(《过白岸亭》)]为拟声词,韦斯特布鲁克音译为"Jiau – jiau""Iou – iou"("Jiau – jiau," the yellow birds perched on oak – trees, / "Iou – iou,"the deer feeding on Artemisia),形象地再现了鸟鸣声和鹿鸣声。

"鷕鷕"["鷕鷕翚方雊"(《入东道路诗》)]为拟声词,韦斯特布鲁克音译为"Sheau – sheau""how – how"(Sheau – sheau cried the pheasant hen, how – how the cock),"Sheau – sheau"为雌野鸡的鸣声,"how – how"为雄野鸡的鸣声,二词生动地摹拟了雌雄野鸡鸣声相应和的场景。

对于一些描摹物象的叠音词,译者或将其译为英文中相对应的拟声词,比如"嫋嫋"["嫋嫋秋风过"(《石门新营所住四面高山回溪石濑茂

---

① 许惟贤:《论联绵字》,《南京大学学报(哲学·人文·社会科学)》1988年第2期,第205—206页。

林修竹》）] 一词，语出《楚辞·九歌·湘夫人》"嫋嫋兮秋风，洞庭波兮木叶下"，意为秋风摇木貌。傅乐山译为拟声词"howling"（On autumn days the wind goes howling past）。"howl"一词意为怒号、哀号，形象地表现了秋风萧索凄清的场景。又如"习习"["习习和风起"（《缓歌行》）]，本是指微风和舒貌。傅乐山译为拟声词"Soughing"（Soughing, a gentle wind springs up），"Sough"为拟声词，本义为窸窣作响、发出沙沙的声响（to make a soft murmuring or rustling sound）。这里"Soughing"一词将徐徐微风拂过树林，树叶沙沙作响的轻柔的情状生动形象地描绘出来。

音韵修辞手段除拟声之外，也有头韵的修辞手法，比如"嫋嫋"，亨顿译为"bluster and breeze"（Where autumn winds bluster and breeze）。"bluster"和"breeze"二词押头韵，"bluster"本义为"怒号"，"breeze"本义为"起微风"，译者将二词并置，形象地传递了风吹树木发出的声响。

二 词汇手段

（一）译为单个形容词或副词

除运用修辞手段外，西方译者通常运用词汇手段，比如译为单个的形容词或副词，如下文中"活活""噭噭""灼灼""采采"的翻译。

"活活""噭噭"二拟声词，傅乐山分别用分词"raging"（水流湍急的、汹涌的）、副词"shrilly"（尖利的）（The raging torrents rush on through the dusk, /The monkeys clamour shrilly through the night）来表现湍急的流水声和猿猴的啼叫声。

"灼灼"["灼灼桃悦色"（《悲哉行》）] 一词，傅乐山译为"Blazing"（Blazing, the peach tree's delightful hues），传递了花色鲜明的模样。

"采采"（"采采彤云浮"《缓歌行》）一词，"采"通"彩"，有"彩色"之意。傅乐山译为"colorfully"（Colorfully, rosy clouds come floating by），传递了"采采"一词"茂盛鲜明"的含义。

（二）译为同义复词或并列的形容词

当单独的一个词不足以形容其形貌时，译者常常将其译为同义复词或两个音韵和谐的形容词，二词词义相互补充，从而使译语在意义上更完整。

比如"网网"〔"网网冲风菌"(《临终诗》)〕一词,傅乐山译为同义复词"tatter and fray"(and mushrooms quickly tatter and fray in wind),"tatter"和"fray"二词意义相近,有破败之意,二词并用,增强了词义,形象地表现了诗人生命犹如风中之残烛,零落将尽,影射刘宋王朝对其生命的摧残。

又如"亭亭""泠泠"〔"亭亭晓月映,泠泠朝露滴"(《夜发石关亭》)〕二词,傅乐山分别译为两个并列的形容词:"High and clear"(High and clear the moon of dawn is shining),以传递"亭亭"包含的高远清明的含义,"Chill and pure"(Chill and pure the dew of daybreak wets me)则传递了"泠泠"一词所包含的清凉之貌。

"巍巍"〔"巍巍苔岭高"(《石室山诗》)〕一词,亨顿译为"vast and majestic"(Moss-covered peaks towering vast and majestic),传递了其高远的含义。

"萋萋"〔"萋萋春草繁"(《石门新营所住四面高山回溪石濑茂林修竹》)〕一词,亨顿和韦斯特布鲁克将其译为"lush and green"(亨顿译:and spring grasses grow lush and green;韦斯特布鲁克译:Lush and green, the spring plants spread),"lush and green"意为草色葱翠,春草生长茂盛的样子。

"皎皎"〔"皎皎明秋月"(《邻里相送至方山》)〕一词,韦斯特布鲁克译为"Bright and dazzling"(Bright and dazzling the autumn moon shines)。

(三)借助词语重复的手段

译者或是通过词语的重复来强调其程度,比如"祁祁"〔"祁祁伤幽歌,萋萋感楚吟"(《登池上楼》)〕一词,亨顿译为"flocks and flocks"(in them the ancient songs haunt me with/flocks and flocks and full lush and green),传递了"众多"的含义。"青青"〔"青青野田草"(《折杨柳行》)〕一词,傅乐山译为"Green, so green"(Green, so green the grass in the wilds)。

"悽悽"和"网网"〔"悽悽陵霜柏,网网冲风菌"(《临终诗》)〕,马瑞志分别译为"Withered, withered""Tangled, tangled"(Withered, withered the frost-bitten leaves, Tangled, tangled the wind-blown mold)。词语的重复不仅使语意充足,而且再现了叠音词的音美。

（四）词类的转译

在翻译过程中，译者根据译入语的风格特点，对原文中的叠音词的词类加以转译，如将原文中的拟声词转译为名词或动词。

比如"交交""呦呦"属拟声词，傅乐山转译为抽象名词"The call""The cry"（The call of the yellow birds among the oaks, / The cry of deer browsing on the duckweed）。

"鷕鷕"["鷕鷕犂方雏"（《入东道路诗》）]属拟声词，傅乐山将其转译为动词"cried"（the hen-pheasant cried）。

"析析"["析析就衰林"（《邻里相送至方山》）]为拟声词，即风吹树木发出的声音。傅乐山转译为动词"moans"（The wind moans as the sere woods move by），意为"呜咽、发出呼啸声"。

（五）增词手段

对于形容词类的叠音词，译者常常通过增加副词 so 来强调其程度。比如"祁祁""萋萋"["祁祁伤豳歌，萋萋感楚吟"（《登池上楼》）]二词，田菱译为"So dense""So luxuriant"（So dense! I am grieved by the song of Bin, / So luxuriant! I am stirred by the tune of Chu）。田菱的译文借助程度副词 so 来传递原文中"祁祁"（众多的样子）及"萋萋"（草色茂盛的样子）的词义。同样，傅乐山将"萋萋"译为"So thickly growing"（So thickly growing...! I am moved by the lament from Ch'u）。由此可见，西方译者在译叠音词时都倾向于选择这种表达方式。诚然，就意美而言，"so"一词的增加，不仅使译文语意充足，而且在情感上更具感染力，与原文中叠音词所要达到的艺术效果有异曲同工之妙，然而却舍弃了叠音词的形美。

三　句法手段

译者也通过句法手段，即借助分词、介词结构等表伴随状态的形式来传递其意。比如下文中的"析析""飞飞""草草""契契""郁郁"等叠音词的英译。

"析析"["析析就衰林"（《邻里相送至方山》）]为拟声词，即风过树木声。韦斯特布鲁克译为分词形式"Sighing in the wind"（Sighing in the wind the sere woods approach）。"Sighing"一词，本义是悲鸣、叹息，用在这里，拟人化地展现了秋风萧瑟、黄叶纷落的离别场景。

"飞飞"["飞飞燕弄声"（《悲哉行》）]一词并非单纯的飞行，而是指"不停地飞"这一动作，傅乐山译为"Flying"（Flying, the swallows that cry as they play），生动地描摹了这一持续的动态动作。

"草草""契契"["草草眷徂物，契契矜岁殚"（《彭城宫中直感岁暮》）]二词，傅乐山用介词结构的形式来表现，"With foreboding"（With foreboding I brood on how all things are drawing to their end）、"In my distress"（In my distress I grieve over the waning of the year），传递了诗人骚屑不宁、愁苦的心理状态。

"郁郁"["郁郁河边柳"（《折杨柳行》）]，形容草木之盛。傅乐山译为"Thickly growing"（Thickly growing are the riverside willows），这一现在分词将河边杨柳生长繁茂的状态形象地描绘出来。

西方译者在处理谢诗中的叠音词时，充分发挥其译入语的优势，通过修辞、词汇、句法等手段以再现叠音词之音、形、义，然而有时译者拘泥于叠音词字面意义，对其未经仔细推敲，导致译文未能贴切地表现原文描写的物象。比如"苺苺兰渚急"（《石室山诗》）诗句中的"苺苺"一词，傅乐山译为"massed"（Past banks of massed orchids the river went flowing rapidly），亨顿译为"crowded"（Swept along past shallows crowded with orchids）。译语"massed"和"crowded"均表达了水草丰茂的样子，但"苺苺"的意义并不仅限于此。黄节在《谢康乐诗注》中引陈胤倩评曰："'苺苺'字甚新，详义当是草逐水流，根定叶漂，长条披偃，翠带摇轻，似与俱去也。"[①] 可见，"苺苺"一词还有水草随波逐流，在水面摇曳生姿的含义，而"massed""crowded"均无法表现诗中所描写的这种动态之美。

另外，叠音词往往在诗歌的上下句相应的位置双双出现，构成诗歌结构上的对仗，当然，西方学者的译文中也不乏体现原文对仗工整特点的例子，比如译文"Soughing, a gentle wind springs up, / Colorfully, rosy clouds come floating by"["习习和风起，采采彤云浮"（《缓歌行》）]的上下句构成对仗。但译者有时为了忠实、准确地传递原文意义，或囿于英语句法的特点而不得不舍弃了对仗的形式，比如译文"My strenuous efforts are

---

① 黄节注：《谢康乐诗注》，人民文学出版社1958年版，第79页。

hard pressed by senility. / By degrees my lusty ambitions are falling away"[""亹亹衰期迫,靡靡壮志阑"(《长歌行》)]上下句在结构上并不构成对仗。

尽管如此,从上述译例中可见,西方译者在翻译叠音词方面显示出运用其母语的极大优势,其译法丰富,灵活多变,力求再现谢诗中叠音词的音美、形美和意美。在音美、形美不可兼顾的情况下,西方译者往往以忠实、准确传递叠音词的意蕴为先。

第三章

诗人生平思想与诗歌创作关系之研究

生平思想与其诗歌创作是研究谢灵运的关键所在。国内学界在这方面的研究成果颇丰：一是谢灵运生平的研究；二是谢灵运的佛教思想与诗歌创作关系的研究。西方学界由于研究资料的缺乏，对谢灵运生平的研究成果极少，仅见于傅乐山的研究。对谢灵运的思想与诗歌创作的研究成果主要以马瑞志、陈伟强二人的研究为代表，他们一方面从佛家思想影响的角度，如谢灵运与僧徒的密切交往、谢灵运在佛学领域的贡献来切入其思想与诗歌创作之关系；另一方面则从谢灵运诗歌中渗透出来的佛学思想来探究其思想与创作之关系。现将马瑞志、傅乐山、陈伟强三人的研究作一述评。

第一节 马瑞志的研究：谢灵运的佛教思想

马瑞志是英语世界较早研究谢灵运的西方学者。他于1958年发表在《亚洲研究》期刊上的论文《5世纪诗人谢灵运的山水佛教思想》从佛教影响的角度探讨了佛教与谢灵运个人及其创作的关系，并且在其论文中第一次提出了"山水佛教思想"（Landscape Buddhism）这一术语。他的研究对于西方学界认识谢灵运，无疑具有开拓性。

在其研究中，马瑞志指出，激发谢灵运"山水意识"的因素是多重的，而他选择从佛教这一因素切入，是因为谢灵运不仅仅是一位杰出的山水诗人，而且也是一位释家人物，其山水情怀与佛教信仰紧密相连。马瑞志认为，"（谢灵运）性格中山水和佛教的结合绝非偶然。他的自然哲学显然是有宗教性的。不同于西方浪漫派自然诗人，他们崇尚上帝造物之奇的威严和神秘，比如猛烈的暴风雨、'墙缝中长出的野花'，这位中国佛教诗人似乎更着眼于'消极品质'（negative qualities），比如山野的空旷，空山无人的静谧以及对充满纷争、污秽膻腥的世俗生活的退避。这些消极品质为他的佛家思想的产生提供了契机。"①

一 谢灵运与佛教的关联

（一）与"白莲社"的接触

马瑞志指出，尽管谢灵运矛盾的性格让人怀疑其对佛教的偏好，就像他对山水的热爱，在某种程度上是对动荡不安的社会生活的一种逃避，然而有足够的证据表明，谢灵运对佛教的研究绝非肤浅。他对慧远非常敬仰，慧远于元兴元年（402）在庐山创立"白莲社"。当时谢灵运17岁，希望投身其门下。正如他在为慧远所作的诔文中写道："予志学之年，希门人之末。惜哉！诚愿弗遂，永违此世。"② 谢灵运27岁那年，即义熙八年（412），他随刘毅来到九江，登庐山拜会了慧远和白莲社的其他成员。《高僧传·释慧远传》载："陈郡谢灵运负才傲俗，少所推崇，及一相见，肃然心服。"③ 马瑞志认为，谢灵运是不是白莲社123个成员之一还没有定论，唐朝的记述包括了他、刘遗民和宗炳及其他成员，而后来宋朝就有了他请求加入白莲社却未被慧远允准的记述。

（二）谢灵运与佛教僧人在佛教文学上的合作

谢灵运与佛教的结合并不限于庐山白莲社，他与僧人交往密切，有几位僧人的名字出现在其诗文中，其中与谢灵运交往最密切的就是昙隆法师。与昙隆法师的交往经历在他于元嘉二年（425）为昙隆法师作的诔文中可以见到：

《昙隆法师诔文》（并序）

茹芝术而共饵。披法言而同卷者。再历寒暑。非直山阳靡喜愠之

---

① Richard. B. Mather, *The Landscape Buddhism of the Fifth Century Poet Hsieh Ling-yun*, *Journal of Asian Studies*, Vol. 18, Issue 1, Nov., 1958, pp. 67–68.
② 顾绍柏校注：《谢灵运集校注》，中州古籍出版社1987年版，第263页。
③ （南朝梁）释慧皎撰，汤用彤校注：《高僧传》，中华书局1992年点校本，第221页。

容，令尹一进已之色。实明悟幽微，袪涤近滞。荡去薄垢，日忘其疾。……

> 缅念生平，
> 同幽共深。
> 相率经始，
> 偕是登临。
> 开石通涧，
> 剔柯疏林。
> 远眺重叠，
> 近属岖嵚。
> 事寡地闲，
> 寻微探赜。
> 何句不研，
> 奚疑弗析。
> 帙舒轴卷，
> 藏拔纸襞。
> 问来答往，
> 俾日余夕。①

在诔文中，谢灵运回顾了他和昙隆法师同游"罗""嵊"二山，共商佛理，共赏山水的情形，可见他与昙隆法师关系之密切。马瑞志指出，尽管诔文中关于"问来答往"的主题不为人知，但谢灵运与昙隆法师的这些讨论很可能就成为以问答式呈现的《辨宗论》的思想来源，而且《辨宗论》这一著作至少是谢灵运与和他同时代的名僧往来密切、共同研讨佛理这一事实的确凿依据。

此外，《山居赋》也叙述了谢灵运与昙隆、法流二位法师志趣相投、携手同游山水的情景：

> 苦节之僧，明发怀抱。事绍人徒，心通世表。是游是憩，倚石构

---

① （南朝宋）谢灵运：《昙隆法师诔文》（并序），载（唐）释道宣撰《四部丛刊初编子部广弘明集三十卷》卷二三，第327页。

草。寒暑有移，志业莫矫。观三世以其梦，抚六度以取道。乘恬知以寂泊，含和理之窈窕。指东山以冥期，实西方之潜兆。虽一日以千载，犹恨相遇之不早。①

马瑞志指出，除此以外，在谢灵运的佛教撰述、佛经翻译活动中也可见他与僧人之往来。谢灵运曾与慧观、慧严等人改治《大般涅槃经》。元康《肇论疏》卷上《序》云："谢灵运文章秀发，超迈古今。如《涅槃》元来质朴，本言'手把脚蹈，得到彼岸'，谢公改云：'运手动足，截流而度。'"② 谢灵运与慧叡也有过交往。《高僧传·释慧叡传》载："陈郡谢灵运，笃好佛理，殊俗之音，多所达解，乃咨叡以经中诸字并众音异旨，于是著《十四音训叙》，条例梵汉，昭然可了，使文字有据焉。"③ 可见谢灵运曾就十四音的问题就教于慧叡，还撰写了《十四音训叙》，对佛经的翻译和研究有着重要价值。

二　山水与禅悟

谢灵运笃好佛理，其内心一直怀着对佛家圣境的追求，企望在山水观照中，借助山水的清旷之美使他从俗网的羁绊中挣脱出来，最终达到佛家的"悟"的境界。在临刑时作的最后一首诗《临终诗》中，他感叹道"送心正觉前，斯痛久已忍。恨我君子志，不获岩上泯"，谢灵运感叹自己还未达到"正觉"，或者说"悟"的境界。

马瑞志指出，谢灵运悠游山水与其对"悟"的境界的探求密不可分，因为清幽寂寞的山水不仅与诗人的心灵相符合，而且在精神层面上也揭示了佛家空明澄澈的境界④。他在《游名山志》中说："夫衣者，生之所资；山水，性之所适。今滞所资之累，拥其所适之性耳。……岂以名利之场，贤于清旷之域耶！"超脱尘外的清旷之野正是诗人心之所往，而且，建造在清幽的山水环境中的招提精舍为他提供了一个精神上的栖息之所。谢灵运在《山居赋》中这样写道：

---

① 顾绍柏校注：《谢灵运集校注》，中州古籍出版社1987年版，第328页。
② 汤用彤：《汉魏两晋南北朝佛教史》，上海书店出版1991年版，第439页。
③ 同上。
④ Richard B. Mather, *The Landscape Buddhism of the Fifth Century Poet Hsieh Ling-yun*, Journal of Asian Studies, Vol. 18, Issue 1, Nov., 1958, pp. 73–74.

敬承圣诰，恭窥前经。山野昭旷，聚落膻腥。故大慈之弘誓，拯群物之沦倾。岂寓地而空言，必有贷以善成。钦鹿野之华苑，羡灵鹫之名山，企坚固之贞林，希庵罗之芳园。虽瘁容之缅邈，谓哀音之恒存。建招提于幽峰，冀振息之息肩。庶橙王之赠席，想香积之惠餐。事在微而思通，理匪绝而可温。①

在谢灵运眼中，清幽肃穆的山野林泉不仅仅是远离世俗之纷争，聚落之污秽膻腥之地，也是修得佛道之所，所以诗人"建招提于幽峰"。山水的清幽之境恰恰象征着佛家的空寂的境界，而且山水这一符号的象征意义在某些方面甚至超越了所钦慕的佛像本身，比如其《佛影铭》中对画佛像和对佛像所在的清幽环境的描绘：

> 承风遗则，旷若有概。
> 敬图遗踪，疏凿峻峰。
> 周流步栏，窈窕房栊。
> 激波映墀，引月入窗。
> 云往拂山，风来过松。
> 地势既美，像形亦笃。
> 彩淡浮色，群视沉觉。
> 若灭若无，在摹在学。
> 由其洁精，能感灵独。
> 诚之云孚，惠亦孔续。②

马瑞志指出，在"幽岩嵌壁"之上，将佛影托之于"青彩"的画佛像的行为与佛像所在环境的清幽之美融为一体，共同展现了一个内在的、神秘的心理历程，类似于一种佛家以参禅形式观照山水时的思维活动，传递了佛境与山水之纯净、清幽和空寂之美。同样，在谢灵运为昙隆法师作的《昙隆法师诔文》中，山水景物与佛理相融。"偕是登临"不仅仅是对登山临水的描绘，更蕴含着悟到其中的佛理之后的一目了然的境界。"开

---

① 顾绍柏校注：《谢灵运集校注》，中州古籍出版社1987年版，第327页。
② （南朝宋）谢灵运：《佛影铭》（并序），载（唐）释道宣撰《四部丛刊初编子部　广弘明集三十卷》卷十五，第204页。

石通涧"及"剔柯疏林"句中的诗歌意象更是充满了佛教的蕴意,暗示着诗人在探索佛理过程中的"寻微探赜"。这些自然的和精神的现象的相生相融、相互阐释构成了谢灵运的山水佛教思想的核心[1]。所以谢灵运眼中的山水景物已经不是客观意义上的山水,而是与其心中的佛理相融合的主观化的山水,透着深刻的佛教蕴意。释皎然在《诗式·重意诗例》评谢诗,"两重意已上,皆文外之旨。若遇高手如康乐公览而察之,但见情性,不睹文字,盖诣道之极也。"[2]谢诗能够达到"但见情性,不睹文字"的境界,与其熟习佛理密不可分。

概言之,马瑞志从佛教对谢灵运的影响的角度探讨了佛教与谢灵运其人及其创作的关系,指出谢灵运开创的山水诗题材在一定程度上受其佛教思想的影响。在马瑞志之前,还没有现代学者从哲学和宗教背景的角度对谢灵运的文学创作进行严肃探讨[3]。在马瑞志译介的影响下,谢灵运佛教诗人的形象进入了西方人的研究视野,这在英语世界谢灵运接受史上具有开创意义。

第二节 傅乐山的研究:谢灵运生平思想与诗歌创作

傅乐山是西方学界第一个系统研究谢灵运的学者,其著作《潺潺溪流:中国山水诗人谢灵运(康乐公)的生平与创作》于1967年在马来亚大学出版。该书是关于谢灵运研究的比较系统的专著,在书中他主要从谢灵运的家世、经历和儒释道思想几方面对谢灵运作了传记式的研究,对谢灵运的作品也有少量涉及,但对其诗歌文学内涵的整体性研究相对较少。在傅乐山的影响下,谢灵运其人其诗开始进入西方人的研究视野。

傅乐山侧重于对谢灵运生平思想的研究。在第一章"发展阶段",傅乐山介绍了谢灵运的家世,对几位和谢灵运有关、对其影响较大的前辈做了评述,如谢鲲、谢安、谢玄和谢混,尤其是谢混对谢灵运文学创作影响最大。傅乐山引《宋书·谢弘微传》载:"(谢)混风格高俊,少所交纳,

---

[1] Richard B. Mather, *The Landscape Buddhism of the Fifth Century Poet Hsieh Ling-yun*, Journal of Asian Studies, Vol. 18, Issue 1, Nov., 1958, p. 78.

[2] (唐)皎然著,李壮鹰校注:《诗式校注》,人民文学出版社2003年点校本,第42页。

[3] Timothy Wai Keung Chan, *Considering the End: Mortality in Early Medieval Chinese Poetic Representation*, Leiden: Brill Academic Publishers, 2012, p. 128.

唯与族子灵运、瞻、曜、弘微并以文义赏会。尝共宴处,居在乌衣巷,故谓之'乌衣之游'。混五言诗云:'昔在乌衣巷,戚戚皆亲侄'者也。"①在他的倡导之下,谢灵运、谢瞻、谢晦、谢曜、谢弘微等六七人常在建康乌衣巷中结伴游宴,商较人物,吟咏诗文。游宴之余,谢混常以韵语相奖勉。傅乐山引谢混《诫族子》诗"康乐诞通度,实有名家韵。若加绳染功,剖莹乃琼瑾"②,以此来说明谢混的诗歌主张对谢灵运雕琢骈俪的文风是有一定影响的。傅乐山认为谢灵运是将族叔谢混"若加绳染功,剖莹乃琼瑾"这一评论铭记于心,所以"他后来的诗歌过于注重艺术技巧,而有失于自然"③。傅乐山也举《文选》收录的谢混《游西池》中的名句"惠风荡繁囿,白云屯曾阿。景昃鸣禽集,水木湛清华"为例,说明谢灵运与谢混诗歌风格上的类似。以对当时人称"乌衣之游"的谢家子弟谢瞻、谢晦、谢曜、谢弘微的性格的评述为参照,傅乐山指出优越的物质生活、出身江左一流世家的贵族身份、不凡的文采及似乎有些矫揉造作的、过于戏剧化的酷爱炫耀的性格,使得谢灵运成为当时引人注目的人物。而谢灵运性格的傲兀怪异则是六朝贵族风气熏染的直接结果,傅乐山引《宋书·谢瞻传》以说明谢灵运狂傲的性格。《宋书·谢瞻传》载:"灵运好臧否人物,混患之,欲加裁折,未有方也。谓瞻曰:'非汝莫能。'乃与晦、曜、弘微等共游戏,使瞻与灵运共车。灵运登车,便商较人物,瞻谓之曰:'秘书早亡,谈者亦互有同异。'灵运黯然,言论自此衰止。"④谢灵运狂傲的性格也表现在政治上,傅乐山引《宋书·谢灵运传》所载,"灵运为性偏急,多愆礼度,朝廷唯以文义处之,不以应实相许。自谓才能宜参机要,既不见知,常怀愤愤。"⑤傅乐山指出谢灵运骄纵恣肆的性格正是招致其悲剧性命运的原因之一。

另外,傅乐山分析了谢灵运诗中流露出来儒释道的思想,他对谢灵运诗歌中表现出的佛教思想的研究着墨较多。傅乐山指出,谢灵运与慧远、竺道生的交往,与昙隆、法流二位法师的交游加深了他对佛理的理解,体

---

① (南朝梁)沈约:《宋书》卷五十八,中华书局1974年点校本,第1590—1591页。
② 同上书,第1591页。
③ His later verse suffers from an excess of artistry which comes near to robbing it of all spontaneity. J. D. Frodsham, *The Murmuring Stream*: *The Life and Works of the Chinese Nature Poet Hsieh Ling - yun* (385 - 433), Duke of K'ang - lo, Vol. 1, Kuala Lumpur: University of Malaya Press, 1967, p. 7.
④ (南朝梁)沈约:《宋书》卷五十六,中华书局1974年点校本,第1558页。
⑤ 同上书,卷六十七,第1753页。

现了佛家思想在其生命中的重要性。傅乐山认为谢灵运阐释顿悟的哲学名篇《辨宗论》是对佛教界盛极一时的"顿渐之争"这一哲学问题探讨的重要贡献，在中国哲学史应占据重要地位。此外，谢灵运在始宁建精舍，延纳四方僧人。在《石壁立招提精舍》一诗中，他写道："绝溜飞庭前，高林映窗里。禅室栖空观，讲宇析妙理。"关于在幽静的山中建招提精舍的理由，他在《山居赋》中这样写道："敬承圣诰，恭窥前经。山野昭旷，聚落膻腥。故大慈之弘誓，拯群物之沦倾。岂寓地而空言，必有贷以善成。钦鹿野之华苑，羡灵鹫之名山。企坚固之贞林，希庵罗之芳园。虽崒容之缅邈，谓哀音之恒存。建招提于幽峰，冀振锡之息肩。"① 可见佛教思想对谢灵运的深刻影响。老庄之道也是谢灵运思想的重要组成部分，傅乐山在第三章"隐居始宁"（The Quiet Pool）中引《宋书》："（灵运）遂移籍会稽，修营别业，傍山带江，尽幽居之美。"② 在始宁期间，谢灵运常与王弘之、孔淳之等喜好山水的知名隐士来往。在谢灵运写给庐陵王义真的信中，他写道：

> 会境既丰山水，是以江左嘉遁，并多居之。但季世慕荣，幽栖者寡，或复才为时求，弗获从志。至若王弘之拂衣归耕，逾历三纪；孔淳之隐约穷岫，自始迄今；阮万龄辞事就闲，纂成先业；浙河之外，栖迟山泽，如斯而已。既远同羲、唐，亦激贪厉竞。③

傅乐山指出，这体现了谢灵运生命中逍遥自在、崇尚自然的道家思想。除佛、道思想外，谢灵运诗歌中体现的儒家思想也极为明显，反映在其诗作《白石岩下径行田》《命学士讲书》《种桑》中。在《命学士讲书》一诗中，他写道："时往岁易周，聿来政无成，曾是展予心，招学讲群经。"他为自己的政绩平平而感到羞愧，所以想到召集学士，讲解群经，可见其积极济世的思想。在《白石岩下径行田》一诗中，他写道："小邑居易贫，灾年民无生。知浅惧不周，爱深忧在情"，尤其是"爱深忧在情"一句，可洞察其积极济世的儒家思想。在《游名山志》中，他也写道："君子有爱物之情，有救物之能，横流之弊，非才不治，故有屈

---

① 顾绍柏校注：《谢灵运集校注》，中州古籍出版社1987年版，第327页。
② （南朝梁）沈约：《宋书》卷六十七，中华书局1974年点校本，第1754页。
③ 同上书，卷九十三，第2282页。

己以济彼。"① 可见其济世救民之心。由此可见，儒释道三家思想综合作用于谢灵运一身，而其对此三者吸收并不偏颇，在其生命的不同阶段，这三种思想交替占据主导地位。

此外，傅乐山也联系谢灵运于刘宋永初三年被徐傅集团排挤出京师，任永嘉太守，以后两次隐居故乡始宁，以及最后一次出守临川这一行迹，分析了谢灵运诗歌中的情感。傅乐山说从前都是透过历史厚厚的尘埃或是通过谢灵运的代表作来远观谢灵运的，而谢灵运的出守永嘉时期的诗歌《邻里相送至方山》使得我们得以第一次冷静地、近距离地审视谢灵运。谢灵运在诗中第一次述说内心的痛苦，诗歌情真意切。傅乐山推测从谢灵运早期创作的、已经亡佚的抒情诗中是否也能同样地窥探到真实的"他"，但傅乐山推断谢灵运早期的诗歌很可能缺乏这种真诚与痛苦②。傅乐山认为赴任永嘉这一阶段创作的诗歌充满浓重的"低沉的调子"，这也是中国诗歌沿袭的传统。他认为中国诗歌自屈原始就染上了过于悲戚的色彩，遭贬谪的诗人不由自主地充当了政治牺牲品的角色，尽管有时这种角色并不完全适合描述他们当时的处境，甚至对他们来说显得过于牵强。他们借用楚辞来为自己诗歌装饰，随即沉浸在自怨自艾的泪水中，然而谢灵运并非如此，虽然谢灵运也借用屈原诗歌的主题来描述自己的境遇，并且自如地化用楚辞中的诗句，赋予其强烈的诗歌感染力，但绝不是落入自怨自艾、装模作样的俗套③。比如《郡东山望溟海》整篇诗歌化用《楚辞》中的意象和意境，但诗人在诗歌结尾处写道："萱苏始无慰，寂寞终可求。""萱草也无足释忧之时，才能获得内心世界的'寂寞'"④，才能达到道家空廓的人生境界，由此可见，谢灵运的诗歌并没有完全局限于《楚辞》的境界。

正是在贬谪过程中，他得以悠游山水，超然方外。他开始深思，第一次领悟到他身边的山水草木体现的"道"。所以其笔下的山水，经过其想

---

① 顾绍柏校注：《谢灵运集校注》，中州古籍出版社1987年版，第272页。

② J. D. Frodsham, *The Murmuring Stream*: *The Life and Works of the Chinese Nature Poet Hsieh Ling - yun*（385 - 433）, *Duke of K'ang - lo*, Vol. 1, Kuala Lumpur: University of Malaya Press, 1967, p. 31.

③ Ibid., p. 32.

④ 张国星：《佛学与谢灵运的山水诗》，《学术月刊》1986年第11期，第62页。

象力的洗礼,已经主观化,成为"道"的一种形象书写①。

　　隐居始宁期间,他开始享受恬淡宁静的隐居生活,他多与僧徒交往,佛教思想在其思想中已占据了主导地位,从这一时期谢灵运的诗歌创作中可以见出其政治失意所带来的愤懑情绪有所减轻,心情趋于平和,在观照山水时表现出一种"研精静虑,贞观厥美"的审美心态。其山水名篇《石壁精舍还湖中作》这样写道:"昏旦变气候,山水含清晖。清晖能娱人,游子憺忘归。……虑澹物自轻,意惬理无违。寄言摄生客,试用此道推。"其笔下恬静的山水描写折射出深刻的佛理。出守临川期间(元嘉八年至元嘉十年)所创作的诗歌主调是怀旧的,昔日永嘉期间的内心的平静已不复存在,诗歌的字里行间透着一种沮丧的情绪,对隐居始宁的悠游闲适的日子充满了怅然之情。他感叹道:"怀旧叵新欢,含悲忘春暖"(《道路忆山中》)。此时纵然"暖然似春",但诗人已无暇顾及这春景春色,因为他的心中满是悲伤哀怨之情。在《入彭蠡湖口》诗中,他写道:"春晚绿野秀,岩高白云屯。千念集日夜,万感盈朝昏。"即便是面对如此清新恬静的春景,他的内心仍然难以平静,动人的春景也无法安慰他那颗受伤的心灵。

　　傅乐山对谢灵运作了如下的评价:尽管从谢灵运的诗歌中我们可以感受到他对人生所持的哲学态度,他试图通过道家顺性轻物、以山水自适的方式,通过佛教思想中静思冥想的方式来探求万物中的"理",但他却未能真正忘情于自然山水,因为他的内心一直处于仕和隐的矛盾之中。家族的责任感催促着他要在政治上有一番作为,在其《述祖德诗二首》中可以看到,然而政治的风云变幻及他狂傲的性格时常使他处于进退两难的境地。谢灵运本有政治抱负,但他身处晋宋易代之际,强烈的门阀意识使得他不愿屈从于刘宋王朝,所以一直"倔强新朝",与刘宋王朝的矛盾不断加剧,最终被弃市于广州。然而正是伴随这位天才诗人一生的仕隐矛盾之痛苦经历造就了他非凡的诗歌成就。

---

① The landscape, bathed in the light of his imagination, is transfigured, and becomes a script of hidden import, the hieroglyph of the Great Way. J. D. Frodsham, *The Murmuring Stream*: *The Life and Works of the Chinese Nature Poet Hsieh Ling-yun* (385–433), *Duke of K'ang-lo*, Vol. 1, Kuala Lumpur: University of Malaya Press, 1967, p. 42.

第三节 陈伟强的研究：佛教思想对谢灵运诗歌创作的影响

马瑞志、傅乐山的研究都侧重于研究谢灵运的佛教思想，关于佛教思想对谢灵运诗歌创作的具体影响少有提及，继二人的研究之后，陈伟强从谢灵运诗歌创作的角度，深入探讨了其佛教思想对谢灵运创作的影响。在其著作《对"岁暮"的思考——中古早期诗歌表现中的生死观》中专辟一章"谢灵运与'悟'"（Xie Lingyun on Awakening），就大乘佛教思想中的"顿悟"对谢灵运创作的影响程度作了探讨，而且就谢诗中的"玄言的尾巴"，陈伟强提出自己的观点，他认为谢灵运诗歌中的"玄言"并非其诗歌缺陷，诗歌中对山水穷形尽相的描写正是为了引出其中深藏的"理"，山水不过是"悟理"的荃蹄。

一 慧远与竺道生对谢灵运的影响及其佛教思想来源的复杂性

陈伟强认为，"谢灵运对佛教笃信的原因可能就是他多舛的政治生活。"[①] 据其介绍，谢灵运出身东晋名门望族，为东晋名将谢玄之孙。383年，谢玄在叔叔谢安的指挥下与入侵的前秦苻坚军队展开淝水之战，并以少胜多，取得了历史上有名的"淝水之战"的胜利。谢玄曾被封康乐公，谢灵运的爵位即是承袭自其祖父谢玄。不久，刘裕推翻了东晋政权，建立了刘宋王朝，谢灵运先是投奔刘裕次子庐陵王刘义真，希望有朝一日能恢复祖先荣光。但遗憾的是，刘义真为徐羡之所害。从此，谢灵运不断遭到诽谤与陷害，并被降职，他的政治生命日益走向低谷，这一切的不幸也促使他"与政治生活越来越远"。贬谪期间，谢灵运曾到永嘉宦游，并于此后回到其祖父谢玄留给他的始宁（在现浙江省）别墅，也正是在这段时间，谢灵运创作了大量的山水诗。政治上的失意也使他有时间流连于山水之间，与高僧居士谈佛论道，因此他的身上有着浓浓的佛教思想影响的痕迹。而与他交往的佛门弟子中，慧远与竺道生两位高僧对其影响最大。

---

① Xie Lingyun's apparent devotion to Buddhism may have resulted form his turbulent political life. Timothy Wai Keung Chan, *Considering the End*：*Mortality in Early Medieval Chinese Poetic Representation*，Leiden：Brill Academic Publishers, 2012, p.127.

谢灵运喜欢与僧人来往，并因此建石壁精舍用来讲经论道。陈伟强认为："石壁精舍是做佛事和谈论佛法而建的一个所在，因此，谢灵运交谈对象的宗教取向对其诗歌风格的形成是至关重要的。"① 而在与谢灵运交往的诸僧人中，慧远与竺道生可以说是目前所能知晓的对其诗学影响最深的两个人。虽然谢灵运的佛学知识来源是多种多样的，但是只有慧远和竺道生对其的影响是明确可辨的。②

第一，慧远的佛学思想对谢灵运的影响。陈伟强指出谢灵运与慧远的交往始于5世纪初，其时，谢灵运已经打下了佛学的基础。他在为慧远所写的诔文中说，早在"志学"之年时，他就仰慕慧远的学问，有心做慧远的学生，然而这一愿望却因后者逝世于416年而未能如愿。陈伟强认为，通过这个论述，也许我们可以设想谢灵运很可能参加了慧远于402年主持的一次讲经会。这次聚会吸引了居士刘程之、雷次宗和周续之等参加，这些人后来结成了"庐山净土宗"。因为谢灵运早期的声名，他应该是有资格参加这次八月的聚会。最早关于谢灵运与慧远交往的有据可查的资料是在413年，慧远在庐山建台立佛像，并派门人释道秉赴建康，请谢灵运为佛像写文，可见慧远是非常看重谢灵运的。从慧远如此看重谢灵运这一点来看，所谓的因谢灵运"心杂"而被拒之于佛门之外，未被慧远允准加入白莲社的说法也显得极不可靠。慧远去世之后，谢灵运作《庐山慧远法师诔》，高度颂扬慧远。《高僧传·释慧远传》载："陈郡谢灵运负才傲俗，少所推崇，及一相见，肃然心服。"③ 从这一记载也可以看出谢灵运对慧远极为仰慕，而且我们也可以设想谢灵运自青年时期起所接受的佛教知识主要来自慧远，由此可见慧远对谢灵运的影响。④

第二，竺道生佛学思想对谢灵运的影响。关于竺道生与谢灵运的关系，据陈伟强讲述，竺道生是第一个提出"大顿悟"的人，他曾经在庐山修行，而且一定和慧远有过交往。他应该接受了慧远的哲学思想，包括

---

① The religious orientation of Xie Lingyun's audience was crucial in the formation of his poetic style. Timothy Wai Keung Chan, *Considering the End: Mortality in Early Medieval Chinese Poetic Representation*, Leiden: Brill Academic Publishers, 2012, p. 134.

② Timothy Wai Keung Chan, *Considering the End: Mortality in Early Medieval Chinese Poetic Representation*, Leiden: Brill Academic Publishers, 2012, p. 135.

③ （南朝梁）释慧远撰，汤用彤校注：《高僧传》，中华书局1992年点校本，第221页。

④ Timothy Wai Keung Chan, *Considering the End: Mortality in Early Medieval Chinese Poetic Representation*, Leiden: Brill Academic Publishers, 2012, pp. 136–137.

他所说的"悟彻者反本"的思想。竺道生曾经学习佛教文学,这也是他在庐山期间的主要学习对象。离开庐山之后,他还到了长安鸠摩罗什处求学。学成之后,竺道生离开长安,来到刘宋的都城建康(现在的南京)传布自己关于顿悟的理念和"一切众生悉有佛性"的思想,但是他的理论在南方受到了质疑。可以想象谢灵运听到了竺道生和众人的争论,因为当时他正在都城建康,并于不久后创作《辨宗论》。但是事实可能不是这样的,因为竺道生的传经可能不是谢灵运获得"顿悟"和佛性的知识的唯一可能性途径。据《高僧传》记载,鸠摩罗什曾高度称赞慧远关于"法性"的创造性理解,而这种理解正与慧远根本没有见过的佛经中的观点相合。这也就证明了同样的观点可能有多重来源。竺道生和谢灵运在不同的时间和不同的情境之下都能够接触到这些观念。①

　　第三,谢灵运佛教思想来源的复杂性。虽然慧远与竺道生都是谢灵运曾经在现实中接触到的高僧,但是陈伟强认为,他们两人的思想只是谢灵运佛教思想的一个来源,除此之外,谢灵运还受到了目前不可考的某人的佛学思想的影响。为了证明自己的判断,他以佛门术语"icchantika"为例进行论述。"icchantika"既可译为中文"一阐提"亦可译为"阐提",竺道生最具创造性也最重要的观点是关于"一阐提"中也有佛性。谢灵运也曾经使用过这个词,是在 413 年慧远请求他写的《佛影铭》被重点提到了两次:

庶推诚心,
颇感群物。
飞鹜有革音之期,
阐提获自拔之路。
……
嗟尔怀道,
慎勿中惕。
弱丧之推,
阐提之役。

---

① Timothy Wai Keung Chan, *Considering the End: Mortality in Early Medieval Chinese Poetic Representation*, Leiden: Brill Academic Publishers, 2012, pp. 137 – 138.

> 反路今睹，
> 发蒙兹觌。
> 式厉厥心，
> 时逝流易。
> 敢铭灵宇，
> 敬告震锡！①

陈伟强指出，"一阐提"中也具有佛性这个观点由竺道生提出，不久之后就在新翻译的四十卷本《大般涅槃经》中找到了文本上的佐证，这本书在431年才传到建康。在这篇文章中，谢灵运同意竺道生关于众皆能至的解脱。谢灵运使用"阐提"这个术语的时间比竺道生差不多早十年，比法显翻译的六卷本《大般涅槃经》早四年。"阐提"一词在本铭中连续出现两次这一现象也证明谢灵运的观点不是来自竺道生或者法显的译本，而是来自某个我们目前还不知道的渠道。这个假说可以用他们对同一个"icchantika"的不同的音译证明——在谢灵运的文章中，他写作"阐提"；而在竺道生的谈论中或者《大般涅槃经》之中，却是叫作"一阐提"。②

二 谢诗中"玄言的尾巴"

谢灵运诗歌中有一个著名的现象——玄言的尾巴，这是谢诗的一个特色之处，陈伟强对这一现象也给予了关注，并得出了一个独到的见解："谢灵运的大部分著名的山水诗都带有一个玄言的尾巴，这至今仍被看作是其诗歌的一个缺陷，但是这一独特的美学观点跟他所处时代的学术倾向密切相关，尤其是其中佛教的影响。"③

（一）谢灵运对于穷形尽相的追求

以往的研究者多关注谢灵运诗歌中玄言的尾巴，却很少有人关注到其

---

① （南朝宋）谢灵运：《佛影铭》，载（唐）释道宣撰《四部丛刊初编子部 广弘明集三十卷》卷十五，第204—205页。
② Timothy Wai Keung Chan, *Considering the End: Mortality in Early Medieval Chinese Poetic Representation*, Leiden: Brill Academic Publishers, 2012, pp. 140 – 141.
③ Most prominent in Xie's writing are the philosophical statements appended to most of his landscape poems, a practice that has been regarded as a poetic flaw. This unique aesthetic had much to do with the intellectual trends of his time, especially the influence of Buddhism. Timothy Wai Keung Chan, *Considering the End: Mortality in Early Medieval Chinese Poetic Representation*, Leiden: Brill Academic Publishers, 2012. p. 127.

另外一种文体赋中也存在同样的现象。陈伟强首先考察了谢灵运的《山居赋》。他认为,《山居赋》及其自注中"透露出谢灵运的一个重要诗学观点"。他截取了《山居赋》的如下片段来说明:

> 此皆湖中之美,但患言不尽意,万不写一耳。诸涧出源入湖,故曰浚潭涧。涧长是以窈窕。除菰以作洲,言所以纡余也。①

陈伟强认为,其中的"万不写一"一语透露出谢灵运想要描绘出所看的一切时存在的困难。这种评论在谢灵运的地理学著作中也能经常见到,如其在《游名山志》中,其中的自注就变成了说明性的文字。这种在地理学著作中加注和评论的做法透露了谢灵运对风景细节的关注。②

为了追求形似,谢灵运诗赋中出现了对景物的各种各样铺陈细致的描述。陈伟强举了《山居赋》描写鱼这种动物的一段文字进行说明。首先是关于种类繁多的鱼的种类的介绍。我们先看一下原文:

> 鱼则鲵鳢鲋鰋,
> 鳟鲩鲢鯿,
> 鲂鲔鲨鳜,
> 鳜鲤鲻鳣。③

这里一共列举了 16 种鱼,目的就是穷尽鱼的种类,以显示观察的详细认真。为了达到穷形尽相的目的,谢灵运紧接着又描述了鱼的各种活动及其姿态:

> 辑采杂色,
> 锦烂云鲜。
> 唼藻戏浪,
> 泛苻流渊。

---

① 顾绍柏校注:《谢灵运集校注》,中州古籍出版社 1987 年版,第 324 页。
② Timothy Wai Keung Chan, *Considering the End: Mortality in Early Medieval Chinese Poetic Representation*, Leiden: Brill Academic Publishers, 2012, pp. 130–131.
③ 顾绍柏校注:《谢灵运集校注》,中州古籍出版社 1987 年版,第 326 页。

> 或鼓鳃而湍跃,
> 或掉尾而波旋。
> 鲈鯋乘时以入浦,
> 鳢鲨沿濑以出泉。①

陈伟强认为,这种详细描述通常会被看作是对司马相如的模仿,例如其《上林赋》《子虚赋》《天子游猎赋》和《大人赋》等著名的篇章中大展铺陈之能事,开启了汉大赋繁复缛丽的文风。我们看上面谢灵运对鱼类名称的列举,以及这些动作姿态详细描述,这些都会让人想到司马相如对谢灵运的深刻影响。但是作为开一代文风的大文学家,谢灵运对前辈的成就绝对不会止于模仿与膜拜。这也是我们在下一部分将要分析到的,谢灵运与司马相如一个显著不同就在于谢灵运对风景事物的描述只是为了引出其中蕴藏的"理"。

(二) 谢灵运诗赋对"理"的追求

我们在上面谈到谢灵运与司马相如之不同。他们最大的不同就在于谢灵运所做的铺陈只是一种手段,希望通过详尽的观察与描述,最终得出"理"。也正如陈伟强所言,在这篇《山居赋》中,谢灵运的铺陈是为了传达一个沉思之后得出的观点。陈伟强认为,详细地描述鱼类的活动也是一种让人沉思的方式②,而"理"往往于沉思中得之。也正是由于上面所述的原因,陈伟强指出,对于谢灵运而言,其诗赋中对山水风景的描绘只是为了证明怎样发现其中存在的"理"。③

还是在《山居赋》这篇长赋中,出现了下列数行文字,在其中他讲出了自己关于"理"的收获④:

> 好生之笃,
> 以我而观。
> 俱命之尽,

---

① 顾绍柏校注:《谢灵运集校注》,中州古籍出版社1987年版,第326页。
② Timothy Wai Keung Chan, *Considering the End: Mortality in Early Medieval Chinese Poetic Representation*, Leiden: Brill Academic Publishers, 2012, p. 142.
③ Ibid., p. 131.
④ Ibid., p. 143.

> 吝景之欢。
> 分一往之仁心,
> 拔万族于险难。
> 招惊魂于殆化,
> 收危形于将阑。
> 漾水性于江流,
> 吸云物于天端。
> 睹腾翰之顽领,
> 视鼓鳃之往还。
> 驰骋者倘能狂愈,
> 猜害者或可理攀。①

前面无论是关于山水还是动植物的穷形尽相的刻画,都是为了推出最后这一段"理",而这也正是谢灵运的创新之处。

关于这一种文学创作手法背后的文化因素,陈伟强也做了分析,他认为,基于谢灵运在佛教思想中获得的平等观,因此他才能得出"物有佛性,其道有归"这样的结论。他在《山居赋》中体现出的平等思想为赋这种文体带来了新的气息,原因就在于,他将中国传统的儒家思想和佛教思想相结合。这种结合的一个典型结构特征就是在繁复、准确的风景描写之后,往往会紧跟着一个佛教思想的论断,这个新得到"理"就成为理解上述风景的重要依据。② 如谢灵运写道:

> 安居二时,
> 冬夏三月。
> 远僧有来,
> 近众无缺。
> ……
> 析旷劫之微言,
> 说像法之遗旨。

---

① 顾绍柏校注:《谢灵运集校注》,中州古籍出版社1987年版,第332页。
② Timothy Wai Keung Chan, *Considering the End: Mortality in Early Medieval Chinese Poetic Representation*, Leiden: Brill Academic Publishers, 2012, p. 142.

第三章　诗人生平思想与诗歌创作关系之研究

> 乘此心之一豪，
> 济彼生之万理。①

我们通过对谢灵运《山居赋》的分析，大致了解了谢灵运作品中的"景"与"理"之间的关系。接下来，我们就再来看一下陈伟强对于谢灵运诗歌中所谓的"玄学的尾巴"的研究。

陈伟强指出，"对'理'的探求是谢灵运诗歌的一个重要特色"②，与著名隐士刘程之（354—410）和画家宗炳（375—443）一样，谢灵运关注山水是将其视为他宗教的沉思默想和诗歌表现的媒介，在谢灵运的诗歌中，他将山水带给他的启示当作一种发现来描述，因此，在他的诗中经常会有一个玄言的尾巴。③ 为了说明，陈伟强举谢灵运的诗句为例：

> 情用赏为美，
> 事昧竟谁辨？
> 观此遗物虑，
> 一悟得所遣。

他认为，在这首诗中，谢灵运采用与山水形成对照关系的诗人对世俗烦忧的沉思作结。④

此外，为了说明谢灵运诗歌中"玄言的尾巴"的必要性与创新性，陈伟强还分析了谢灵运的诗歌名作《石壁精舍还湖中作》。这首诗的原文如下：

石壁精舍还湖中作

昏旦变气候，山水含清晖。

---

① 顾绍柏校注：《谢灵运集校注》，中州古籍出版社1987年版，第332页。
② Timothy Wai Keung Chan, *Considering the End: Mortality in Early Medieval Chinese Poetic Representation*, Leiden: Brill Academic Publishers, 2012, p. 145.
③ Ibid., p. 128.
④ Ibid., pp. 145–146.

> 清晖能娱人，游子憺忘归。
> 出谷日尚早，入舟阳已微。
> 林壑敛暝色，云霞收夕霏。
> 芰荷迭映蔚，蒲稗相因依。
> 披拂趋南径，愉悦偃东扉。
> 虑澹物自轻，意惬理无违。
> 寄言摄生客，试用此道推。

陈伟强认为，这首诗讲述了从山水中获得解脱的过程，起初，诗人沉迷于自然美景之中，但是待到回家之后，他发现了"偃东扉"这一动作中隐藏的快乐，"物自轻"则表达了摆脱了"累"之后的心理效果。[①]

陈伟强认为，慧远关于"思专想寂"的评论说明了谢灵运的作诗手法。[②] 他举了慧远的《念佛三昧诗集序》中一段话进行说明。慧远说：

> 夫称三昧者何？思专想寂之谓也。思专则志一不分，想寂则气虚神朗。……故令入斯定者，昧然忘知。即所缘以成鉴，鉴明则内照交映而万象生焉；非耳目之所暨而见闻行焉。于是灵相湛一，清明自然；元音叩心，滞情融朗。[③]

陈伟强分析道，慧远在此谈论的是念佛，他的最终目的是参拜阿弥陀佛，在来世能在净土重生。谢灵运的诗歌也许并不具有和慧远一样的终极目的，但是它们都同样证明了通过"思专想寂"是可以达到"悟"的境界的。慧远和谢灵运都相信存在一个这样的王国，并且都想（尤其是谢灵运）通过诗歌去达到它。诗歌本身就是精神世界的一部分，正如诗歌末尾一句中的劝词所言："寄言摄生客，试用此道推。"[④]

而宗炳关于"形似"的说法则讲得更为详细：

[①] Timothy Wai Keung Chan, *Considering the End: Mortality in Early Medieval Chinese Poetic Representation*, Leiden: Brill Academic Publishers, 2012, p. 132.

[②] Ibid., p. 133.

[③] （晋）释慧远：《念佛三昧诗集序》，载（唐）释道宣撰《四部丛刊初编子部 广弘明集三十卷》卷三十上，第483页。

[④] Timothy Wai Keung Chan, *Considering the End: Mortality in Early Medieval Chinese Poetic Representation*. Leiden: Brill Academic Publishers, 2012, p. 134.

夫圣人以神发道，而贤者通。山水以形媚道而仁者乐。不亦几乎？余眷恋庐、衡，契阔荆、巫，不知老之将至。愧不能凝气怡身，伤跕石门之流。于是画像布色，构兹云岭。夫理绝于中古之上者，可意求于千载之下；旨微于言象之外者，可心取于书策之内。(《画山水序》)①

慧远的"形神不灭论"中的观点与宗炳相似，在他们看来，无论是画画还是写作都只是描述事物外在形貌的一种方式，因此有必要通过所看到的事物表面去探究隐藏在其下的未展示之物，即超越山水物象之外的精神境界。慧远是一个佛家弟子，其哲学思想对中国传统产生过重大的影响，他在《沙门不敬王者论》进一步详述自己的观点：

感物而非物，故物化而不灭。假数而非数，故数尽而不穷。……但悟彻者反本。惑理者逐物耳。②

上面的这些哲学观点也许就能解释谢灵运诗歌中对事物细节的描写。对于谢灵运而言，写作是传达自己所发现的"理"的一种方式，而这种"理"又深藏于自然风景中。他的诗歌相比东晋的"玄言诗"是一大进步，原因就在于在他的诗歌中自然风景变成了传达"道"的工具。③

三　慧远的影响与谢灵运诗歌中的"悟理"

关于佛教思想中的"顿悟"与谢灵运山水描写之间的关系，韦斯特布鲁克在其博士论文《谢灵运抒情诗及〈山居赋〉中的山水描写》第三章"山水与'山水变形'"中有所提及，而陈伟强对此作了进一步的探讨。陈伟强认为谢灵运诗歌中表现出来的"悟理"来自慧远对他的影响，而非竺道生。陈伟强指出，在风景的铺陈描写和情感的传递之外，谢灵运

---

① (清) 严可均校辑：《全宋文》卷二，载《全上古三代秦汉三国六朝文》(第三册)，中华书局 1958 年点校本，第 2545—2546 页。
② (晋) 释慧远：《沙门不敬王者论》，载 (南朝梁) 释僧佑辑《四部丛刊初编子部　弘明集十四卷》卷五，第 65 页。
③ Timothy Wai Keung Chan, *Considering the End: Mortality in Early Medieval Chinese Poetic Representation*, Leiden: Brill Academic Publishers, 2012, p. 131.

也用山水之赏（和山水诗）来隐喻思想上的"悟"的过程①。宗炳在《画山水序》中写道："山水以形媚道"，山水是"道"的外在显现，所以谢灵运认为敏感的读者通过对诗歌的琢磨，定会体悟到藏在山水描写之后的"道"。陈伟强以《登江中孤屿》一诗为例：

登江中孤屿

江南倦历览，江北旷周旋。
怀新道转迥，寻异景不延。
乱流趋正绝，孤屿媚中川。
云日相晖映，空水共澄鲜。
表灵物莫赏，蕴真谁为传。
想象昆山姿，缅邈区中缘。
始信安期术，得尽养生年。

陈伟强认为该诗呈现了诗人在山水游观中突然发现"理"这一过程。诗人从"江北"到"江南"，再到自南向北的横渡过程中的"寻异"这一行为影射诗人精神上对"道"的追寻这一行为。陈伟强指出，谢灵运将"顿悟"应用到其诗歌的这一表现手法受慧远的影响。他以慧远的一首五言《游庐山》诗（一作《东林杂诗》）为例：

游庐山

崇岩吐清气，
幽岫栖神迹。
希声奏群籁，
响出山溜滴。
有客独冥游，
径然忘所适。

---

① Timothy Wai Keung Chan, *Considering the End: Mortality in Early Medieval Chinese Poetic Representation*, Leiden: Brill Academic Publishers, 2012, p. 148.

挥手抚云门,
灵关安足辟。
流心叩玄扃,
感至理弗隔。
孰是腾九霄,
不奋冲天翮。
妙同趣自均,
一悟超三益。

在诗中,慧远描绘了诗人感受清幽的山水之美,心物交融,"思专想寂",最后从山水中感悟到"道"的存在这一精神之旅。慧远的《游庐山》和谢灵运的《登江中孤屿》都是描写诗人在游观山水时突然领悟到其中的"道"这一精神上的体验。二人笔下的山水只不过是悟理的筌蹄。但相比之下,谢灵运的诗歌对自然的描写更为细致,其笔下的景致更加秀媚,他更擅长将读者的注意力吸引到诗中对于某个瞬间场面的描写上,比如诗中"乱流趋正绝,孤屿媚中川"二句所描写的诗人截流横渡,猛然发现孤屿的一刹那。而且,就诗歌结构而言,谢灵运诗歌的结构更完美展现了"顿悟"这一精神实现的过程。[①]

如同其他追随慧远的隐士一般,谢灵运深受庐山教团宗教氛围和审美体悟的影响,这不仅表现在从慧远或其他隐士名僧的诗句中借用诗歌语词和意象,也包括用顿悟的技法去发现奇景。慧远的"冲天翮"的概念在谢灵运诗歌中表现为"超"("道以神理超")。"超"这一哲学概念成为当时庐山教团的核心概念。刘程之、宗炳等所作的《和慧远游庐山》同题诗中都出现了"超"字,宗炳诗云"神超理得",刘程之诗云"理神故超绝",王乔之诗云"超游罕神遇",张野诗云"超步不阶渐",由此可见慧远"在山水中体悟佛理"的主张对当时文学创作的影响。同样,谢灵运也深受启发。

陈伟强也指出,在谢灵运的诗歌里,精神上的超越是通过"赏"或"赏心"来实现的。通过"赏"或"赏心"的过程,诗人得以发现某个景致背后隐藏的"理"。"所以从这个意义上来说,谢诗中描述的不是目之

---

① Timothy Wai Keung Chan, *Considering the End: Mortality in Early Medieval Chinese Poetic Representation*, Leiden: Brill Academic Publishers, 2012, p. 153.

所见,原封不动的自然本身,也不只是没有情感介入的美妙风景,而是诗歌与精神体验的融合。"① 在《登江中孤屿》一诗中,诗人精神上的超越是通过截流横渡来实现的。"赏"是获得"顿悟"的途径,但首先就要克制内心的"情"。换句话说,在游观山水中获得的"顿悟"包含"赏"、"思专想寂",心物交融这一酝酿过程和对"理"的期待。

陈伟强认为,谢灵运早期佛学思想的浸染及后期精神上的提升深刻影响到其诗歌风格的形成。谢灵运用独特的方式将自己在精神上所达到的境界通过诗歌展现出来,他的诗歌也成为他这一精神之旅的载体,代表着中国诗歌传统的一种新的审美趋向②。陈伟强关于谢灵运佛教思想与诗歌创作之关系的细致研究显示出目前西方学者在研究谢灵运诗歌时采取的独特视角,对于国内的研究无疑具有借鉴意义。

---

① Thus, the poet's travel is not simply raw material, nor is this merely an exquisite scene without human activity; rather, it is part of Xie's fusion of his poetry and spiritual experience. Timothy Wai Keung Chan, *Considering the End*: *Mortality in Early Medieval Chinese Poetic Representation*, Leiden: Brill Academic Publishers, 2012, p. 155.

② Timothy Wai Keung Chan, *Considering the End*: *Mortality in Early Medieval Chinese Poetic Representation*, Leiden: Brill Academic Publishers, 2012, p. 158.

第四章

谢灵运诗歌主题思想之研究

国内学界关于谢灵运诗歌主题的一大研究就是对其诗歌中情景理关系之研究，在这方面的研究颇为深入，而且研究成果也较多，研究成果主要集中在20世纪80年代。英语世界关于谢灵运诗歌主题思想的研究主要以韦斯特布鲁克的研究为代表，韦斯特布鲁克在其博士论文《谢灵运抒情诗及〈山居赋〉中的山水描写》中指出，20世纪六七十年代对谢灵运的研究着重其生平、事迹与政治生涯，较少关注谢灵运的作品。傅乐山的《潺潺溪流》为谢灵运生平思想研究提供了不可或缺的背景资料，然而该书并未涉足谢灵运个别诗作的分析研究，"这些空白使得对谢灵运的进一步研究成为可能，因为无论他在晋宋之际仕宦生涯是怎样的光芒四射，也无论这些经历是如何激发了他诗歌创作的灵感，其诗作的价值远远超出了其仕宦生涯的盛衰沉浮"[1]。由此可见，英语世界对谢灵运接受的初期阶段仅限于对其生平思想的研究，对其具体诗歌的研究仍然处于空白状态。韦斯特布鲁克正是立足于此，从作品分析的角度，对谢灵运诗作中的情景理之关系这一主题思想进行了阐释。除韦斯特布鲁克的研究之外，沃森在其著作中论及了谢灵运诗歌中"隐逸"这一诗歌主题。

---

[1] These gaps justify further studies of Shieh, for surely the poetry he has left us is of far greater importance than the vicissitudes of his career in and out of service with the Jinn and Liu Song governments, however colorful these may have been, and inspirational in the creation of his poetry. Francis Westbrook, *Landscape Description in the Lyric Poetry and "Fuh on Dwelling in the Mountains" of Shieh Ling-yunn*, Ph. D. diss., Yale University, Ann Arbor, Mich.: UMI, 1973, p. 4.

第一节　韦斯特布鲁克的研究：山水诗中情景理之关系

韦斯特布鲁克的研究侧重于对作品的分析和阐释。他从文本分析的角度对谢灵运不同创作阶段的诗作中的山水描写作了历时和共时的研究，既研究不同创作阶段的山水描写，由此见出其思想情感的变化轨迹，也对大致的同一创作阶段的诗作进行横向比较，相互阐发，以发掘谢灵运创作中情绪的细微差别。

韦斯特布鲁克从422年夏谢灵运出守永嘉时期至431年出守临川时期创作的诗歌中，选出20余首作为研究对象。韦斯特布鲁克认为上述"融对于个人命运慨叹的激越情感与超然、神秘的山水观照为一体"[1]的充满理趣的山水诗清晰地折射出谢灵运思想情绪变化的脉络：从永嘉诗歌中的自我发现和精神上的新生，到从始宁墅的山水中寻找灵感，再到临川时的幻灭。韦斯特布鲁克指出其山水描写与其思想情感的变化是相呼应的。

韦斯特布鲁克的研究分为三部分。第一部分以出守永嘉期间创作的诗歌为例，主要考察迁客眼中的山水。这一期间创作的诗歌"或偶尔闪现出诗人主观心灵与自然山水的合一，或诗人未能达到心灵与自然的两相契合，心物交融，结果诗中的山水随之而落入模式化的楚辞意象"[2]。第二部分以四首描写春景的诗歌为例，探讨诗人由眼前春景春色所触发的或喜或悲的矛盾心理，韦斯特布鲁克从情与景关系的角度，指出这类诗歌表现了诗人矛盾的情感，是谢诗中的典型。第三部分以隐居始宁及出守临川期间创作的诗歌为例，以诗中援引的楚辞意象为研究重点，探讨诗人笔下的主观化的山水。诗人或超越了自我和世俗的差别，达到与自然相融的绝妙境界；或因为精神上的幻灭，无法从景致中获取灵感，因而始终无法与山

---

[1] ... combines passionate personal statements concerning his fate with purely detached, mystical visions of the mountain landscape. Francis Westbrook. *Landscape Description in the Lyric Poetry and "Fuh on Dwelling in the Mountains" of Shieh Ling - yunn*, Ph. D. diss., Yale University, Ann Arbor, Mich.：UMI, 1973, Abstract.

[2] Flashes of mystical communion with Nature, or his failure to do this and the consequent degeneration of the landscape into stereotyped Chuu Tsyr imagery. Francis Westbrook, *Landscape Description in the Lyric Poetry and "Fuh on Dwelling in the Mountains" of Shieh Ling - yunn*, Ph. D. diss., Yale University, Ann Arbor, Mich.：UMI, 1973, Abstract.

水相融。

韦斯特布鲁克指出,"谢灵运的山水诗呈现出一种隐喻意义上的山水之旅,在这一行旅过程中,物我差别及诗人的自我意识得以丧失,诗人由此获得了一种全新的、超验的感知。通过对客观的、描绘性细节的处理,山水与观照山水的心灵都发生了变形"①。

一 永嘉诗歌:迁客眼中的山水

永初三年(422)谢灵运被贬至永嘉任太守,这既是其政治生涯中的低谷时期,也是其创作道路上的转折点。宦海沉浮的经历造就了诗人非凡的诗歌成就,谢灵运山水诗的不少名篇就产生于这一时期。韦斯特布鲁克从诗人出守永嘉期间创作的诗歌中选《永初三年七月十六日之郡初发都》《邻里相送至方山》《晚出西射堂》《富春渚》《过始宁墅》《登江中孤屿》《游赤石进帆海》《郡东山望溟海》《登上戍石鼓山》这九首为对象,探讨处于政治贬谪过程中的谢灵运对山水的感触。韦斯特布鲁克指出,在此阶段创作的诗歌中,与友人别离的主题自始至终贯穿其中,诗中常常带有消极的情绪色彩。此外,诗人有时在连续的诗行中用两种截然不同的观点来刻画山水。荒凉险峻的重岩叠嶂在瞬间让位于诗人眼中拟人化的、温和的自然画面,这种自然与诗人的主观心灵契合交融。或者说眼前突然出现的婉丽清新、蓬勃活跃的景色,使得诗人由对自然环境的厌倦转变为对自然界的神奇力量的感悟和寻仙意识的滋长②。

作于永初三年秋的《永初三年七月十六日之郡初发都》以诗人与庐陵王刘义真的分别为题材,抒发诗人对庐陵王刘义真的感恩怀旧之情。韦斯特布鲁克对诗歌中的思想情绪的发展变化作了如下分析。诗歌原文如下:

---

① There evolves in the lyric poetry an allegorical journey through the mountain landscape which results in the poet's loss of awareness of self as well as of other distinctions, and in his acquiring a new transcendental perception. Thus through careful manipulation of strikingly realistic descriptive details, the landscape and the state of mind which envisons it are transformed. Francis Westbrook, *Landscape Description in the Lyric Poetry and "Fuh on Dwelling in the Mountains" of Shieh Ling-yunn*, Ph. D. diss., Yale University, Ann Arbor, Mich.: UMI, 1973, p. 5.

② Francis Westbrook, *Landscape Description in the Lyric Poetry and "Fuh on Dwelling in the Mountains" of Shieh Ling-yunn*, Ph. D. diss., Yale University, Ann Arbor, Mich.: UMI, 1973, pp. 5-6.

永初三年七月十六日之郡初发都

述职期阑暑，理櫂变金素。
秋岸澄夕阴，火旻团朝露。
辛苦谁为情，游子值颓暮。
爱似庄念昔，久敬曾存故。
如何怀土心，持此谢远度。
李牧愧长袖，郄克惭躧步。
良时不见遗，丑状不成恶。
曰余亦支离，依方早有慕。
生幸休明世，亲蒙英达顾。
空班赵氏璧，徒乖魏王瓠。
从来渐二纪，始得傍归路。
将穷山海迹，永绝赏心悟。

"述职"以下六句写诗人启程的情景。原定六月启程，延到七月中旬，时至秋日，即将远离故友知己的"我"心中已满是哀愁，更何况又正值这颓暮的时节，但诗人对命运的哀叹很快转为诗人跟随着这一不可逆转的自然过程而行进。"爱似"二句诗人从眼前的离别场景过渡到对亲友知己的依恋。借"庄生念畴昔""曾子存故交"二典故的寓意，他将视线投向将来，想象着远离故友的自己，这一想象的场面如同插曲，打断了诗人目前的行旅。"如何"二句诗人又回到现实场景。韦斯特布鲁克认为"远度"一词有两层含义：一是指诗人被迫离京外任的永嘉之行；二是具有反讽之意味，折射出诗人内心的困苦。在危机四伏、世道混浊的政治局面下他迫不得已，只有选择远离。"悲时俗之迫阨兮，愿轻举而远游"（《远游》），诗人感叹"自己"如同被听信谗言、不辨真伪的楚怀王逐出郢都而过着流放生涯的屈原。"爱似"以下四句，韦斯特布鲁克认同叶笑雪的解读，"写出惜别首都和怀念故乡的两种矛盾情绪。一片风帆，江上疾驶，就首都的亲友说，是愈行愈远；而就故园的山水来说，则渐接渐近。因此，思乡之心渐消，而念旧之情愈炽。"①

"李牧"以下五句转向另一个关于身体缺陷的话题，这一话题与诗歌意义的转折有着内在逻辑上的联系。"李牧、郄克、支离疏仅仅是形体上的残疾，而诗人自己则是内心的残疾。"②诗人用比兴的手法，借典故之意来隐喻"与故友离别的痛苦使诗人内心深受摧残，以至于诗人无法继续他的旅程。或者从另一个角度来说，诗人内心悲苦，令他无法前行"③。韦斯特布鲁克对诗歌中这一转折的个性化解读颇有新意，从他这一独具特色的解读中可见西方学者更倾向于从作品本身，而非作品的外围去把握诗歌中的思想与情感。

韦斯特布鲁克也指出诗人借李牧、郄克的典故隐射他与当朝的关系。诗人感叹自己生不逢时，李牧、郄克虽身体有缺陷，却能建功立业，而自己如同屈原，未能生活在一个政治清明的时代，诗歌也由此转向一个新的主题，"曰余亦支离，依方早有慕"，即诗人早就有脱离尘世、逍遥无为之念头，这与诗歌末三句"始得傍归路，将穷山海迹，永绝赏心悟"遥相呼应。接下来"生幸"二句，诗人又转向与他交情甚笃的庐陵王刘义真，寄托了对刘义真的思念之情，同时影射了对徐傅集团的不满。"空班"二句中，诗人以"赵氏璧""魏王瓠"以自喻，较前文中诗人将自己与李牧、郄克、支离疏相比，意义更深一层。"魏王瓠"的典故带有道家思想的色彩，谢灵运在此肯定了"无用"之德，"再次暗示了他试图以洒脱闲淡的道家的观念来重新定义其永嘉之行"④，由此可见诗人的情感发生了变化。"从来"以下四句又回到了眼前的始宁—永嘉之行。

韦斯特布鲁克指出，诗人对其思想情感发展的描写犹如一个圆的轨

---

① （南朝宋）谢灵运，叶笑雪选注：《谢灵运诗选》，古典文学出版社 1957 年点校本，第 24 页。

② He is crippled in a way the real cripples were not. Francis Westbrook, *Landscape Description in the Lyric Poetry and "Fuh on Dwelling in the Mountains" of Shieh Ling - yunn*, Ph. D. diss., Yale University, Ann Arbor, Mich.: UMI, 1973, p. 20.

③ The trauma of parting from friends has crippled the poet to the point that he cannot proceed with his trip, or from a different angle, he is crippled to prevent this exile. Francis Westbrook, *Landscape Description in the Lyric Poetry and "Fuh on Dwelling in the Mountains" of Shieh Ling - yunn*, Ph. D. diss., Yale University, Ann Arbor, Mich.: UMI, 1973, p. 20.

④ Once more there is a hint that he is attempting to redefine his journey in a more positive Taoist sense. Francis Westbrook, *Landscape Description in the Lyric Poetry and "Fuh on Dwelling in the Mountains" of Shieh Ling - yunn*, Ph. D. diss., Yale University, Ann Arbor, Mich.: UMI, 1973, p. 22.

迹，又回到了诗歌开头"启程出发"的话题上，然而所不同的是，诗人对自己的对永嘉之行有了新的认识。他将借这一永嘉之行，充分享受山水之乐，隐逸之趣。

韦斯特布鲁克也就诗歌中的语言与诗人的思想情感之间的关系作了如下评论：该诗的语言隐晦难解，诗中意义的跳转因具体意象的插入显得突兀，而且这些跳转与诗中复杂的意象及典故之间的联系也显得含糊，然而诗歌表面上的脱节巧妙反映了诗人当时的心境，即当诗人重新审视其处境时，现实生活中遭遇的挫折和内心世界的种种痛苦都涌上笔端①。韦斯特布鲁克的这一评论颇有见地。接下来韦斯特布鲁克分析了《邻里相送至方山》一诗，该诗原文如下：

邻里相送至方山

祗役出皇邑，相期憩瓯越。
解缆及流潮，怀旧不能发。
析析就衰林，皎皎明秋月。
含情易为盈，遇物难可歇。
积疴谢生虑，寡欲罕所阙。
资此永幽栖，岂伊年岁别。
各勉日新志，音尘慰寂蔑。

《邻里相送至方山》的创作时间同于《永初三年七月十六日之郡初发都》，该诗也写诗人与建康亲友依依惜别的情形，表现诗人内心的矛盾和不安。韦斯特布鲁克指出，"析析"二句中"秋"的意象将诗人的处境具体化，呈现出一幅充满离情别绪的萧散的秋景：船行水上，两岸树木凋枯、落叶纷飞，头上是皎洁明亮的秋月。句中的"就"一字描写船在江上行驶，两岸树林迎面而来的主动行为，与诗人内心的迟钝和不情愿形成对照，所以当船载着他在江面疾驶，两岸朝他不断逼近的时候，他完全处

---

① Francis Westbrook, *Landscape Description in the Lyric Poetry and "Fuh on Dwelling in the Mountains" of Shieh Ling-yunn*, Ph. D. diss., Yale University, Ann Arbor, Mich.: UMI, 1973, pp. 17–23.

第四章 谢灵运诗歌主题思想之研究　　147

于一种被动的状态①。"析析"二句与"解缆"二句描写的诗人欲行又止、不忍离去的情感相互照应。"含情"二句中诗人离情别绪已经达到不可抑止的地步。《永初三年七月十六日之郡初发都》和《邻里相送至方山》这两首诗中，山水一直都处在诗人的关注之外，然而"积疴"以下四句似乎在诉说诗人将摆脱世俗的一切烦恼，幽栖于山水之间。倘若说在诗歌的开始一直是依恋故友的主题占据着主要位置，那么与自然相融的主题，在诗歌画面中逐渐地、有些艰涩地显现出来②。

　　在上述两首诗中，谢灵运思想情感摇摆不定，但最终从心理上勉强接受了被迫离京外任这一现实③。作于永初三年深秋的《晚出西射堂》诗中，诗人的情绪又有了变化。诗人因对自己离京外任的现实感到苦闷彷徨，所以失意难遣的情绪更为强烈。诗末两句"安排徒空言，幽独赖鸣琴"，诗人以庄语自嘲，认为庄子所说的"安排而去化，乃入於寥天一"，即所谓的人与自然合一的境界只是一句空言，由此可见其内心的悒郁之深。韦斯特布鲁克接下来分析了《富春渚》一诗，诗歌原文如下：

富春渚
……
溯流触惊急，临圻阻参错。
亮乏伯昏分，险过吕梁壑。
洊至宜便习，兼山贵止托。
平生协幽期，沦踬困微弱。
久露干禄请，始果远游诺。
宿心渐申写，万事俱零落。
怀抱既昭旷，外物徒龙蠖。

韦斯特布鲁克指出，与前三首探讨离别或追忆往昔的诗歌所不同的是，永初三年秋赴永嘉途中所作的《富春渚》一诗清晰地呈现出诗人面

---

① Francis Westbrook, "Landscape Description in the Lyric Poetry and 'Fuh on Dwelling in the Mountains' of Shieh Ling‑yunn", Ph. D. diss., Yale University, Ann Arbor, Mich.: UMI, 1973, p. 25.
② Ibid., pp. 25–27.
③ Ibid., p. 27.

对自然山水时内心的挑战。"溯流"以下四句,诗人以水流之急、崖岸之险的具体形象来比拟官场之险。此外,"淙至"二句中,诗人援用《易经》中一山一水这两个典故来表现诗人履险如夷的境界。正因为诗人不畏险阻,登山临水,所以能够领略到山水的静谧的胜境①。谢灵运后来创作的山水诗均包含了这一思想。诗人称永嘉之行为"远度""远游","始果远游诺"一句显示诗人对于其永嘉之行又有了新的意义上的解读,赋予其"远行"更为积极的、精神层面上的内涵②,诗中的情景理相融。作于永初三年秋的《过始宁墅》一诗中,诗人表达了自己将归隐故园、悠游山水的道家思想。诗歌原文如下:

过始宁墅

……
山行穷登顿,水涉尽洄沿。
岩峭岭稠叠,洲萦渚连绵。
白云抱幽石,绿筱媚清涟。
葺宇临回江,筑观基曾巅。
挥手告乡曲,三载期旋归,
且为树枌槚,无令孤愿言。

韦斯特布鲁克指出,从"山行"以下六句中的山水描写中可以看到,山水正逐渐改变其作为一种客观的、对立的符号角色。山水使诗人受伤的心灵逐渐趋于平静,在山水的感召下,诗人实现了自我超越③。尤其是"白云抱幽石,绿筱媚清涟"二句中,静谧的山水景观,对于诗人伤痕累累的心灵来说,无疑是一种宽慰,暂时缓解了诗人心灵上的创伤。自然的清旷之美给诗人以灵感,这在其永嘉诗歌中不乏其例。在"池塘生春草,园柳变鸣禽"(《登池上楼》)二句中,诗人从充满生机的春景中获得了精神上的升华;"时竟夕澄霁"(《游南亭》)一句中,傍晚雨过天晴的清新

---

① Francis Westbrook, *Landscape Description in the Lyric Poetry and "Fuh on Dwelling in the Mountains" of Shieh Ling-yunn*, Ph. D. diss., Yale University, Ann Arbor, Mich.: UMI, 1973, p. 35.
② Ibid., p. 36.
③ Ibid., p. 42.

第四章　谢灵运诗歌主题思想之研究

澄净使心情低落的他顿觉舒畅①。

韦斯特布鲁克也指出,"尽管诗人与自然相融的情景在诗歌中表现得更为明显,但谢灵运依旧怀着矛盾的情感来观照山水"②。他的诗歌开头部分常常出现"倦"游的字样,因为山水不能使其从根本上忘忧,然而清新灵秀的山水又常常触动诗人,使其有所顿悟,暂时得以排遣内心的幽愤与悲苦。比如在《登江中孤屿》一诗中,在诗歌的开始,谢灵运对诗中的山水都表现出一种倦怠的情绪,"江南倦历览"(《登江中孤屿》)中的"倦"字表现出诗人已经游遍了江南,对江南的倦游使得诗人重返暌违已久的江北,在返棹重游江北的途中,诗人偶然发现了屹立在江中的孤屿,其静穆恬淡、超凡脱俗之美令诗人惊叹。诗人早先的倦游情绪顿然消失,取而代之的是一种欣喜之感,诗人的思绪随之被带入到缥缈脱俗的仙境,隐遁的思想也油然而生。同样,在《游赤石进帆海》中,诗歌的开头部分也表现出一种倦游的情绪。诗歌原文如下:

游赤石进帆海

首夏犹清和,芳草亦未歇。
水宿淹晨暮,阴霞屡兴没。
周览倦瀛壖,况乃陵穷发。
川后时安流,天吴静不发。
扬帆采石华,挂席拾海月。
溟涨无端倪,虚舟有超越。
仲连轻齐组,子牟眷魏阙。
矜名道不足,适己物可忽。
请附任公言,终然谢天伐。

----

① Francis Westbrook, *Landscape Description in the Lyric Poetry and "Fuh on Dwelling in the Mountains" of Shieh Ling - yunn*, Ph. D. diss., Yale University, Ann Arbor, Mich.: UMI, 1973, p. 43.

② Yet even as moments of communion with Nature become more prominent, Shieh's attitude toward the landscape remains ambivalent. Francis Westbrook, *Landscape Description in the Lyric Poetry and "Fuh on Dwelling in the Mountains" of Shieh Ling - yunn*, Ph. D. diss., Yale University, Ann Arbor, Mich.: UMI, 1973, p. 43.

"周览倦瀛壖"中的"倦"字也表现出对赤石之游已感到厌倦,由此而产生游帆海的念头。船驶入帆海之后呈现在诗人眼前的是一望无际、风平浪静的水面,"川后时安流,天吴静不发。扬帆采石华,挂席拾海月。溟涨无端倪,虚舟有超越",此景驱散了诗人早先因日宿水上,景色周而复始的循环而引发的倦游之情,诗人从中获得了精神上的升华。黄节的《谢康乐诗注》引吴伯奇云:"川后四句有味。上二句喻心之安静。下二句喻心之有得。"① 帆海的静谧、浩渺使诗人的心胸变得旷达,烦躁不安的心也渐渐趋于平静。韦斯特布鲁克也指出,从诗中的第六句"况乃陵穷发"和第十二句"虚舟有超越"之间的转折可见诗人已经实现了"精神上的超越"(mental leap)②,而这一精神上的超越又是通过诗中化用的《楚辞》《山海经》《庄子》等典故来促成的。泛舟海上引发了诗人无尽的想象,诗人联想到功成身退的鲁仲连,心存魏阙的子牟,由此而萌生了避世隐居的道家思想。

然而韦斯特布鲁克将"川后时安流,天吴静不发。扬帆采石华,挂席拾海月"这几句诗所呈现出来的画面解读为"单调乏味"则失之偏颇。韦斯特布鲁克认为在第七、八句"川后时安流,天吴静不发"和第九、十句"扬帆采石华,挂席拾海月"中,场景的单调通过连续使用动词凸显出来③。然而以上四句正是船驶入帆海时诗人所见,与之前赤石之游时的倦怠形成强烈的反差,所以韦斯特布鲁克将此四句描写的景致视为单调是不妥的。

《登江中孤屿》和《游赤石进帆海》都是写倦游开始,然而在游览的途中,清新奇妙的山水又带给诗人全新的感受,诗人从中得到启发,心情也变得舒畅愉悦,所以诗歌末尾又常常定下积极乐观的基调。接下来韦斯特布鲁克从情和景的关系,指出"与山水相遇通常不能使诗人的心情舒

---

① 黄节注:《谢康乐诗注》,人民文学出版社1958年版,第46页。
② Francis Westbrook, *Landscape Description in the Lyric Poetry and "Fuh on Dwelling in the Mountains" of Shieh Ling-yunn*, Ph. D. diss., Yale University, Ann Arbor, Mich.: UMI, 1973, p. 50.
③ Ibid..

畅，有时诗人的情绪完全处于低沉的境地"①，韦斯特布鲁克以《郡东山望溟海》为例作了分析。诗歌原文如下：

郡东山望溟海

开春献初岁，白日出悠悠。
荡志将愉乐，瞰海庶忘忧。
策马步兰皋，绁控息椒丘。
采蕙遵大薄，搴若履长洲。
……
萱苏始无慰，寂寞终可求。

韦斯特布鲁克对诗中情与景的矛盾作了如下的解读：《郡东山望溟海》一诗重复了郁郁寡欢、失意难遣的主题。诗中的大部分诗句袭用《楚辞》，而且诗中的第五、六句（"策马步兰皋，绁控息椒丘"）很快转向描写诗人想象中的"兰皋""椒丘"，而这些景致与溟海沿岸风景毫无关系。韦斯特布鲁克指出诗人并不是真正在赏景，而是联想起自己悲苦的处境与被楚王流放的屈原是何其的相似，因此诗人的忧愁非但没有因为赏景览物而减轻，反而得以加深。诗人对山水的感受并不是沿着诗歌开始的览物之情而发展的，而是被这些模式化的楚辞意象所遮蔽②。

韦斯特布鲁克指出，《登上戍石鼓山》一诗在化用楚辞方面类似《郡东山望溟海》，该诗中再次出现了这样的场景：诗人本想寄情山水以忘忧，却不料"摘芳芳靡湲，愉乐乐不燮。佳期缅无像，骋望谁云惬"，在赏景之余，仍然未能把自己从忧愁的心境中解脱出来。整首诗的基调是悲凉的，诗中的情与景构成了强烈的对比，但与《郡东山望溟海》相比较，《登上戍石鼓山》在更大程度上表现了诗人的山水之乐。诗歌原文如下：

---

① Encounters with the landscape generally do not give such conclusive success, and sometimes altogether fail. Francis Westbrook, *Landscape Description in the Lyric Poetry and "Fuh on Dwelling in the Mountains" of Shieh Ling-yunn*, Ph. D. diss., Yale University, Ann Arbor, Mich.: UMI, 1973, p. 51.

② Francis Westbrook, *Landscape Description in the Lyric Poetry and "Fuh on Dwelling in the Mountains" of Shieh Ling-yunn*, Ph. D. diss., Yale University, Ann Arbor, Mich.: UMI, 1973, p. 53.

登上戍石鼓山

旅人心长久，忧忧自相接。
故乡路遥远，川陆不可涉。
汩汩莫与娱，发春托登蹑。
欢愿既无并，戚虑庶有协。
极目睐左阔，回顾眺右狭。
日没涧增波，云生岭逾叠。
白芷竞新苕，绿苹齐初叶。
摘芳芳靡谖，愉乐乐不燮。
佳期缅无像，骋望谁云惬。

开头二句"旅人心长久，忧忧自相接"显示出诗人羁旅他乡，思念故土的情绪。思乡的心情无法宣泄，在生机盎然的春日里，诗人索性登山以排遣内心的寂寞。诗中"日没"二句中的景物描写富有深意，日暮时分山涧的溪流泛起了水波，白云萦绕山岭，在苍茫暮色的掩映下，山岭显得重重叠叠。这二句不仅描写景物之美，还暗示着诗人心情抑郁、不安的一面[①]。"涧增波"暗合诗人情绪的波动不安，"岭逾叠"暗合诗人心中的忧愁一重又一重，难以遣散的状态，所以此处的描写显示着诗歌情与景相谐。接下来的两句"白芷竞新苕，绿苹齐初叶"，诗人转向对白芷、绿苹的近距离特写，表现了诗人赏景的情致。"摘芳"以下四句中，"摘芳芳靡谖，愉乐乐不燮"借用楚辞中的意境，"佳期缅无像，骋望谁云惬"二句化用《九歌·湘夫人》中的"登白薠兮骋望，与佳期兮夕张"而来，表现了诗人独赏美景的孤独之感，与上一首《郡东山望溟海》相同，诗中的楚辞意象与诗人无法从山水中找到真正的适意的情绪相连，诗人内心的情和眼前的景始终无法相融，诗中的山水再次幻化为模式化的楚辞意象。

韦斯特布鲁克指出，在谢灵运后来的诗歌中，他的山水之游主要是寻求如"佳期缅无像"中的"美人""佳期"，然而他诗中的"美人""佳

[①] Francis Westbrook, *Landscape Description in the Lyric Poetry and "Fuh on Dwelling in the Mountains" of Shieh Ling-yunn*, Ph. D. diss., Yale University, Ann Arbor, Mich.: UMI, 1973, p. 57.

期"二词"抽去了情欲及政治隐喻的含义,而成为严格意义上的一种个性化的表达,表现了其内心深处对一个不确定的'赏心者'的期待。这种对'赏心者'的期待始终与诗人和自然的相融相互冲突,结果这种期待阻止了诗人之情与自然之景的相融,更多的时候,这种期待完全打断了诗人览物中情景交融的这一过程"[1]。

二 四首春景诗中情与景之离合

中国文人诗歌中一直有伤春的情结,在生意盎然的春天,诗人常常会产生离情别绪,感叹盛年易逝,美好的时光一去不复返,所谓"目极千里兮伤春心"。谢诗中也常有这样的感叹,然而春色春景又时时给他以新的感受,使他获得精神上的新生。韦斯特布鲁克以《登池上楼》《过白岸亭》《游南亭》《入东道路诗》这四首描写春景的诗歌为例,探讨了诗中情与景之间或融洽或分离的关系。韦斯特布鲁克先分析了《登池上楼》一诗。诗歌原文如下:

登池上楼

潜虬媚幽姿,飞鸿响远音。
薄霄愧云浮,栖川怍渊沉。
进德智所拙,退耕力不任。
徇禄反穷海,卧疴对空林。
衾枕昧节候,褰开暂窥临。
倾耳聆波澜,举目眺岖嵚。
初景革绪风,新阳改故阴。
池塘生春草,园柳变鸣禽。
祁祁伤豳歌,萋萋感楚吟。
索居易永久,离群难处心。

---

[1] He strips this theme of erotic connotations and political allegory, so that it becomes strictly a personal expression of longing for unspecified close friends who will understand his heart and share in his mystical appreciation of the landscape. Invariably this longing for a friend conflicts with the poet's ability to come to a visionary communion with Nature. It will either prevent such communion, or more frequently, interrupt it. Francis Westbrook, *Landscape Description in the Lyric Poetry and "Fuh on Dwelling in the Mountains" of Shieh Ling - yunn*, Ph. D. diss., Yale University, Ann Arbor, Mich.: UMI, 1973, pp. 58 - 59.

持操岂独古，无闷征在今。

如同前面讨论的诗歌，《登池上楼》也是以描写诗人失意难遣的处境开始，随后诗人在焕发生机的山水中有所体悟，从而对自己的处境有了新的理解。诗人情绪的前后变化随诗中时节的变换而表现出来。"潜虬"以下四句表现了诗人仕隐两难的处境及对于自己被流放到这偏僻海隅的愤懑之情，"媚""响"二字以潜虬、飞鸿的活力反衬出诗人的消极被动[1]。"进德"以下四句中，韦斯特布鲁克指出，"拙"字本含有道家的意味在内，"空林"也是一佛教术语，在这里这两个词都已失去了其象征意义，仅表示其字面的、否定的意义，"拙"有愚钝之意，"空林"即木叶落尽的、萧索的树林。诗人这一消极的、自我否定的情绪与诗歌后半部积极的、沉浸在自然中的忘我情绪截然不同[2]。

"褰开暂窥临"是诗中的转折，"倾耳"以下六句描写了诗人褰开帘子所见。诗人重新运用其感官及所处的俯瞰的位置，倾耳聆听，举目眺望，欣喜地发现初春已经来临。韦斯特布鲁克对于这几句中"我"的隐去解读为诗人与自然的相融时，诗人处于超越了世俗欲望的忘我的境地。从某种意义上，在与自然相交融的过程中，谢灵运从先前的颓废情绪中解脱出来，重新恢复了自我[3]。这六句中诗人运用寻常的概念和意象，比如阴与阳、池塘与春草、园柳与鸣禽。初春的阳光驱散了冬日残留的寒风，春草繁茂，园柳的变化，引来了不同的鸟儿在枝头上婉转鸣叫。楼上极目远眺的诗人将他视线所及的范围化为一个微观世界，并着力将这一切表现为突然的、令人惊诧的出现，让读者跟随其或远或近的视线一同去捕捉自然界里那些使诗人精神得以唤醒的新变[4]。接下来的"祁祁"二句分别化用《诗经·豳风·七月》中的"春日迟迟，采蘩祁祁，女心伤悲，殆及公子同归"和《楚辞·招隐士》中的"王孙游兮不归，春草生兮萋萋"。从诗中的用典及"伤""感"二字，可见美好的春景触发了诗人的归思之情，诗人内心的孤独展露无遗。

---

[1] Francis Westbrook, *Landscape Description in the Lyric Poetry and "Fuh on Dwelling in the Mountains" of Shieh Ling-yunn*, Ph. D. diss., Yale University, Ann Arbor, Mich.: UMI, 1973, p. 69.
[2] Ibid., p. 70.
[3] Ibid., p. 71.
[4] Ibid..

韦斯特布鲁克指出诗人并未陷入完全的绝望。在诗歌的前半部分，诗人的情感是清晰的。诗人以"潜虬""飞鸿"以反衬自己内心进退两难的矛盾心理，自己既不能像虬龙一样深潜，又不能像鸿雁一样高飞；诗人处于一种颓丧的情绪之中。然而随着初春的来临，诗人的情感发生了变化。在这洋溢着无限生机的初春画面的感染下，诗人精神获得了新生，实际上，他已经拥有了如"潜虬"一样深藏的品格，找到了自己信守的处世哲学，所以他在诗歌结尾处说"无闷征在今"①，"无闷"语出《易经·乾》中的"龙德而隐者，不易乎世，不成乎名，遁世无闷"，即大德之人，隐居避世而无所烦闷。如果说在诗歌的前半部分诗人表现得失意，那么在后来他找到了摆脱困境的解读方式，即诗人与自然相融。在诗人与自然相融的过程中，诗人苦闷悒郁的困境在很大程度上得以改善。即使不能归隐，至少他也能从容地面对当前的处境。韦斯特布鲁克指出"谢诗中情感发展最重要的一点就是诗中的情景的交融来自诗人在山水中找到一种超越世俗的愉悦，正是对自然超凡脱俗之美的感知，使得诗人在诗末感叹'持操岂独古，无闷征在今'，诗人由此成为其命运的主宰"②。

但韦斯特布鲁克在解读过程中指出"祁祁"二句化用了先秦的《诗经》和《楚辞》中的句子，"年代久远的典故似乎在突出流放时间之长，而且第一个对句中'飞鸿'的意象带有新的含义，即归思情绪或者为友人传递音讯的象征"③。韦斯特布鲁克这一阐释脱离了诗歌的上下文语境，显得过于主观化。

接下来，韦斯特布鲁克分析了《过白岸亭》一诗中的情和景。诗歌

---

① Francis Westbrook, *Landscape Description in the Lyric Poetry and "Fuh on Dwelling in the Mountains" of Shieh Ling - yunn*, Ph. D. diss., Yale University, Ann Arbor, Mich.: UMI, 1973, p. 75.

② What is most important for the development of Shieh's poetry, harmony comes from transcendental enjoyment of the landscape. It is perception of Nature' beauty that leads Shieh to what seems to be the final message of his poem, that he has become master of his fate. Francis Westbrook, *Landscape Description in the Lyric Poetry and "Fuh on Dwelling in the Mountains" of Shieh Ling - yunn*, Ph. D. diss., Yale University, Ann Arbor, Mich.: UMI, 1973, p. 77.

③ The antiquity of the allusions seems to emphasize the length of his exile. The flying geese of the first couplet now have a new significance, migratory birds are common symbols of longing to rejoin or send messages to loved ones over uncrossable distances. Francis Westbrook, *Landscape Description in the Lyric Poetry and "Fuh on Dwelling in the Mountains" of Shieh Ling - yunn*, Ph. D. diss., Yale University, Ann Arbor, Mich.: UMI, 1973, p. 74.

原文如下:

过白岸亭

拂衣遵沙垣,缓步入蓬屋。
近涧涓密石,远山映疏木。
空翠难强名,渔钓易为曲。
援萝聆青崖,春心自相属。
交交止栩黄,呦呦食苹鹿。
伤彼人百哀,嘉尔承筐乐。
荣悴迭去来,穷通成休戚。
未若长疏散,万事恒抱朴。

韦斯特布鲁克指出,《过白岸亭》与《登池上楼》在结构上不同,但是春景在该诗中仍然与诗人矛盾的思想情感相联系。诗歌开始二句"拂衣遵沙垣,缓步入蓬屋"表现了诗人内心的宁静与闲适。三四句"近涧涓密石,远山映疏木",诗人的视线由近及远,近景、远景形成对照。这在谢诗中不乏其例,比如《过始宁墅》中的诗句"白云抱幽石,绿筱媚清涟",诗人的视线是由远及近,远景、近景相互映衬。谢灵运在对句结构中,用赋的手法,使高低、远近的景物形成对照,从而"赋予景物普遍性,尤其是使当前的、有形的自然与无形的自然整体之间建立统一性,而诗人通过溪涧、小径这些有形的自然就可以进入到自然全景,抵达自然的'道',并与之相融"①。

"春心自相属"一句,显示诗人愉悦的心情达到极致,其内心已经融合在这春景里。韦斯特布鲁克在其论文《谢灵运诗歌中的山水变形》(*Landscape Transformation in the Poetry of Hsieh Ling-yün*)中指出,"春心自相属"一句是"他所熟知的谢诗中最明确地表达诗人与自然融洽无间

---

① Give the view universality, and especially to establish a unity between the immediate, tangible vicinity and the whole of Nature. The streams and trails Shieh habitually follows are gateways to the whole, the Way, and merge with it. Francis Westbrook, *Landscape Description in the Lyric Poetry and "Fuh on Dwelling in the Mountains" of Shieh Ling-yunn*, Ph. D. diss., Yale University, Ann Arbor, Mich.: UMI, 1973, pp. 81-82.

的诗句,也许正是因为它表达得如此明确,所以反而值得怀疑"①。尽管该句主要表现诗人心灵与春天的相融,但字里行间又流露出忧伤的情绪。"春心"二字联想到《楚辞·招魂》中的"目极千里兮伤春心"。上句"援萝聆青崖"中的"援萝"这一动作,以及句中隐含的第一人称主语的再现,引发了一种不安的情绪。因为"援萝"这一动作使人联想到《楚辞》中的"采""搴"等动作的描写,《九歌·湘君》中的"采薜荔兮水中,搴芙蓉兮木末"中的"采薜荔""搴芙蓉"。薜荔长在树上,芙蓉生在水中,而在水中采摘薜荔,在树梢搴撷芙蓉,犹如水中捞月,终将一无所获,所以"援萝"一句暗含着诗人内心的不安情绪,为"春心"句中蕴含的忧伤情绪作了铺垫②。

接下来的"交交"二句化用《诗经》中的典故,"交交止栩黄"融合了《诗经·秦风·黄鸟》中的"交交黄鸟,止于棘"与《诗经·小雅·黄鸟》"黄鸟黄鸟,无集于栩"两句,取"哀三良"之意,"呦呦食苹鹿"语出《诗经·小雅·鹿鸣》中的"呦呦鹿鸣,食野之苹",取"宴群臣"之意。"交交""呦呦"二句中的典故寓意一哀一乐,隐喻诗人当前的政治处境和内心复杂的情感。然而不同于《登池上楼》中"祁祁伤豳歌"这一句,诗人援引《诗经》《楚辞》典故以表现春景所触发的情怀,由生机盎然的春景过渡到诗人的归思之情,诗中的这一转折迅速果断,而在《过白岸亭》中,诗人的思想情感摇摆不定。在诗歌的前半部,诗人表达了自己隐居避世的道家思想,诗人似乎在说"自己"如同隐居的渔者,与自然相谐,所以"易为曲"。然而"援萝"二句中,诗人因眼前的春景触发了感伤的情绪,其"穷通无定、荣悴轮换"的感叹通过其化用的典故展现出来③。如叶笑雪所说,"诗人的思想感情已和黄鸟、鹿鸣的诗意相结合,为'春心'句下个注脚"④。在诗歌末尾处,诗人发出"未

---

① ... is the most explicit statement I know in Hsieh's verse of the ideal of harmonious communion with Nature. Perhaps just because it is so explicit... we should be suspicious. Francis Westbrook, Landscape Transformation in the Poetry of Hsieh Ling - yün", *Journal of the American Oriental Society*, Vol. 100, No. 3, Jul. - Oct., 1980, p. 244.

② Francis Westbrook, *Landscape Description in the Lyric Poetry and "Fuh on Dwelling in the Mountains" of Shieh Ling - yunn*, Ph. D. diss., Yale University, Ann Arbor, Mich.: UMI, 1973, p. 82.

③ Ibid., pp. 82 - 83.

④ (南朝宋) 谢灵运, 叶笑雪选注:《谢灵运诗选》, 古典文学出版社 1957 年点校本, 第 49 页。

若长疏散,万事恒抱朴"的感叹,似乎又回到了诗歌前六句所表现的诗人避世隐居的闲适的心境。

韦斯特布鲁克接下来分析了《游南亭》一诗中的情和景。诗歌原文如下:

游南亭

时竟夕澄霁,云归日西驰。
密林含余清,远峰隐半规。
久痗昏垫苦,旅馆眺郊歧。
泽兰渐被径,芙蓉始发池。
未厌青春好,已睹朱明移。
戚戚感物叹,星星白发垂。
药饵情所止,衰疾忽在斯。
逝将候秋水,息景偃旧崖。
我志谁与亮,赏心惟良知。

《游南亭》是永嘉诗歌中最后一首描写春景的诗歌。羁旅他乡的诗人,在淫雨霏霏的日子里,其忧愁的心境进一步加深,然而雨住云收的一天,他偶然临窗眺望,猛然发现泽畔香草生长繁盛,覆盖了整条小径,池中荷花含苞欲放。诗人还未来得及欣赏春天的美景,却不料春日将尽,呈现在眼前的却是一幅春去夏来的画面,诗人由此而感叹自己已逝去的岁月,继而坚定了自己"逝将候秋水,息景偃旧崖"的归思,决定待秋水上涨之时乘舟离郡,避世隐居。的确,在写《游南亭》之后不久,也就是景平元年(423)秋诗人便辞去永嘉郡太守的职位,回到故乡始宁。就《游南亭》一诗中的情与景之关系,韦斯特布鲁克进行了深入的探讨。

首句"时竟夕澄霁"呈现出雨后清澄的景致。叶笑雪对该句的解释是"时是四时的时,竟有终义,是说春季的最后一月。……夕澄霁,傍晚雨后,天空澄碧如洗"[①]。韦斯特布鲁克指出,"傍晚时分这一清新、充满

[①] (南朝宋)谢灵运,叶笑雪选注:《谢灵运诗选》,古典文学出版社1957年点校本,第50页。

生机的气候之变暗示了仕途受挫的诗人在思想上的转变,诗人在权衡自己当前的处境之后,对自己未来作出了决定"①。"云归日西驰"句中的"归"字为诗歌后半部中的"逝将候秋水,息景偃旧崖"二句埋下伏笔。"远峰隐半规"句中的"远峰"也暗示诗人的故乡。首句中的"霁"和第二句中的"日西驰"折射出诗人的悔悟之情,暗示着诗人违志逐物、浑浑噩噩的日子即将结束。"旅馆眺郊歧"句中的"郊歧","暗示着变化,或者改变,或者路径,处于仕隐矛盾冲突中的谢灵运此时心中所想的正是选择一条远离世俗烦忧、回归故乡的栖隐之路"②。

韦斯特布鲁克指出,久病而遭受"昏垫"之苦的诗人起身眺望,企图欣赏被自己一直错过的动人春景,然而眼前的景致远比他所料想的更复杂。"时竟"以下六句暗示着景致的清新、清澄,以及诗人新的人生选择,然而在随后的"泽兰渐被径,芙蓉始发池"两句中,诗人猛然转向用陈旧的语言来描写景物,即运用距谢灵运约五百年之久的《楚辞·招魂》中的意象③,"皋兰被径兮,斯路渐""芙蓉始发,杂芰荷些"。韦斯特布鲁克认为,诗人用陈旧的《楚辞》意象来描写初夏的景致,其寓意在于说明,与春日清丽的景致相比较,周围的这一切令诗人感到厌腻,毫无清新之感。傍晚时分雨后的清新转瞬即逝,然而这片刻的新奇却使诗人陷入深思,衰疾的来临使其感叹那曾经虚掷的光阴,时序更替,然而诗人却始终无法超越自己,在他还未觉察到春天之前,还未从这清新的春景中汲取灵感之前,他还沉溺于对"药""饵"的追逐,为追逐外物所累。如同《庄子·秋水》中的河伯,将其视野局限于琐屑之物,从而偏离了"道"的境界。诗人由此感叹"药饵情所止,衰疾忽在斯",悔悟之情油

---

① The refreshing, invigorating change of weather in the last moments of day poignantly depicts the lucid turn of mind of one who, late in a troubled career, assesses his situation and comes to a decision about his future course. Francis Westbrook, *Landscape Description in the Lyric Poetry and "Fuh on Dwelling in the Mountains" of Shieh Ling-yunn*, Ph. D. diss., Yale University, Ann Arbor, Mich.: UMI, 1973, p. 88.

② It suggests an alteration, or modification, or course... and Shieh is considering the way which leads home at last, away from the city and into retirement from the unfortunate mundane endeavors of his past. Francis Westbrook, *Landscape Description in the Lyric Poetry and "Fuh on Dwelling in the Mountains" of Shieh Ling-yunn*, Ph. D. diss., Yale University, Ann Arbor, Mich.: UMI, 1973, p. 89.

③ Francis Westbrook, *Landscape Description in the Lyric Poetry and "Fuh on Dwelling in the Mountains" of Shieh Ling-yunn*, Ph. D. diss., Yale University, Ann Arbor, Mich.: UMI, 1973, p. 89.

然而生。"逝将"以下四句，诗人借《庄子·秋水》的典故以喻指其思想情感的升华。待到秋水上涨，"我"将乘舟北上，隐居故乡，与知己分享恬淡、静谧的隐逸生活①。

然而韦斯特布鲁克对诗中个别字句的解释失之偏颇。比如"衰疾忽在斯"和"逝将候秋水"二句中的"斯""逝"二字，韦斯特布鲁克猜测这二字与《论语》中的"子在川上曰：逝者如斯夫，不舍昼夜"相呼应②。他认为谢灵运似乎有意将其命运与孔子所说的奔流不息的河流相联系。但韦斯特布鲁克这一设想似显牵强。"逝将候秋水"一句中诗人借"秋水"的意象以承接前文的"朱明"，点明其归期。此外，诗人借"秋水"篇蕴含的思想"谨守而勿失，是谓反其真"，即谨守自然的禀性，返归本真，来暗示其"息景偃旧崖"的栖隐之志，因而并非韦斯特布鲁克所认为的以奔流不息的河流来喻指诗人的命运。此外，"逝将候秋水"中的"逝"的意义不同于"逝者如斯夫"中的"逝"，前一个"逝"，如顾绍柏指出，"同'誓'，与《诗经·魏风·硕鼠》'逝将去汝'之'逝'同义"③，后一个"逝"，往也，即过去。

春景所触发的复杂情感与归乡的主题相联的场景也出现在《入东道路诗》中，韦斯特布鲁克结合诗中的用典对此作了详尽的分析。诗歌原文如下：

入东道路诗

整驾辞金门，命旅惟诘朝。
怀居顾归云，指途溯行飙。
属值清明节，荣华感和韶。
陵隰繁绿杞，墟囿粲红桃。
鹭鹭翠方雏，纤纤麦苗垂。
隐轸邑里密，缅邈江海辽。

---

① Francis Westbrook, *Landscape Description in the Lyric Poetry and "Fuh on Dwelling in the Mountains" of Shieh Ling-yunn*, Ph. D. diss., Yale University, Ann Arbor, Mich.: UMI, 1973, pp. 88–90.

② Ibid., p. 90.

③ 顾绍柏校注：《谢灵运集校注》，中州古籍出版社1987年版，第83页。

满目皆古事，心赏贵所高。
鲁连谢千金，延州权去朝。
行路既经见，愿言寄吟谣。

  首先他指出，"荣华"以下七句关于春景的描写在诗中尤为重要。这七句折射出诗人去都时的复杂情感，读者可以看到并感受到诗人在描写春天的视觉意象中融入了自己冲破尘网而获得的精神的新生及归家的愉悦心情。韦斯特布鲁克也指出，尽管宽慰的情绪充溢诗歌的字里行间，然而诗歌的表层之下却有一股悲伤的潜流在静静地流淌。诗人内心的不快通过句中的用典含蓄地表现出来，给诗歌增添了另一层含义[1]。

  接下来的一句"满目皆古事"中，诗意突然跳转。从"满目"二字可以强烈感受到诗人似乎已融入自然，成为自然整体的一部分，然而"皆古事"三字却出乎意料，因为此刻浮现在诗人眼前的不是春景，而是一件件古事，即"陵隰"以下四句中的用事及"鲁连"二句中的历史典故。正因为诗人卸职东归，所以有闲心来欣赏一路的风景，目睹春景，诗人的思绪变得散漫，古事呈现于眼前。韦斯特布鲁克指出，事实上谢灵运对其卸职东归怀有复杂的思想情感。[2] 黄节就曾经指出该诗远比表面看上去更深刻。韦斯特布鲁克引黄节的评论如下：

  《入东道路诗》云："陵隰繁绿杞，墟囿粲红桃。鹭鹭翠方雏，纤纤麦垂苗。"按康乐此四句，写当前之景，而内含故事，隐用《毛诗》及箕子《麦秀》之义，而浑然天成，其天才之高，非惟不可及，抑亦难窥也。按此四句，一句一事，一事一意，下云"满目皆古事"，所谓"古事"者，即暗指此而言，名曰古事，实即康乐心中之事耳。此点自来无人见到，康乐有灵，亦将感知己于千载矣。[3]

  "陵隰繁绿杞，墟囿粲红桃"二句援用《诗经》，沿途的景致勾起了

---

[1] Francis Westbrook, *Landscape Description in the Lyric Poetry and "Fuh on Dwelling in the Mountains" of Shieh Ling-yunn*, Ph. D. diss., Yale University, Ann Arbor, Mich.: UMI, 1973, pp. 97–102.

[2] Ibid., pp. 96–99.

[3] 萧涤非：《读诗三札记》，作家出版社1957年版，第34—35页。

诗人内心的隐痛。黄节在《谢康乐诗注》中就指出，"陵隰"以下二句分别援用《诗经·小雅·四月》中的"山有蕨薇，隰有杞桋。君子作歌，维以告哀"和《诗经·魏风·园有桃》中的"园有桃，其实之肴。心之忧矣，我歌且谣"。谢灵运不仅化用其字，更化用其意。《诗经·小雅·四月》一诗表现了南迁逐臣在极度痛苦之际的悲愤之情。方玉润的《诗经原始》云："此诗明明逐臣南迁之词，而诸家所解，或主遭乱，或主行役，或主构祸，或主思祭，皆未尝即全诗而一诵之也。"① 《诗经·魏风·园有桃》一诗被称为"士大夫忧时伤己的诗"。方玉润的《诗经原始》云："愚谓诗人之意若曰：'园必有桃而后可以为毂，国必有民而后可以为治。'今务为刻啬，剥削及民，民且避硕鼠而远适乐国，君虽有土，谁与兴利？旁观深以为忧，而当局乃不以为过，此诗之所以作也。"② 由此可见，上述两首诗都表现了士大夫的忧世情怀和慨叹之情，符合谢灵运此刻的处境。

"鷕鷕翚方雏"语出《诗经·邶风·匏有苦叶》中的"有鷕雉鸣"，该诗表现了初春时节女子对其恋人焦灼的等待，该诗传统地被阐释为"刺淫乱"之作。"纤纤麦垂苗"语出《史记·宋微子世家》："箕子朝周，过故殷虚，感宫室毁坏生禾黍，箕子伤之，欲哭则不可，欲泣为其近妇人，乃作麦秀之诗以歌咏之。其诗曰：'麦秀渐渐兮，禾黍油油。彼狡僮兮，不与我好兮！'"韦斯特布鲁克指出谢灵运以《麦秀》隐含的亡国之痛来抨击刘宋当权者，并以此预言刘宋王朝的迅速衰亡。

谢灵运援用《诗经》《史记》以表达自己对当权者的控诉及内心的隐痛。韦斯特布鲁克猜测其用典含蓄委婉的微妙在于谢灵运有意留给读者思考的空间，而诗中的深意最终抵达读者。此外，韦斯特布鲁克指出"谢诗中的用典不那么显眼也是出于诗歌本身的原因，直言不讳地表达对人生境遇的痛苦情绪或者直接斥责刘宋当权者的暴政都将会破坏山水诗的结构"③。此外，韦斯特布鲁克也指出，通过诗中的山水描写可见谢灵运与

---

① （清）方玉润：《诗经原始》卷十一，中华书局1986年点校本，第422—423页。
② 同上书，卷六，第245页。
③ It seems probable Shieh would want to keep the allusions from being obtrusive for poetic reasons also. A blatant statement of anguish over the conditions of life or the emperor's misrule would rend the fabric of the landscape. Francis Westbrook, *Landscape Description in the Lyric Poetry and "Fuh on Dwelling in the Mountains" of Shieh Ling-yunn*, Ph. D. diss., Yale University, Ann Arbor, Mich.: UMI, 1973, p. 103.

自然相融,而且卸职东归、远离都城宦海沉浮的谢灵运有时间,也有闲心去赏玩山水。然而在诗句背后,"谢灵运一直在暗示眼中所见的未必是内在的真实显现"①。在繁盛的春景描写背后隐藏着诗人内心的难言之隐。韦斯特布鲁克也指出,以此来解读诗歌,就会深入理解谢灵运以鲁仲连、季札以自喻,尽管事实上他与他们不能相比。为了强调这一点,谢灵运有意引入两个身份与他迥然不同的历史人物,一个是齐国著名的谋士,另一个则是吴国公子"延陵季子",以表现把"不足以为士"的他与他们二人相等同着实可笑。他们二人高尚的行为显示了他们作为隐士的操守,然而对于谢灵运而言,他的东归更多是在影射刘宋王朝的失败抑或是其个人政治仕途的失败。

诗末的对句"行路既经见,愿言寄吟谣"将诗歌中具体的与抽象的诗句结合起来(以第十三句"满目皆古事"为界限,"满目皆古事"一句之前言事写景,"满目皆古事"之后抒情言理,符合谢诗的通常结构)。东归的路途既是谢灵运的返还会稽之路,也是他选择的归隐之路。诗歌的结尾处"愿言寄吟谣",谢灵运将这种归隐之情寄托于诗歌,使诗歌带上了释然、冷静持重的调子②。

三 山水变形

对于"山水变形"(landscape transformation),韦斯特布鲁克在其论文《谢灵运诗歌中的山水变形》中指出,谢灵运诗中的山水描写结合了传统和新颖的手法,他引典入诗,使得其笔下的山水产生突然的、完全的变形,即诗人眼前的山水实景或与诗人的精神自然地相融,或幻化为《诗经》《楚辞》中多姿多彩的山水意象③。由此可见,韦斯特布鲁克所说的"山水变形"分为两种:一种是积极意义上的"变形",即诗人的情感与山水实景相融;另一种则是消极意义上的"变形",即诗人由眼前的山水

---

① While underneath he leaves a nagging hint that fair is foul. Francis Westbrook, *Landscape Description in the Lyric Poetry and "Fuh on Dwelling in the Mountains" of Shieh Ling-yunn*, Ph. D. diss., Yale University, Ann Arbor, Mich.: UMI, 1973, p. 103.

② Francis Westbrook, *Landscape Description in the Lyric Poetry and "Fuh on Dwelling in the Mountains" of Shieh Ling-yunn*, Ph. D. diss., Yale University, Ann Arbor, Mich.: UMI, 1973, pp. 97–104.

③ Francis Westbrook, "Landscape Transformation in the Poetry of Hsieh Ling-yün", *Journal of the American Oriental Society*, Vol. 100, No. 3, Jul. – Oct., 1980, p. 237.

实景而联想到《诗经》《楚辞》中的山水意象。"《诗经》,尤其是《楚辞》中的意象悄悄潜入文本,损害了这一'自然'的场景。"①

韦斯特布鲁克所称的"山水变形",换句话说,就是被诗人所感知的山水,融入了诗人主观情感和"理"的升华的山水,所以谢灵运诗中的山水描写并非纯客观的描写,而是诗人情和理观照下的主观化的山水。

张国星在《佛学与谢灵运的山水诗》一文中曾说,"实际上,这些景物形象不是简单机械的模山范水,而是经过诗人主观认识,被诗人'感知'的。这不同于魏晋诗写景的单纯写景传摹,忠于自然,而是从主体情感出发,利用被'感知'后的物相创造意境,是忠于主观、尊重客观的写景与造景的结合。"他又说,"'两境相入',心灵的东西形象化了,'空即是色';自然的东西神化了,具有深厚的情理底蕴。"② 所以"山水变形",用张国星的话来概括,就是"心灵的东西形象化了,自然的东西神化了"。

关于谢诗中的"山水变形",韦斯特布鲁克在前面两部分中已有所提及,只是在前面两部分他未将"山水变形"作为一个术语明确提出。此外,"山水变形",不仅包含了与自然的相融,或是诗人眼前的风景落入《诗经》《楚辞》中的隐晦曲折的意象,还包含了"理"的成分在内,是融合了哲理与审美情感的观照,这更多地表现在谢灵运两次隐居始宁及出守临川期间创作的诗歌中。

韦斯特布鲁克指出,隐居始宁期间创作的诗歌中,谢灵运间或用道家的典故表现自我与自然的相融。比如"庶持乘日车"(《石门新营所住四面高山回溪石濑茂林修竹》),"乘日车"出自《庄子·徐无鬼》中的"若乘日之车而游于襄城之野。"又如"处顺故安排"(《登石门最高顶》),"安排"出自《庄子·大宗师》中的"安排而去化,乃入于寥天一",均表现了与自然相融的境界。更典型的是,始宁诗歌中,谢灵运摆脱了世俗欲念,理性地审视山水,如《述祖德诗二首》所云,"遗情舍尘物,贞观丘壑美"。而且始宁期间创作的诗歌中,诗人是步入山水,用大量篇幅近距离地、具体地描绘山水的细节,这与诗人出守永嘉期间创作的

---

① Allusions to the Shih ching, and especially the Ch'u tz'u may creep in and undermine the "natural" scene. Francis Westbrook, "Landscape Transformation in the Poetry of Hsieh Ling-yün", *Journal of the American Oriental Society*, Vol. 100, No. 3, Jul. - Oct., 1980, p. 238.

② 张国星:《佛学与谢灵运的山水诗》,《学术月刊》1986 年第 11 期,第 66 页。

诗歌有着差异。比如《登池上楼》中的"潜虬"并非实景,而是来自诗人的想象,"阴"(冬)和"阳"(春)当然也不能描绘诗人从楼上所见。然而,在始宁诗歌所表现的超验的、巨细无遗的山水世界的游赏之中,模式化的楚辞意象仍然频繁地闯入诗歌,以传递"赏心者无"的诗歌主题。这一主题与诗人山水之赏和对"理"的感悟形成对比,从而形成了一种张力,提醒读者其诗既是一种被激发的充满哲学色彩的表达,也是诗人个人情感的抒发。

在对具体诗歌进行探讨之前,韦斯特布鲁克先对"山水变形"所涉及的三个话题作了分析。这三个话题分别为:"自然"(或称山水)、"理"及"隐去诗人自我"(loss of self)。

首先,他对谢诗中的"自然"作了描述。他认为谢诗中的"自然"颇有几分英国浪漫诗歌中的"自然"所表现出来的壮观和崇高的意味[①]。谢灵运笔下的自然大都折射出其深邃的哲学思想,观照自然的诗人主体在精神上达到一个崇高的境界。"在谢灵运看来,建康的崖岸和激流不仅仅是远离世俗欲望的带有隐喻色彩的'彼岸',而且有能力展现自然之美,这一自然之美是诗人达到精神与自然合一境界的唯一可能的媒介。"[②]

韦斯特布鲁克尤其提到了"自然"中的"山"这一意象在谢诗中的意义。韦斯特布鲁克指出,其实在《楚辞》中就能找到很多关于山景的描写,而且在《楚辞》中,"山"多是险峻恶劣、巉岩壁立、令人望而生畏的。比如《九歌·山鬼》中的诗句"余处幽篁兮终不见天,路险难兮独后来。表独立兮山之上,云容容兮而在下"[③],表现了山势险峻、与世隔绝的特点。"采三秀兮于山间,石磊磊兮葛蔓蔓"二句表现了山间乱石重叠的特点。又如《招隐士》中的诗句"桂树丛生兮山之幽,偃蹇连蜷兮枝相缭。山气巃嵸兮石嵯峨,溪谷崭岩兮水曾波",诗中山深谷

[①] Nature in Shieh's work acquires something of the grandeur and sublimity it commands in English romantic poetry. Francis Westbrook, *Landscape Description in the Lyric Poetry and "Fuh on Dwelling in the Mountains" of Shieh Ling - yunn*, Ph. D. diss., Yale University, Ann Arbor, Mich.: UMI, 1973, pp. 107 - 108.

[②] For Hsieh the cliffs and torrents of Chekiang, more than just as a rhetorical buttress to the condemnation of mundane pursuits, reveal, or have the potential to reveal, a natural beauty which is the only possible medium for realizing spiritual harmony. Francis Westbrook, "Landscape Transformation in the Poetry of Hsieh Ling - yün", *Journal of the American Oriental Society*, Vol. 100, No. 3, Jul. - Oct., 1980, p. 238.

[③] 马茂元选注:《楚辞选》,人民文学出版社1958年版,第105页。

幽，林密石险，确非久留之地。"山"这一意象在《楚辞》之后的一些刻画隐士高人的诗歌中占据着重要的位置，在谢灵运的诗歌中仍然延续着。谢灵运笔下关于描写山景的诗句隐晦而富有深意。从"侧径既窈窕"（《于南山往北山经湖中瞻眺》），到"怀迟上幽室。行源径转远"（《登永嘉绿嶂山》），到"逶迤傍隈隩，迢递陟陉岘。过涧既厉急，登栈亦陵缅。川渚屡径复，乘流玩回转"（《从斤竹涧越岭溪行》），到"苔滑谁能步，葛弱岂可扪"（《石门新营所住四面高山回溪石濑茂林修竹》），再到"连岩觉路塞，密竹使径迷。来人忘新术，去子惑故蹊"（《登石门最高顶》），诗人寻幽探胜，其笔下的山景呈现出险幽高远的特点。

然而同样险峻的山景，却有迥然不同的诗人。谢灵运笔下的山景既非外在的障碍物，也非"山鬼"的同谋。他将它们挑选出来纳入笔端，只是出于山水本身的特点，而且诗人从未将山水之险峻视为畏途[1]。诗人在险峻的山势面前并非望而却步，而是兴致勃勃地走近它。而且更为重要的是，他眼中的山景总是带有浓厚的隐喻色彩。政治失意、热爱山水的他在哲学化的山水中寻求精神上的慰藉，而这些清旷的山野最终为诗人提供了一个远离朝廷倾轧和"聚落膻腥"的栖居之地。诗人征服这些巉岩峭壁之险就如同战胜其内心世俗的情感[2]，并且从对山水的审美活动中获得启发，获得了精神上的自由。

其次，韦斯特布鲁克说到了谢灵运诗歌中的"理"。"理"在始宁山水诗中是一个重要术语，是山水审美感知的抽象和升华。韦斯特布鲁克指出，谢诗中的"理"与"顿悟"之说有关。韦斯特布鲁克提出了自己的想法，他"猜测佛教思想对谢灵运山水诗的主要影响在于谢灵运强烈主张的'顿悟'之说（与'渐悟'相对）与谢灵运山水描写中的山水变形之间的关系。这些变形包含了物我差别的模糊或消除，其中也包括'诗人自

---

[1] The mountains are not an external impediment, an accomplice to a flighty goddess. Shieh seeks them out for their own sake and is far from frustrated by their perils. Francis Westbrook, *Landscape Description in the Lyric Poetry and "Fuh on Dwelling in the Mountains" of Shieh Ling-yunn*, Ph. D. diss., Yale University, Ann Arbor, Mich.: UMI, 1973, p. 133.

[2] Francis Westbrook, *Landscape Description in the Lyric Poetry and "Fuh on Dwelling in the Mountains" of Shieh Ling-yunn*, Ph. D. diss., Yale University, Ann Arbor, Mich.: UMI, 1973, pp. 5-6.

第四章　谢灵运诗歌主题思想之研究

我'的模糊或隐去"①。他引用黄节的话以证明，"其诗之多言名理，与其顿悟之说，或不无关系也"②。韦斯特布鲁克对谢诗中的"理"一语作了阐释。"理"被定义为"道"，或事物的内在原理，或自然的、宇宙的秩序。"理"是中国哲学中的非常重要的术语，其意义早在谢灵运之前就经历了演变。"谢灵运对始宁墅周围的山水作诗意的欣赏之时，由山水游赏而悟理，'理'的内涵已经有了改变，而且将其运用到抒情的山水诗中本身就预示着一种创新。"③ 在《山居赋》的自注中，谢灵运提出了他对"理"的理解，"理以相得为适"④。韦斯特布鲁克指出"谢灵运很容易将这一阐释运用于其山水诗，'相得'在其山水诗中表现为与自然的相谐"⑤。"谢灵运的'相得'（'理以相得为适'），或者'赏'，都是借助克服自我限制的差别意识，以及自然现象的差别意识而实现的，最终达到物我同一，融理于境的境界，这就是谢诗中'理'的特点。"⑥ 谢灵运通过对泯灭了差别的、空灵的山水的审美，从山水审美中获得启发，在精神上步入了一个超然于现实生活之外的、空明澄静的世外之境。

最后，韦斯特布鲁克分析其山水诗中"隐去诗人自我"的手法。他指出，谢诗中"隐去诗人自我"（loss of self）的手法主要表现为两种，一

---

① I suspect that buddhism's chief influence on Shieh's lyric poetry lies in the relationship between the concept of sudden enlightenment [duenn – wuh 顿悟], which Shieh strongly favored over gradualism, and the sudden transformations that occur in Shieh's landscape descriptions, transformations which involve the blurring or erasing of distinctions, including that of self. Francis Westbrook, *Landscape Description in the Lyric Poetry and "Fuh on Dwelling in the Mountains" of Shieh Ling – yunn*, Ph. D. diss., Yale University, Ann Arbor, Mich.：UMI, 1973, p. 108.
② 萧涤非：《读诗三札记》，作家出版社1957年版，第36页。
③ With his poetic "apppreciation" of the Shyy – ning mountains, Shieh gives the term an original twist, and certainly its application to lyric landscape poetry is a signal innovation. Francis Westbrook, *Landscape Description in the Lyric Poetry and "Fuh on Dwelling in the Mountains" of Shieh Ling – yunn*, Ph. D. diss., Yale University, Ann Arbor, Mich.：UMI, 1973, p. 136.
④ 顾绍柏校注：《谢灵运集校注》，中州古籍出版社1987年版，第319页。
⑤ It is easy to transfer this definition to the mountainscape poems, where harmony with Nature is a kind of agreement. Francis Westbrook, *Landscape Description in the Lyric Poetry and "Fuh on Dwelling in the Mountains" of Shieh Ling – yunn*, Ph. D. diss., Yale University, Ann Arbor, Mich.：UMI, 1973, p. 136.
⑥ Shieh's "mutual agreement" —or "appreciation" —is achieved by overcoming consciousness of the distinctions in the phenomena of the landscape, as well as the distinctions of the limitations of the self, and the resulting unity, where the One can be embraced, is what characterizes Shieh's use of lii. Francis Westbrook, *Landscape Description in the Lyric Poetry and "Fuh on Dwelling in the Mountains" of Shieh Ling – yunn*, Ph. D. diss., Yale University, Ann Arbor, Mich.：UMI, 1973, p. 137.

种是非常明显的由第一人称转向第三人称,另一种则是默认的第一人称让位于主谓结构,在这主谓结构中,诗句中阐明的主语在山水画面中是一个有生命的,抑或无生命的客体。这种手法通常在谢诗中铺陈排比的描绘性诗句中可以见到,诗人反复描绘他所看见、所听见,或者足迹所至的一切景致。比如《晚出西射堂》中的诗句,"连鄣叠巘崿,青翠杳深沉。晓霜枫叶丹,夕曛岚气阴。""连鄣"四句都是主谓结构,各句的主语"连鄣""青翠""晓霜""夕曛"都是自然界中客观存在的事物,这些被谢灵运赋予主观情感的认知客体透着诗人的万般愁绪。韦斯特布鲁克也指出在这些以山水为主语的诗句中,默认的第一人称在语法功能上呈现出来,或至少通过比较的方式而隐含在内,比如"萋萋春草繁"(《石门新营所住四面高山回溪石濑茂林修竹》)袭用《楚辞·招隐士》中的"王孙游兮不归,春草生兮萋萋","萋萋"句中默认的第一人称"我"就通过与"王孙"的比较而隐含在内。① 通过比较的方式而将第一人称隐含在内的手法在《登池上楼》一诗中也可以见到。在"潜虬媚幽姿,飞鸿响远音。薄霄愧云浮,栖川怍渊沉"四句中,诗人将自身置于广阔的自然世界之中,以"潜虬""飞鸿"来反衬自己,在自然的神奇面前感到自我的渺小,深感惭愧。然而,当谢灵运临窗远眺那生意盎然的春景时,内心感受到"自我"与宇宙的变化相融洽时,他的消极意识很快又转变为精神上的更新。无论是永嘉诗歌中的登楼远眺,抑或是始宁诗歌中在陡峭蜿蜒的山路上行进,诗人视觉上与山水邂逅所引发的须臾之间的顿悟,以及与自然的相融都依赖于诗人冲破俗网,忘记自我②。

在对"山水变形"所涉及的三个话题作探讨之后,韦斯特布鲁克重点分析了《于南山往北山经湖中瞻眺》和《入彭蠡湖口》二诗。《于南山往北山经湖中瞻眺》一诗原文如下:

于南山往北山经湖中瞻眺

---

① Francis Westbrook, *Landscape Description in the Lyric Poetry and "Fuh on Dwelling in the Mountains" of Shieh Ling-yunn*, Ph. D. diss., Yale University, Ann Arbor, Mich.: UMI, 1973, p. 109.

② Francis Westbrook, *Landscape Description in the Lyric Poetry and "Fuh on Dwelling in the Mountains" of Shieh Ling-yunn*, Ph. D. diss., Yale University, Ann Arbor, Mich.: UMI, 1973, p. 110.

第四章 谢灵运诗歌主题思想之研究

朝旦发阳崖,景落憩阴峰。
舍舟眺迥渚,停策倚茂松。
侧径既窈窕,环洲亦玲珑。
俯视乔木杪,仰聆大壑淙。
石横水分流,林密蹊绝踪。
解作竟何感?升长皆丰容。
初篁苞绿箨,新蒲含紫茸。
海鸥戏春岸,天鸡弄和风。
抚化心无厌,览物眷弥重。
不惜去人远,但恨莫与同。
孤游非情叹,赏废理谁通?

起首二句"朝旦发阳崖,景落憩阴峰"点明了游览的出发地与目的地及时间,即清晨从南山新居出发,经巫湖,傍晚时分抵达东山故居,以下的诗句就是对已游览过程中所见的生动描绘。诗歌的时间定格在清晨与傍晚之间,地点定格在湖岸与山崖之间,暗示读者诗人已从他所厌倦的世俗生活中的时空关系中挣脱出来。韦斯特布鲁克指出,"俯视乔木杪,仰聆大壑淙"二句中诗人采用了颠倒的语句("topsy–turvy"topos)[1],即在描写中,将上下的空间位置相互颠倒,向下俯视高大的树木,仰首聆听沟壑淙淙的流水声。这种颠倒的语词也出现在《登永嘉绿嶂山》的诗句中,"眷西谓初月,顾东疑落日",向西遥望初升的月亮,向东眺望落日,这是一个方向颠倒的例子。韦斯特布鲁克认为这一颠倒的用语是谢诗中消除物我差别,最终达到物我相融的主要途径之一[2]。国内学者对谢诗中的这一语言现象关注也较多,有学者也将"眷西谓初月,顾东疑落日"理解为谢灵运身处密林,辨不清东西方向,所以产生初月在西,落日在东的错觉。又如《石门新营所住四面高山回溪石濑茂林修竹》中的诗句"早闻夕飙急,晚见朝日暾"也是一个时间颠倒的例子,韦斯特布鲁克认为谢灵

---

[1] Francis Westbrook, *Landscape Description in the Lyric Poetry and "Fuh on Dwelling in the Mountains" of Shieh Ling–yunn*, Ph. D. diss., Yale University, Ann Arbor, Mich.: UMI, 1973, p. 126.

[2] Ibid., p. 111.

运利用奇特的山形地貌来颠倒正常的感知顺序①,对此,顾绍柏的解释是,"'早闻'二句写的是一种错觉,由于山高林密,方向和时间均难辨认,故误以晨风为夕飙,夕阳为朝日。"②"俯视"二句中颠倒语句这一用法烘托了诗人在山水之赏过程中悟理,从而达到忘我的境地这一主题思想。

诗人接下来写道:"石横水分流,林密蹊绝踪。解作竟何感?升长皆丰容。初篁苞绿箨,新蒲含紫茸。海鸥戏春岸,天鸡弄和风。"韦斯特布鲁克指出,在这些描写景致的诗句中,"诗人自我"均被隐去(不过"解作竟何感"这一句可以理解为包含了第一人称"我",因为该句是诗人内心的自问及其思想的驰骋)。"石横水分流,林密蹊绝踪"二句的"绝"字带有明显的道家思想的内涵。尤其是"林密"一句诗人故意使其产生歧义,除"由于山高林密所以不见山路"这一表层意思之外,"蹊绝踪"的言外之意即山路隔断了外面的所有的踪迹。"踪"与"迹"同义,也是一个充满道家思想色彩的符号。马瑞志将"迹"视为一个"外部身体行为的道家术语"③。密林将诗人与外在的世界相隔,然而正因为密林使诗人与外界相隔绝,所以诗人拥有享受这一自然美景的自由,这在接下来的赏景悟理的诗句中可以见到④。

"解作竟何感"一句化用《易经·解》中的"天地解而雷雨作,雷雨作而百果草木皆甲坼"。韦斯特布鲁克指出,该句以抽象的反问句的形式中断了诗中的山水描写,诗歌从外界景物的描写转向内心的思考与感悟。诗人此时已完全脱离了外部世界。"升长"以下五句包罗万象的描写呈现了充满诗意的春日画面:雷雨之后,万物复苏,从展露生机的"初篁""新蒲",到春岸嬉戏的"海鸥""天鸡",这一切无不焕发着生机,诗人尽情描写他在广阔的自然中获得的精神上的自由,恰如《从斤竹涧越岭溪

---

① Shieh exploits the peculiar topography of mountains to juggle the normal order of perception. Francis Westbrook, *Landscape Description in the Lyric Poetry and "Fuh on Dwelling in the Mountains" of Shieh Ling - yunn*, Ph. D. diss., Yale University, Ann Arbor, Mich.: UMI, 1973, p. 127.
② 顾绍柏校注:《谢灵运集校注》,中州古籍出版社1987年版,第176页。
③ A taoist term for overt physical acts. Richard B. Mather, "The Controversy over Conformity and Naturalness during the Six Dynasties", *History of Religions*, 9. 2-3, Nov 1, 1969, p. 171.
④ Francis Westbrook, *Landscape Description in the Lyric Poetry and "Fuh on Dwelling in the Mountains" of Shieh Ling - yunn*, Ph. D. diss., Yale University, Ann Arbor, Mich.: UMI, 1973, pp. 130-131.

行》中所云："观此遗物虑，一悟得所遣。"沉浸在山水之赏中，尘世的所有思虑消失殆尽。"舍舟"到"解作"之前的诗句描绘诗人步入山水，"初篁"以下四句诗人从山水中得以升华。诗人的身体和心理活动停了下来，其意识完全融入山水。如同"池塘生春草，园柳变鸣禽"（《登池上楼》）二句中的描写，诗人偶然邂逅的那一刻稍纵即逝的春景带给诗人无比的欣喜，诗人最终与其相融①。

"抚化心无厌，览物眷弥重"二句，诗意由山水之赏过渡到诗人的山水之悟，隐含在写景诗句中的意义也自然而然地明确展现出来。韦斯特布鲁克指出，诗人将诗中隐去的"自我"以评论者的身份出现，隐去的第一人称主语的再现自然地引向了诗末表达诗人感叹的两个对句"不惜去人远，但恨莫与同。孤游非情叹，赏废理谁通"，充分表现了诗人对其孤独寂寥所持的矛盾心理。韦斯特布鲁克认为，"孤游"二句中，尽管诗人有意强调他达到了将审美与悟理合一的境界，而且对世俗社会采取了达观的态度，但是他仍然受制于基本的人际关系，与友人相分离的痛苦仍然频频出现在其诗歌中②。

然而韦斯特布鲁克认为"孤游非情叹，赏废理谁通"二句的含义不止于此，他引用了马乔里·尼尔逊（Marjorie Nicolson）的著作《灰暗抑或辉煌》（*Mountain Gloom and Mountain Glory*: *The Development of the Aesthetics of the Infinite*）中的一段话加以阐释，"对于华兹华斯及其同时代的诗人而言，山是一种符号，象征着想象一直所企望的'更远处'，也象征着不可企及的想象的永恒与无限"③。韦斯特布鲁克认为这里的"更远处"与谢诗中的"理"不无相通之处。"孤游"二句表达了对于诗人之志无法实现，始终处于遥不可及的"更远处"的叹惋。韦斯特布鲁克认为"谢灵运没有扮成出世的流放者，但他的天赋还是参与了完成脱俗的普罗米修斯式的抗争。尽管如此，他依然很少完全放弃停留在普

---

① Francis Westbrook, *Landscape Description in the Lyric Poetry and "Fuh on Dwelling in the Mountains" of Shieh Ling-yunn*, Ph. D. diss., Yale University, Ann Arbor, Mich.: UMI, 1973, pp. 133-134.

② Ibid., p. 143.

③ Mountains remained symbols to Wordswirth and to his generation of that "more beyond" to which imagination persistently aspires, of the eternity and infinity that are the unattainable goals of the imagination. M. H. Nicolson, *Mountain Gloom and Mountain Glory: The Development of the Aesthetics of the Infinite*, Seattk: University of Washington Press, 1997, p. 393, 1959, p. 393.

遍人类经验世界的本能，这肯定是一种天生的文化本能。相比之下，柯勒律治这位十九世纪的西欧诗人，自认为是信天翁，搁浅在普遍人类经验世界中。"①。韦斯特布鲁克认为"搁浅的信天翁"这一形象是对此刻的谢灵运的真实写照，他一方面如同搁浅的信天翁一般，为其备受束缚的现实生存状态所累，苦苦挣扎；另一方面他的诗人之志，又如同这坠落尘寰之前，在碧空中展翅高飞的信天翁一般，在崇高的精神领域里自由地翱翔。

韦斯特布鲁克也用波德莱尔《信天翁》诗中的"信天翁"的象征意义来概括《于南山往北山经湖中瞻眺》一诗的基调。他认为，"波德莱尔《信天翁》一诗中所表现的坠落尘寰，翅膀笨拙地垂在身旁的信天翁形象与在碧空中高贵地展翅翱翔这一信念的对比在谢诗中也可以看到。但是谢灵运在其诗歌中并不是将相互不包容的这两极表现为共存，或者甚至表现为相互依存，因此很难断定《于南山往北山经湖中瞻眺》的诗歌语调是积极振奋的，抑或是消极悒郁的，但事实上两种都有。"②

韦斯特布鲁克指出，如果将《于南山往北山经湖中瞻眺》与永嘉时期创作的诗歌《登池上楼》相比较，就会注意到在谢灵运后期作品中，即隐居始宁期间创作的诗歌中，比如《于南山往北山经湖中瞻眺》，诗人最先的低落情绪已不复存在，而且其中的山水变形，并非与诗人不期而遇，而是诗人有意寻求的，满怀信心期待的对象。③韦斯特布鲁克接下来探讨了《入彭蠡湖口》一诗。诗歌原文如下：

---

① The Chinese poet does not characteristically pose as an exile from society, his genius engaged in Promethian struggles totally beyond the ken of ordinary humanity. He rarely abandons completely what must be an innate cultural instinct to remain within that arena of general human experience where the nineteenth-century Western European poet would typically see himself as a grounded albatross. Francis Westbrook, *Landscape Description in the Lyric Poetry and "Fuh on Dwelling in the Mountains" of Shieh Ling-yunn*, Ph. D. diss., Yale University, Ann Arbor, Mich.: UMI, 1973, p. 142.

② Baudelaire's distinction between the captive albatross awkwardly dragging its wings, and the ideal of the bird soaring in majestic flight can be seen in Shieh's poem. But Shieh does not make these mutually exclusive poles so much as co-existing and even interdependent aspects of the poet's total being. For this reason it is hard to pin down whether the mood of "View as I Cross the Lake" is positive and inspired, or negative and depressed. It really is both. Francis Westbrook, *Landscape Description in the Lyric Poetry and "Fuh on Dwelling in the Mountains" of Shieh Ling-yunn*, Ph. D. diss., Yale University, Ann Arbor, Mich.: UMI, 1973, p. 144.

③ Francis Westbrook, *Landscape Description in the Lyric Poetry and "Fuh on Dwelling in the Mountains" of Shieh Ling-yunn*, Ph. D. diss., Yale University, Ann Arbor, Mich.: UMI, 1973, p. 141.

入彭蠡湖口

客游倦水宿，风潮难具论。
洲岛骤回合，圻岸屡崩奔。
乘月听哀狖，浥露馥芳荪。
春晚绿野秀，岩高白云屯。
千念集日夜，万感盈朝昏。
攀崖照石镜，牵叶入松门。
三江事多往，九派理空存。
灵物郄珍怪，异人秘精魂。
金膏灭明光，水碧辍流温。
徒作千里曲，弦绝念弥敦。

《入彭蠡湖口》系诗人被贬谪临川，前往临川途中创作的诗歌。韦斯特布鲁克指出，诗中的春景与诗人痛苦失意的情绪不相协，尽管诗中的春景充满无限生气，但诗人内心极度苦闷，这在"千念集日夜，万感盈朝昏"二句中可以见到，所以诗人无法达到山水的变形。

韦斯特布鲁克指出，在诗中，谢灵运观山水的方式如同其前期诗作中表现的那样，诗人描写水势之险急，崖岸之险峻，月下猿狖的哀鸣声，然而诗人仍然能够感受到被露水浥湿的芳草散发的香气。"春晚绿野秀，岩高白云屯"二句的描写，似乎诗人与山水完全相融，然而这种情和景的相融已是明日黄花。与之前的两次归隐相比，这一次贬谪临川更加重了诗人失意悲怆的情绪，所以极度悲愤的诗人已不能忘我地步入山水。而且，韦斯特布鲁克认为"岩高白云屯"与"回合""圻岸""崩奔"同样，都是一些表示沉闷、压抑的意象，所以接下来诗人写道："千念集日夜，万感盈朝昏。"繁乱的思绪纷至沓来，诗人内心难以平静。恬静的春景不像以往那样给诗人带来精神上的慰藉，使诗人得以获得精神上的解脱。

韦斯特布鲁克认为，谢灵运赴临川途中所作的《道路忆山中》一诗中，诗人也怀着同样的心境。在诗中，诗人不是去描写眼前的山水，他的思绪飞回到隐居始宁的日子。"追寻栖息时"以下八句都是诗人对过去栖隐生活的回忆。如同屈原不忘故土一样，谢灵运也无法将其思绪从故乡始宁移开。因为正是在始宁，他发现了自己的真性情。诗人这一怀旧的情绪在"怀旧叵新欢，含悲忘春暖"二句中深情地表达出来①。《入彭蠡湖口》诗中也是如此，尽管满眼春色，诗人因为内心"含悲"，以至于在恬静的春景面前无动于衷。

"牵叶入松门"一句将诗歌情感引入高潮。诗人站在松门山顶上，然而却丝毫未提从山顶上或许可以窥见的彭蠡湖，或者其他的景致。"此时唯一浮现在诗人眼前的是其内心的沉思。诗人无法从自我中解脱出来，对自然也毫无超验的感知，而是陷入对古往之事的回忆中，竭力从这徒劳的回忆中获得一种满足。"②"三江"以下八句中的"三江""九派""灵物"等都是已消失的、隐藏起来的、熄灭的或者突然中断的事物③。诗人逐渐意识到他的登临山水只是徒劳，当这一切已不复存在，他也是"含悲忘春暖"，因内心含悲而无暇赏玩春景，诗人内心的伤感与恬静的春景始终无法相融。诗歌末尾处，琴曲《千里别鹤》戛然而止，与前面诗句中的"千念"相呼应，将诗人的思绪拉回其被贬谪、失去自由这一现实，这与永嘉期间创作的诗歌《登江中孤屿》形成对照。《登江中孤屿》诗中"表灵物莫赏，蕴真谁为传。想象昆山姿，缅邈区中缘"四句，诗人融情与景沉浸在山水中，在山水的启发下，内心燃起了对道家自由的精神世界的向往④，而在《入彭蠡湖口》诗中，纵然眼前春意正浓，但处于极度痛苦状态中的诗人的情感仍然是哀怨的、冰冷的，诗中的情和景始终是相分离的。关于情和景的分离，欧阳桢（Eugene Eoyang）也指出，在谢灵运的笔下，"诗人自我"与山水相遇，然而山水无法与诗人达到情感上的合

---

① Francis Westbrook, *Landscape Description in the Lyric Poetry and "Fuh on Dwelling in the Mountains" of Shieh Ling - yunn*, Ph. D. diss., Yale University, Ann Arbor, Mich.: UMI, 1973, p. 160.

② The only possible thing Shieh may see is his own reflection. There is to be no release from self, no transcendental vision of Nature while weighed down by a memory that strains to find fulfillment in empty reflections from the past. Francis Westbrook, *Landscape Description in the Lyric Poetry and "Fuh on Dwelling in the Mountains" of Shieh Ling - yunn*, Ph. D. diss., Yale University, Ann Arbor, Mich.: UMI, 1973, p. 161.

③ Which are lost, concealed, extinguished and broken off. Francis Westbrook, *Landscape Description in the Lyric Poetry and "Fuh on Dwelling in the Mountains" of Shieh Ling - yunn*, Ph. D. diss., Yale University, Ann Arbor, Mich.: UMI, 1973, p. 161.

④ Francis Westbrook, *Landscape Description in the Lyric Poetry and "Fuh on Dwelling in the Mountains" of Shieh Ling - yunn*, Ph. D. diss., Yale University, Ann Arbor, Mich.: UMI, 1973, pp. 161 - 162.

第四章　谢灵运诗歌主题思想之研究　　　175

一,因为山水既不能倾听,也不能分担诗人内心的忧伤悒郁。诗人与山水之会丝毫没能冲淡其忧郁落寞的情绪,它徒然引发诗人对"赏心者"的渴盼①,而且诗人抽象的情感远比眼前的景致更真实、迫切②。

　　从以上韦斯特布鲁克对谢诗中情景理的深入探讨可见其对文本的字句作了极为细致的分析,正是对文本的细读,所以韦斯特布鲁克能够在一些我们想当然地接受,而不加以思考的地方有所发现,进而提出独辟蹊径的观点。比如就《入东道路诗》中"陵隰繁绿杞,墟囿粲红桃"二句中的用典,韦斯特布鲁克提出了证据。首先,这两句诗中的"隰"与"囿""杞"与"桃"四字也出现在《诗经》文本中,在谢诗中,"隰"与"囿"相平行,均为诗句的第二个字,"杞"与"桃"相平行,均为诗句的第五个字。诗人在诗句中有意用"隰"与"囿"这两个相对模糊的字眼来替代普通字词,以吸引注意力。此外,韦斯特布鲁克认为"囿"是由《诗经·魏风·园有桃》诗句"园有桃"中的"园""有"二字融合而成③,他指出这是他所知道的关于谢灵运诗作中唯一的关于文字的视觉双关④,又如韦斯特布鲁克从语音的相似性来判断"纤纤麦垂苗"一句的用典。韦斯特布鲁克指出"纤纤"句语出《史记·宋微子世家》,他认为"当我们可以看到'纤纤'二字与'渐渐'二字古音上的相似性的时候,'纤纤'一语的用典的可能性则不会显得那么牵强"⑤。但韦斯特布鲁克认为"鹭鹭羣方雏,纤纤麦垂苗"二句的用典的可能性不如"陵隰繁绿杞,

---

① Eugene Eoyang, "The Solitary Boat: Images of Self in Chinese Nature Poetry", *Journal of Asian Studies*, Vol. 32, No. 4, August, 1973, p. 601.
② Ibid., p. 603.
③ A Fusion of 园 and 有 from the Song line. Francis Westbrook, *Landscape Description in the Lyric Poetry and "Fuh on Dwelling in the Mountains" of Shieh Ling - yunn*, Ph. D. diss., Yale University, Ann Arbor, Mich.: UMI, 1973, p. 102.
④ The only visual pun on characters I know of in Shieh's work. Francis Westbrook, "Landscape Description in the Lyric Poetry and 'Fuh on Dwelling in the Mountains' of Shieh Ling - yunn", Ph. D. diss., Yale University, Ann Arbor, Mich.: UMI, 1973, p. 102.
⑤ The possibility of such an allusion seems somewhat less far - fetched when we note the similarity in the archaic and ancient pronunciations between 纖纖 * tsiam/tsiam and 渐渐 * sjam/sjam. Francis Westbrook, *Landscape Description in the Lyric Poetry and "Fuh on Dwelling in the Mountains" of Shieh Ling - yunn*, Ph. D. diss., Yale University, Ann Arbor, Mich.: UMI, 1973, p. 96.

墟圃粲红桃"二句那么确定①。

又比如就谢诗的结构与自然的关系，他提出了两个值得关注的现象。其一，他指出《于南山往北山经湖中瞻眺》一诗结构中的语法变异现象（grammatical variation）与谢灵运眼中的自然有联系。"尽管诗歌中除第十一、十二句（'解作竟何感？升长皆丰容'）这一对句之外，其他描写性对句都严格遵守行内的平行，但没有任何两个对句具有相同的语法模式，这一动态的结构事实上隐含着谢灵运如何看待自然，谢灵运是将自然视为一个超越了一切差别的、包罗万象的统一体。"②谢灵运的诗歌结构折射出他看待自然的观点。其二，他指出《于南山往北山经湖中瞻眺》一诗中，诗句中的景物对仗的描写体现了诗人与自然的亲疏关系的转变。"解作"之前的诗句中景物之间的对仗是一种"反对"（antithetical parallelism）③，"朝旦"对"景落"，"阳崖"对"阴峰"，居下方的"乔木"对居上方的"大壑"。但是"解作"句之后的景物的对仗却是一种"互补性"的对仗而非"反对"（complementary rather than antithetical parallelism）④，"初篁"对"新蒲"，"绿箨"对"紫茸"，"海鸥"对"天鸡"，"春岸"对"和风"。这种由描写相对的景物到描写互为补充的景物的转变折射出诗人山水审美境界的转化，由最开始步入山水，与山水之间保持距离到诗人融入山水，与山水融洽无间的这一转变。韦斯特布鲁克这一提法颇有新意，由此可见西方学者对文本的关注和对文本的研究方法值得我们借鉴。

在分析过程中，韦斯特布鲁克倾向于用西方的术语来阐发作品。比如用波德莱尔《信天翁》诗中的"信天翁"的象征意义来比拟谢诗语调的

---

① I consider these allusions for lines 9 – 10 much more tentative, however, than those for lines 7 – 8. Francis Westbrook, "Landscape Description in the Lyric Poetry and 'Fuh on Dwelling in the Mountains' of Shieh Ling – yunn", Ph. D. diss., Yale University, Ann Arbor, Mich.: UMI, 1973, p. 96.

② While all but one of the descriptive couplets, lines 11 – 12, observe strict internal parallelism, no two couplets in the entire poem share the same grammatical pattern. This dynamic structure effectively embeds Shieh's vision of Nature as a realm of endless variety and change subsumed in a unity which overrides all distinctions. Francis Westbrook, *Landscape Description in the Lyric Poetry and "Fuh on Dwelling in the Mountains" of Shieh Ling – yunn*, Ph. D. diss., Yale University, Ann Arbor, Mich.: UMI, 1973, p. 135.

③ Francis Westbrook, "Landscape Transformation in the Poetry of Hsieh Ling – yün", *Journal of the American Oriental Society*, Vol. 100, No. 3, Jul. – Oct., 1980, p. 240.

④ Ibid..

双重性和诗人形象；他用马乔里·尼尔逊的著作《灰暗抑或辉煌》中的"更远处"（more beyond）一词来阐发谢诗中的"理"。"更远处"是一个抽象的、不可言说的世界，谢诗中的"理"也是一种审美体验与精神上的超脱合一而达到的"象外"之境，二者都源于审美体验和无边的想象活动，都是想象和审美体验的升华，具有可比性。他用"急转"（anti-climax）①的修辞手法阐释谢诗，他指出在《于南山往北山经湖中瞻眺》一诗末六句"抚化心无厌，览物眷弥重。不惜去人远，但恨莫与同。孤游非情叹，赏废理谁通"采用了"急转"，也就是诗歌在语义层面上的急转直下，由写充满生气的春景转向抒写诗人内心的隐痛。韦斯特布鲁克认为这一"急转"的修辞手法在中国诗歌中并不陌生。比如杜甫的名作《登岳阳楼》，在诗歌结尾处，诗人写道"凭轩涕泗流"，诗歌的语义由描写洞庭湖之广阔急剧地转向诗人的沉郁之感。韦斯特布鲁克用"急转"来展现中国古典诗歌共有的特点，但"急转"一词用来描述谢诗显得过于简单化，因为诗歌意义的转折起伏恰恰体现了诗人在外在景物的感召下，内在情感得以升华，从而达到一个融理于境的审美境界。

概言之，韦斯特布鲁克从用典的角度对谢灵运山水诗中的情景理的关系作了细致的探讨，其中不乏独到的见解。然而对于造成情和景相分离的原因，韦斯特布鲁克未从山水诗的发展史上找寻原因，而是仅仅局限于对诗歌文本的微观研究，缺乏对谢灵运山水诗在整个诗歌发展史上所处地位的宏观考察。

第二节　沃森的研究：谢灵运诗歌中的隐逸情怀

谢灵运的一生，一直处于仕与隐的矛盾之中，隐而复仕，仕而复隐，隐逸之思这一主题思想犹如火花一样不时地在其诗歌中闪现。挂冠隐遁之心早在其诗歌《赠安成》中就有所流露，在诗中他写道，"将拭旧褐，揭来虚汾"，表明了他将辞官隐居的志向。隐与仕的矛盾的主题尤其表现在其出守永嘉期间创作的诗歌中，而隐逸之乐主要表现在诗人隐居始宁期间创作的诗歌中。沃森在其著作《中国抒情诗——2世纪到12世纪的古诗

---

① Francis Westbrook, *Landscape Description in the Lyric Poetry and "Fuh on Dwelling in the Mountains" of Shieh Ling-yunn*, Ph. D. diss., Yale University, Ann Arbor, Mich.：UMI, 1973, p. 140.

史》中的"隐逸诗歌"(The Poetry Reclusion)这一章中,简要论及了谢灵运诗歌中的隐逸情怀。

沃森指出,会稽灵秀的山水吸引了众多文人隐士,对谢灵运也是如此。谢灵运在《与庐陵王义真笺》中写道:"会稽既丰山水,是以江左嘉遁,并多居之。"① 谢灵运人生中的大多数时光都是在会稽始宁墅度过的,秀媚的山水孕育了诗人的隐逸情怀。他的一些非常重要的山水诗作也是关于他在隐居始宁期间悠游山水的描述,其山水诗篇不仅描摹山光水色,而且清幽空灵的山水刻画更透着他的隐逸之情。在《游名山志》中他写道:"夫衣者,生之所资;山水,性之所适。今滞所资之累,拥其所适之性耳。"② 可见,山水之乐、隐逸之思乃是诗人性分之所适。沃森以谢灵运第一次隐居始宁期间创作的《石壁精舍还湖中作》一诗为例,探讨了其隐逸情怀。

石壁精舍还湖中作

昏旦变气候,山水含清晖。
清晖能娱人,游子憺忘归。
出谷日尚早,入舟阳已微。
林壑敛暝色,云霞收夕霏。
芰荷迭映蔚,蒲稗相因依。
披拂趋南径,愉悦偃东扉。
虑澹物自轻,意惬理无违。
寄言摄生客,试用此道推。

诗歌用了很大篇幅描写光影变化中的山景,这些山景都透着一种清澄、空灵、静寂之美,诗人陶醉在这灵秀的自然美景中,乐而忘返。"披拂趋南径,愉悦偃东扉"道出了诗人的隐逸之乐,"虑澹物自轻,意惬理无违。寄言摄生客,试用此道推"四句展现了诗人从中悟出的"理",即寂寞淡泊、顺性轻物的道家思想。沃森指出,受道家文学作品中常见的山

---

① (南朝梁)沈约:《宋书》卷九十三,中华书局1974年点校本,第2282页。
② 顾绍柏校注:《谢灵运集校注》,中州古籍出版社1987年版,第272页。

第四章 谢灵运诗歌主题思想之研究

水和隐士之间的关系这一主题的影响,谢灵运的山水审美与其隐逸的心态息息相关,所以建康陡峭、险急的山水,在他眼里,较之温和的山水,蕴含着某种"道"的存在,因而具有了一种崇高性质的美。

沃森也注意到,谢灵运隐逸的心态是极其复杂的。他指出,中国士大夫的"素退",尤其是像谢灵运这样出身显赫的世家大族,接受过良好教育,有能力出仕的文人,他们的隐退目的是什么?是想表达对当朝的愤懑之情,还是以退为进,等候朝廷招隐?是因为对官场角逐感到身心疲惫,还是因为"山野昭旷,聚落膻腥"(《山居赋》),"清旷之域"贤于"名利之场",抑或寻仙访道,抑或是期待与仙人同游"丹丘"?[1] 隐逸心态的复杂性在谢灵运诗歌中有着不同程度的反映。

沃森对谢灵运的隐逸程度也提出了自己的看法。他认为,谢灵运的归隐非真隐。道家的隐逸思想与佛教思想,在实际层面上,都主张"弃俗",追求超然于尘世之外;在哲学层面上,都排斥功利地看待山水,最高境界的隐者应该如江淹所描绘的那样:"其奇者,则以紫天为宇,环海为池,裸身大笑,被发行歌。"[2] 所以沃森认为谢灵运对山水的认识还停留在山水怡情的实用价值上,以世俗之心来看待山水,所以还未达到超然于物外的境界。鲁迅从另一个角度也提及谢灵运未能达到真正的忘情,他评论道:"那诗文完全超于政治的所谓'田园诗人','山水诗人',是没有的。完全超出于人间世的,也是没有的。既然是超出于世,则当然连诗文也没有,诗文也是人事,既有诗,就可以知道于世事未能忘情。"[3] 沃森认为,正因为谢灵运流连山水,以审美心态观照山水,尚未达到归隐的最高境界,所以其诗歌仍然是抒情之作,而非谈玄说理之作。倘若谢灵运如同他之前的那些玄学诗人一样深谙其理,语不及情,那么他的诗歌将丧失诗之为诗的特点[4]。

沃森进而指出,谢灵运的隐逸心态包含了对"赏心者"的期待。"赏"字频频出现在谢灵运的诗歌中,而且谢灵运将此描写为最美好的情

---

[1] Burton Waton, *Chinese Lyricism: Shih Poetry from the Second to the Twelfth Century*, New York: Columbia University Press, 1971, pp. 82–83.
[2] 俞绍初、张亚新校注:《江淹集校注》,中州古籍出版社1994年版,第236页。
[3] 鲁迅:《魏晋风度及文章与药及酒之关系》,载《而已集》,人民文学出版社1958年版,第93页。
[4] Burton Waton, *Chinese Lyricism: Shih Poetry from the Second to the Twelfth Century*, New York: Columbia University Press, 1971, p. 83.

感之一。谢灵运的诗中常流露出寂寥孤独的情绪，对"同怀客""赏心者"的期待和渴望构成了谢灵运诗歌的主题，在其诗歌中频频出现。在《于南山往北山经湖中瞻眺》诗中，他由衷地感叹道"孤游非情叹，赏废理谁通"；在《登石门最高顶》诗中他写道"惜无同怀客，共登青云梯"；在《登上戍石鼓山》诗中，他感慨"佳期缅无像，骋望谁云惬"；在《从斤竹涧越岭西行》诗中，他感叹"妙物莫为赏，芳醑谁为伐？美人竟不来，阳阿徒晞发"，其凄凉孤独的心境展露无遗。所以在其内心深处，独赏美景的他一直在期待着一个与之推心置腹的知己，与他共享山水之乐。

  沃森也提到中国古代的隐士纵然远离世俗，但是他们却期待与之志趣相投的友人，对友人的期待最终又使他们与社会相连。谢灵运也是如此，他与从弟谢惠连交往甚深，元嘉七年（430），惠连离开始宁去往建康，谢灵运作《酬从弟惠连》一诗，诗中提及了两位"赏心者"，"欢爱隔音容。永绝赏心望"二句中似指庐陵王刘义真，另一位"赏心者"即惠连，"末路值令弟，开颜披心胸"二句中，谢灵运庆幸自己在幽居独处之时恰逢知己惠连，诗中"夕虑晓月流，朝忌曛日驰"二句展现了二人推心置腹地交谈，情深意浓的场景。从《酬从第惠连》一诗中可见，隐居山林的谢灵运仍然无法排遣对友人的思念，期待与友人共赏山水构成其诗歌的主题。

  概言之，沃森从分析具体诗歌的角度触及了谢灵运的隐逸的动机及对"赏心者"的期待这一重要内容，然而对于谢灵运隐逸之思产生的渊源及发展变化未能从文化传统、历史和社会的角度作深入的探讨。

第五章

谢灵运诗歌艺术特色之研究

西方学者关于谢灵运诗歌艺术特色的研究成果颇为卓著，具体表现为对谢灵运诗歌中的用典现象、自然的艺术风格、形似的描写手段、审美特点及游览视角等的研究。西方学者在研究方法上呈现出多样性，除一贯采用的阐释方法、批评方法之外，也采取实证的研究方法，比如谢里登从语言学的角度，通过计算词频，对谢灵运诗歌中的语词与诗歌风格之间的关系作实证研究，提供了一种客观的作品分析，与主观的评价相互印证。

第一节 孙康宜的研究：一种新的描写模式的创造

孙康宜是在西方诗学背景之下，运用西方诗学术语和中国古典诗学术语来阐释谢灵运的山水诗风格。她用"一种新的描写模式"（a new descriptive mode）来定义谢灵运山水诗的写作风格，然而孙康宜也指出这一说法并非完全否定谢诗中的抒情成分，因为任何诗歌都不是纯粹的抒情或纯粹的描写，几乎每一首诗歌都透着诗歌作者抒情的声音。孙康宜对谢灵运山水诗描写方式的讨论主要基于以下两方面："形似"和对仗。

一 "形似"

刘勰在《文心雕龙·物色》中云："文贵形似，窥情风景之上，钻貌草木之中。吟咏所发，志唯深远，体物为妙，功在密附。故巧言切状，如印之印泥，不假雕削，而曲写毫芥。"① 刘勰将"形似"定义为一种"窥情"和"钻貌"的审视自然的方式和"巧言切状""曲写毫芥"的描摹方式。"形似"这一风格的产生与刘宋时期山水诗产生时代的审美观念密不可分。

从孙康宜对"verisimilitude"这一西方术语所作的说明可见其对"形似"一词的理解。她指出"verisimilitude"这一文学术语在西方批评语境有着不同的内涵，在此处是取其"呈现细节"（presenting details）这一层含义，类似于艺术史中的"verism"（写实主义）这一概念。② 孙康宜在采用"verisimilitude"一词来指代"形似"时，将其意义明晰化为"逼真"，在意义上等同于"巧言切状""曲写毫芥"。

孙康宜指出，谢灵运将这一"形似"的描写方式运用得极为出色，谢灵运的这一描写方式是审美的，他的诗歌是艺术意识的产物。她以《于南山往北山经湖中瞻眺》为例，分析了诗中"形似"的描写手法。

于南山往北山经湖中瞻眺

朝旦发阳崖，景落憩阴峰。
舍舟眺迥渚，停策倚茂松。
侧径既窈窕，环洲亦玲珑。
俯视乔木杪，仰聆大壑淙。
石横水分流，林密蹊绝踪。
解作竟何感？升长皆丰容。
初篁苞绿箨，新蒲含紫茸。
海鸥戏春岸，天鸡弄和风。

......

第 3 句：水

第 4 句：山

---

① （南朝梁）刘勰著，范文澜注：《文心雕龙注》（下），人民文学出版社1958年点校本，第694页。

② Kang-i Sun Chang, *Six Dynasties Poetry*, Princeton University Press, 1986, p. 48, footnote 1.

第 5 句：山
第 6 句：水
第 7 句：山
第 8 句：水
第 9 句：水
第 10 句：山
……
第 13 句：山中植物（篁）
第 14 句：水生植物（蒲）
第 15 句：水鸟（海鸥）
第 16 句：山中飞禽（天鸡)①

孙康宜指出，谢灵运的描写忽山忽水，在山和水之间往复回环，赏景的视角也在变换，由远及近。"舍舟"以下八句是对远景作宏观的描写，"初篁"以下四句为对近处的景致作微观、细致的描写。随着诗人移步换景，眼前的景致逐渐展开，诗人笔下的山水细节也一一呈现。从谢灵运的描写中我们似乎看到一位感觉敏锐的游览者一边在不断地审视他周围复杂的景致，一边把这些景致归入不同的意义单位②。山水诗的"形似"描写其实就是指这种"多视角的描写"（description of multiple views）③。唐代诗人白居易曾对谢诗中的巨细无遗的描写方式作了切中肯綮的评价："大必笼天海，细不遗草树。"

孙康宜将谢灵运这一"形似"描写手段的因革置于西方文化批评视野下，从"传统与个人创造力"（tradition and individual creativity）关系的角度作了探讨。就描写风格而言，谢灵运和西晋张协的风格接近。钟嵘的《诗品》称谢诗，"其源出于陈思，杂有景阳之体。故尚巧似"。④ 钟嵘认为谢灵运在善描摹方面有张协描摹真切的风格。孙康宜指出，谢灵运从西晋诗歌中汲取了表现手法，他的描写性技法尤其受张协的影响，然而谢灵

---

① Kang-i Sun Chang, *Six Dynasties Poetry*, Princeton University Press, 1986, p. 53.
② Ibid..
③ Ibid..
④ （南朝梁）钟嵘著，曹旭集注：《诗品集注》，上海古籍出版社1994年点校本，第160页。

运的诗歌又体现着他个人的创造性。张协诗中的风景描写以山景为主，谢灵运的诗中则是有山有水。张协生活的时代及地域的限制使其无法接触到南方的江河之美，所以他诗歌中的风景描写仅限于北方的山林，而谢灵运笔下的山水显得旖旎秀美、异彩纷呈。晋室南渡，因而有机会接触到江南秀媚的山水。而且，自东晋以来，游览已经成为颇受上层人士欢迎的一种文化现象。谢灵运从游览者视角来呈现的绚丽的山水与张协笔下显得静止的山水迥然不同。此外，他"寻山涉岭，必造幽峻，岩嶂千重，莫不备尽"①，所以其山水表现出"险""峻""惊""急"的特点。而且与王羲之及其友人们在兰亭郊游中瞻眺山水的观望态度有所不同，谢灵运意在征服山水，他步入山水之中，"山水在其眼中，不仅是可以与之交谈的对象，还可以去触摸，去感受"②。

二 对仗

孙康宜用"共时描写"（synchronic description）③这一术语来指涉谢灵运诗歌中的对仗手法，指出谢灵运山水诗中将相互平行的、互补的视觉物象并置的方式是一种共时的描写手段。不同于实际游览行程中的按时间顺序的描写，谢灵运山水诗中的山水意象是共时的、平衡的。"他运用对仗的技法，使得这些景致作为相关联物同时被诗人视觉所捕捉、被并置在一个画面里。在这种有序的全景式的扫描中，尽管对句中所选择的意象千差万别，却表现为一个共时的整体。"④孙康宜以《石壁精舍还湖中作》中的以下几句诗句为例：

林壑敛暝色，
云霞收夕霏。
芰荷迭映蔚，

---

① （南朝梁）沈约：《宋书》卷六十七，中华书局1974年点校本，第1775页。
② Nature to Hsieh is something not only to commune with, but to touch and feel. Kang-i Sun Chang, *Six Dynasties Poetry*, Princeton University Press, 1986, p. 61.
③ Kang-i Sun Chang, *Six Dynasties Poetry*, Princeton University Press, 1986, p. 64.
④ For his is a device of parallelism where things are viewed and juxtaposed as necessary correlations. In this orderly scanning, however diverse the chosen images are for each parallel couplet, the impression is inevitably one of simultaneous occurence. Kang-i Sun Chang, *Six Dynasties Poetry*, Princeton University Press, 1986, p. 64.

蒲稗相因依。

孙康宜指出，诗中的这些相互比较的意象的并置，如"林壑"与"云霞"，"芰荷"与"蒲稗"，打破了正常的时间顺序。"当两个客观物并置时，它们之间的关系不是次序的关系，而是相协的关系。"① 这些平行的意象被组合起来，共同构成了一幅丰富而完整的画面，传递了整个宇宙是由各种各样的"成对的客观物"（paired objects）② 所构成的这一整体印象。

孙康宜认为，谢灵运山水诗中的对仗技法是中国传统宇宙观在诗歌中的反映③。中国传统的宇宙观认为对仗是一个固有的宇宙法则，诗人也将这一法则运用到诗歌中，在诗歌中去表现客观事物之间的关联。刘勰在《文心雕龙·丽辞》中云："造化赋形，支体必双，神理为用，事不孤立。夫心生文辞，运裁百虑，高下相须，自然成对。"④ 自然中的万物都是以"支体必双"的形式呈现的，"支体必双"反映在文学上，就是一种对仗的形式。换句话说，对仗就是"造化赋形，支体必双"这一自然法则在语言层面上的反映。孙康宜指出，对仗作为一种艺术表现，是实现"形似"的有效手段。但同时孙康宜也指出，作为艺术表现的对仗，在实现"形似"时，是传递事物的"神"，即事物的各种情貌和神韵，而非"形式上的相似"（formal likeness）⑤。

谢灵运将这一对仗的手法尤其运用到山景与水景的描写中。在他忽山忽水的描写中，山景和水景形成对仗。比如前文中所举的《于南山往北山经湖中瞻眺》中山水的交替描写。"他的交替手法本质上源于这一对称平衡的艺术，他笔下的山景和水景有规律地交替登场。"⑥

---

① When two objects stand side by side, the relationship between them will not be one of the sequential, but one of mutual coordination. Kang-i Sun Chang, *Six Dynasties Poetry*, Princeton University Press, 1986, p. 64.

② Kang-i Sun Chang, *Six Dynasties Poetry*, Princeton University Press, 1986, p. 64.

③ Ibid..

④ （南朝梁）刘勰著，范文澜注：《文心雕龙注》（下），人民文学出版社1958年点校本，第588页。

⑤ Kang-i Sun Chang, *Six Dynasties Poetry*, Princeton University Press, 1986, p. 65.

⑥ His method of alternation is essentially rooted in the art of symmetrical balance, with the mountain and water scenes rotating in regular succession. Kang-i Sun Chang, *Six Dynasties Poetry*, Princeton University Press, 1986, p. 65.

孙康宜同时指出,"对仗的技法在本质上是一种选择,而非罗列"①。孙康宜这一提法就对钟嵘在《诗品》中对谢诗的评论"寓目辄书,内无乏思,外无遗物"②作了新的阐释。"谢灵运的景物描写历来以钟嵘《诗品》中所谓'寓目辄书'作为定评,被当作是一种无所选择的罗列,此书(孙康宜《抒情与描写——六朝诗歌概论》)则寻绎出他对视觉经验的选择。"③孙康宜认为,谢诗中呈现出来的统一和谐的画面只是他对其特别的视觉经验的个性化阐释④。从其对句结构中意象之间的内在逻辑关系可以推断其诗歌的对仗是有选择性的,而非散漫的罗列。她以下列对句中的逻辑关系为例:

对句1:日没/涧增波,
　　　　云生/岭重叠。
对句2:崖倾/光难留,
　　　　林深/响易奔。
对句3:涧委/水屡迷,
　　　　林迥/岩逾密。

在上述三个对句中,每一句的前后意象之间都构成因果关系。比如"日没"是原因,"涧增波"是结果;"云生"是原因,"岭重叠"是结果。这种偏重客体的对仗有两层含义:其一,这样的山水描写"隐含着一个具有分析能力的观者的存在"(imply the existence of an analytical viewer)⑤;其二,"自然的景物,而非诗人的解读,被前景化了"(the natural objects, not the poet's interpretation, that are kept in the foreground)⑥。这些表面上无关联却有着内在逻辑关系的意象的并置强调了万物都处于一个

---

① The device of parallelism is essentially one of selection, not one of enumeration. Kang – i Sun Chang, *Six Dynasties Poetry*, Princeton University Press, 1986, p. 67.
② (南朝梁)钟嵘著,曹旭集注:《诗品集注》,上海古籍出版社1994年点校本,第160页。
③ 孙华娟:《于"陈腐"中开出花——评孙康宜〈抒情与描写——六朝诗歌概论〉》,《中国诗歌研究动态》2004年,第一辑,第145页。
④ Kang – i Sun Chang, *Six Dynasties Poetry*, Princeton University Press, 1986, p. 67.
⑤ Kang – i Sun Chang, *Six Dynasties Poetry*, Princeton University Press, 1986, p. 67.
⑥ Ibid..

第五章 谢灵运诗歌艺术特色之研究

相互包含、相互制约的整体之中。

孙康宜从谢诗中对句的描写模式出发,进而探讨了这种描写方式的来源。她指出,不同于"重骈偶"的赋体,"以少总多"的诗歌文体最早并没有将描写作为一种主要的模式。但是,赋体"重骈偶"的特点为六朝时期正在探索诗歌新形式的诗人提供了灵感的源泉。孙康宜指出,事实上,六朝时期就呈现出文类相互影响的趋势,一个明显的例子就是当时的诗人和评论家常常运用同一个批评术语来评价诗赋这两种文类。比如"形似"一词是刘勰用来评刘宋诗歌的,沈约也用来评赋体:"相如巧为形似之言"①(《宋书·谢灵运传》)。谢灵运正好处在描述性的诗与赋这两种文类相互影响的交叉点上,所以他以赋的"极声貌以穷文"②的风格写诗,又将诗的抒情色彩带入其赋文中(比如《山居赋》)。尽管他的诗作中汲取了赋的俳偶的特点,但是他的诗与他的赋在描写模式上有着显著的不同:"他的诗强调对自然的瞬间'感知',而他的赋则是客观的描写;如果说他的诗歌描写方式是浓缩的,那么他的赋的结构方式是铺陈的;前者基于选择原则,后者基于穷尽。"③

孙康宜指出,谢灵运的诗歌成就尤其表现在其对诗歌形式的创造上,因为他表现自然的方式是极为新颖的,他的新的山水审美率先扩大了诗歌题材,他对山水执着的情感也成为一种新的诗歌原则④。

当然也有学者对谢灵运诗歌的句式结构提出批评,比如 Charles Yim-tze Kwong 在《陶潜与中国诗歌传统——文化身份的寻求》(*Tao Qian and the Chinese Poetic Tradition: The Quest for Cultural Identity*)中对谢灵运进行了批评,他认为,"谢灵运僵化的语言结构无法充分地捕捉到大自然生生

---

① (南朝梁)沈约:《宋书》卷六十七,中华书局1974年点校本,第1778页。
② (南朝梁)刘勰著,范文澜注:《文心雕龙注》(上),人民文学出版社1958年点校本,第134页。
③ Hsieh's shih poetry an emphasis on the momentary "perception" of nature, in contrast to the impersonal description in his fu. If description in Hsieh' shih poetry appears to be intensive, then the structure of his fu may be said to be extensive. The former is grounded on the principle of selection, while the latter on that of exhausiveness. Kang-i Sun Chang, *Six Dynasties Poetry*, Princeton University Press, 1986, p. 72.
④ Kang-i Sun Chang, *Six Dynasties Poetry*, Princeton University Press, 1986, p. 73.

不息的律动,也不能实现谢灵运强烈渴望的精神上的合一、简约和自由"①。

概言之,孙康宜对谢灵运山水诗的描写模式解读不乏新意。她用"共时描写"这一术语来指涉谢灵运诗歌中的对仗手法妥帖而新颖。又比如她指出谢灵运山水诗中的景物描写并非散漫的罗列,而是对视觉经验进行选择的结果,这些看似散漫的意象之间实际上存在着内在的逻辑关系的说法也是极有创见的。而且,从孙康宜对"verisimilitude"一词的界定上可见她在运用西方诗学术语指代中国古典诗学术语时是极为谨慎的。对于其文中所采用的这一西方诗学术语,孙康宜尽量将其意义明晰化,限定其所指范围,以避免其意义的多重性给异质文化背景下的读者带来的意义上的模糊和理解上的晦涩。

第二节 田菱的研究:谢灵运诗歌中的用典

西方汉学界的新一代学者田菱对谢灵运诗歌的研究主要表现在对谢灵运诗歌中用典现象及用典与谢灵运诗作"自然"风格之间关系的研究上。

谢诗中用典极为普遍,近代学者黄节的《谢康乐诗注·序》有云:"康乐之诗,合《诗》《易》、聃、周、骚、辩、仙、释以成之。"② 国内学界关于谢灵运诗歌中的用典现象的研究并不多。吴冠文的论文《谢灵运诗歌的用典特色辨析》侧重于对谢灵运诗歌中用典"繁密"现象的考察。在论述中,他通过对历代对谢诗用典评价的梳理,并将谢诗中的用典置于与同时代诗人颜延之用典相比较的背景中,得出了谢灵运"用人若己",而非"繁密"的用典特色。他指出,今人认为谢诗用典繁密,乃是因为文言文和典故文化的"隔",判断用典的标准发生了变化。张一南在《谢灵运诗文化用〈易〉典方式研究》中从"用字、语言、卦象"三个层面对谢灵运诗歌中运用《易》典的现象作了翔实的分析,提出了"谢灵运的创作具有通过典籍感知现实的诗学特点,其中贯彻了《周易》'立象以

---

① No mechanical structure can adequately capture the flowing vitality of Nature or lead to the spiritual oneness, simplicity, and freedom he [Xie] so passionately wants. Charles Yim-tze Kwong, *Tao Qian and the Chinese Poetic Tradition: The Quest for Cultural Identity*, Center for Chinese Studies, The University of Michigan, 1994, p. 156.

② 黄节注:《序》《谢康乐诗注》,人民文学出版社 1958 年版,第 2 页。

第五章 谢灵运诗歌艺术特色之研究　　189

存意'的创作理念"①。

在国外学界，田菱关于用典的探讨具有代表性。在其论文《风景阅读与书写》中，她从分析谢灵运山水诗中化用的"易"语入手，指出谢灵运诗歌中的"易"语与其山水诗的创作结构、诗歌意蕴表达之间的关系。在其另一篇论文《谢灵运诗歌的"自然"》中，田菱从谢诗中化用《易经》的诗句，论证了谢诗"自然"的语言风格。

一 《易经》与谢灵运山水诗

田菱指出谢灵运诗歌《易经》中的引用不同于《诗经》或《楚辞》中的引用，《诗经》或《楚辞》中的引用仅在于化用其意、化用其境，而谢灵运诗歌中化用的易语"呈现出诗人在思维上及创作架构上的展现模式，凸显出他的个人宇宙观"②。诗歌中的这些"易"语不仅折射出诗歌的意蕴，而且阐发了谢灵运山水诗的内在结构。田菱以四首山水诗和《山居赋》中的"易"语为例，探讨了诗歌中易语的形象性、阐释性及易语与诗歌内在结构之关系。

（一）《易经》与诗人的生命价值观

田菱探讨了谢灵运出守永嘉时期创作的诗歌《登永嘉绿嶂山》，指出诗中化用的《易经》诗句映射出诗人的生命价值观。

登永嘉绿嶂山

裹粮杖轻策，怀迟上幽室。
行源径转远，距陆情未毕。
澹潋结寒姿，团栾润霜质。
涧委水屡迷，林迥岩逾密。
眷西谓初月，顾东疑落日。
践夕奄昏曙，蔽翳皆周悉。

---

① 张一南：《谢灵运诗文化用〈易〉典方式研究》，《云南大学学报（社会科学版）》，2012年第11卷第2期，第94页。
② Wendy Swartz（田菱）：《风景阅读与书写——谢灵运的〈易经〉运用》，李馥名译，载刘苑如主编《体现自然：意象与文化实践》，台湾"中央研究院"中国文哲研究所2012年版，第147页。

蛊上贵不事，履二美贞吉。
幽人常坦步，高尚邈难匹。
颐阿竟何端，寂寂寄抱一。
恬如既已交，缮性自此出。

　　诗中的用典出现在诗末，"蛊上贵不事"以下四句袭用《易经·蛊》中的"上九，不事王侯，高尚其事"，及《易经·履》中的"履道坦坦，幽人贞吉"。田菱指出，诗中的易语常常与诗人的心境相吻合，这一易语折射出诗人崭新的生命价值观，即诗人辞官归隐，追求洒脱自适、隐逸情怀的"高远之志"。"蛊上"四句同时也是对昏庸无能的少帝，以及徐羡之等佞臣的政治讽喻。

　　此外，就典故在诗歌结构上的作用，田菱指出诗中的易语连接了诗中的景与境。"蛊上"之前的诗句写诗人游山水。"颐阿"以下四句写诗人受山水的启发，悟出了庄子的"缮性"之理，"蛊上"四句就穿插在诗人写景状物和诗人精神上的自由之间，显示出诗人视角由外向内的转变，由"迷茫晦暗之景"转入"清明豁然之境"，"诗人试图在外界大自然中建构符合自身情境的关联性，并强化天地宇宙及人世间的牵连呼应"。①

（二）《易经》与谢诗赏景境界

　　田菱探讨了谢灵运于第一次隐居始宁时期创作的《于南山往北山经湖中瞻眺》一诗，指出该诗中化用的《易经》在诗文中表现了诗人"赏景境界的转化，而非内化性的哲理辨析"②。

　　诗中有两处化用《易经》的例子。"解作竟何感"语出《易经·解》中的"天地解而雷雨作，雷雨作而百果草木皆甲坼"。"升长皆丰容"语出《易经·升》中的"地中生木，升"。田菱指出"解作"二句之前的写景是一种"带有距离感的环顾视角"。"俯视"四句中诗人对山水的描写都是一种印象式的、宏观的远观。"解作"二句之后的景物描写则转向

---

①　Wendy Swartz（田菱）：《风景阅读与书写——谢灵运的〈易经〉运用》，李馥名译，载刘苑如主编《体现自然：意象与文化实践》，台湾"中央研究院"中国文哲研究所2012年版，第154页。

②　同上。

"细腻且完全融入场景的深入观察",[①] 诗人的视线转向周围的近景,其视线停留在显示自然界微妙变化的景物上:初生的、嫩绿的新竹,蒲草新长出来的紫色的叶芽。"解作"二句穿插其中,体现了诗歌写景状物风格的改变,以及诗人由最开始步入山水,与山水之间保持空间距离感的远观到完全融入山水,与山水融洽无间、物我两忘这一境界的转变,显示了诗人赏景境界的提升。

(三)《易经》与谢诗主题、结构

同样地,田菱指出《富春渚》一诗中引用《易经》中卦象的义理和结构与诗歌主题、内在结构的一致性。

富春渚

宵济渔浦潭,旦及富春郭。
定山缅云雾,赤亭无淹薄。
溯流触惊急,临圻阻参错。
亮乏伯昏分,险过吕梁辔。
洊至宜便习,兼山贵止托。
平生协幽期,沦踬困微弱。
久露干禄请,始果远游诺。
宿心渐申写,万事俱零落。
怀抱既昭旷,外物徒龙蠖。

《富春渚》一诗中有两处袭用《易经》,"洊至宜便习,兼山贵止托"化用《易经·坎》中的"象曰:水洊至,习坎"和《易经·艮》中的"彖曰:艮,止也。时止则止,时行则行,动静不失其时,其道光明"。末句"外物徒龙蠖"化用《易经·系辞下》中的"尺蠖之屈,以求伸也;龙蛇之蛰,以存身也"。

田菱重点分析"洊至"二句,她指出,谢诗引典入诗,将《易经》

[①] Wendy Swartz(田菱):《风景阅读与书写——谢灵运的〈易经〉运用》,李馥名译,载刘苑如主编《体现自然:意象与文化实践》,台湾"中央研究院"中国文哲研究所2012年版,第156页。

中卦象的含义与诗人艰难的人生境遇相联系,形象地呈现出官场之险与诗人的归隐的处世哲学。田菱对该卦象研究颇为细致,她指出:

> 若我们仔细研究《坎》《艮》二卦的卦象,会发现前者中间有一阳爻,或许代表诗人正溯溪而行;而后者则是最上方有一阳爻,暗示溯溪之旅已然完成,诗人终于抵达休止之处——休止之处可能位于高山上,这是否跟《艮》卦卦象互有关联呢?延续这样的思路,全诗正中间所描述的正是穿越湍急的危险,以及抵达休止之处,终于得以静心冥想的情境,而这整个情境恰好可以浓缩在短短两行诗句里。其中《坎》《艮》二卦不论在主题还是卦象上,均发挥了特殊意义,可说是"冲突与解决"此一主题的影像式缩图。①

《易经》中的卦象兼形象与义理。卦象既形象地表现了自然万物,也折射出万物中存在的理,是连接自然世界与"理"的纽带。田菱以《坎》《艮》二卦卦象的具体形象来阐释诗人的具体情境,以具体的爻位来表示诗人沿溪而行以及沿溪之旅已经结束,诗人停留在某个高处憩息;以《坎》《艮》二卦卦象的隐喻性来阐释诗中表现的"冲突与解决"这一主题,田菱的提法颇有说服力。

此外,田菱指出,"涉至宜便习,兼山贵止托"二句的结构与诗歌的内在结构暗合。"涉至"二句中,以"涉至""兼山"写水势之险,重山之隔,以"便习""止托"写"理"。在整篇诗歌中,诗歌的前半部,即"涉至"二句之前的诗句均在描写山势、水流之险,"涉至"二句之后的诗句写诗人顺性轻物的隐居思想,诗人豁然开朗的心境。诗歌的这一结构与"涉至"二句的结构暗合,这一点体现出谢诗中用典的巧妙,不仅化用其辞,也化用其义理,同时将其结构延展到整首诗歌。田菱对《登池上楼》一诗中的易语阐释也值得关注。

潜虬媚幽姿,飞鸿响远音。
薄霄愧云浮,栖川怍渊沉。

---

① Wendy Swartz(田菱):《风景阅读与书写——谢灵运的〈易经〉运用》,李馥名译,载刘苑如主编《体现自然:意象与文化实践》,台湾"中央研究院"中国文哲研究所 2012 年版,第 161 页。

进德智所拙，退耕力不任。

……

持操岂独古，无闷征在今。

　　田菱指出，"潜虬媚幽姿"一句语出《易经·乾》中的"潜龙勿用"，暗示仕与隐的矛盾，折射出诗人仕隐两难的处境。"飞鸿响远音"一句暗引《易经·渐》。田菱指出，谢灵运用《易经》时，除了运用卦象的义理来影射其人生境遇及志向之外，也用具体的爻辞来暗示其境遇与志向，这里谢灵运用爻辞的位置来描绘鸿雁高飞的情景，"由'干'而'陆'、由'陆'而'陵'，而如此层层攀飞恰好也呼应上位者的步步高升"。[①] "薄霄"以下四句的用典进一步阐释了诗人仕与隐的矛盾心理。"进德智所拙"一句语出《易经·乾》中的"君子进德修业，欲及时也"，与第三句"薄霄愧云浮"相呼应，影射诗人政治上的失意。"退耕力不任"一句与第四句"栖川怍渊沉"中的《易经·乾》中的"潜龙"意象相呼应，影射诗人有心归隐，可又无法享受这一归隐之乐。末句"无闷征在今"语出《易经·乾》中的"龙德而隐者也，不易乎世，不成乎名，遁世无闷"，该句与"潜虬"句相呼应，这一用典暗示诗人已从仕隐的矛盾心理中挣脱出来，最终作出了遁世隐居的人生选择。田菱指出该诗中的"易"语不仅表现了诗人内心的变化这一主题，而且参与了诗歌结构的搭建。

　　与田菱的研究角度有所不同，宇文所安（Stephen Owen）的论文《迁谪中的秘书监——谢灵运笔下"学究气"的山水》(The Librarian in Exile: Xie Lingyun's Bookish Landscape)则另辟蹊径。他从"书内知识与现实体验之间的关系"的角度[②]探讨了谢诗中的用典。宇文所安指出，在谢灵运的诗歌中，典故既是一种再现的方式，也是一种认知的方式[③]。宇文所安认为当我们在读谢诗时，可以感受到他不仅仅是一位流连于山水之间的诗人，也是一位博学多才的学者，他满腹经纶，知识储备远远超越了他同时代的诗人。这些登山涉岭之前就积累了的文本知识，不可避免地在他头脑

---

① Wendy Swartz（田菱）：《风景阅读与书写——谢灵运的〈易经〉运用》，李馥名译，载刘苑如主编《体现自然：意象与文化实践》，台湾"中央研究院"中国文哲研究所2012年版，第164页。

② Stephen Owen, "The Librarian in Exile: Xie Lingyun's Bookish Landscape", *Early Medieval China*, 10–11.1, 2004, p. 205.

③ Ibid., p. 204.

中形成山水接受的知识背景，而他正是依托这个知识背景去"解读"客观世界的。这种书本知识与现实体验产生共鸣的赏景方式在他同时代的诗人身上是较为罕见的。从这个意义上来说，他渴望"赏心者"的愿望是很难实现的，因为谢灵运所凭借的知识并非"不虑而知"的"良知"，而是来自于他独特的文化视角与思考方式①。

二 谢灵运诗歌的"自然"

田菱在《谢灵运诗歌的"自然"》一文中探讨了谢诗的"自然"。田菱指出，自宋代始，就有评论家以谢灵运"精工"的诗歌风格反衬出陶渊明诗歌风格的"自然"。严羽的《沧浪诗话》有云："谢所以不及陶者，康乐之诗精工，渊明之诗质而自然耳。"② 清代学者乔亿评论陶谢诗："知能率高于能炼，则知谢不如陶。"③ 现代学者也存在崇陶抑谢的看法，对谢诗的评价持"雕琢则有之，自然则尚未"④ 的观点。

关于顾绍柏所说的"灵运有些诗确实露出雕琢痕迹，但多数都能做到于雕琢中求自然"⑤，田菱提出了异议。其一，顾绍柏对谢灵运诗歌"自然"风格的评价是建立在他将"自然"视为一个意义一成不变的词汇这一臆想基础之上的，正如现代读者认为谢诗过于雕琢、不自然，顾绍柏似乎没有将"自然"这一评价术语在不同历史环境下有着不同含义的可能性考虑在内。然而，当我们回顾不同历史环境下，评论家用"自然"的不同内涵解读陶诗和谢诗时，我们发现从六朝到宋代，"自然"这一词的所指发生了明显的改变。其二，就顾绍柏所说的"（谢诗）有的地方给人以硬凑的感觉"，"常常拖着一条玄言尾巴"，这条"尾巴"所阐述的玄理有损其诗歌的自然性，因而不如陶诗自然。而且，顾绍柏认为，"有时还直接搬用经子成句，这在一定程度上也影响到诗的自然流畅。"⑥ 田菱指

---

① Stephen Owen, "The Librarian in Exile: Xie Lingyun's Bookish Landscape", *Early Medieval China*, 10 – 11. 1, 2004, pp. 225 – 226.
② （宋）严羽著，郭绍虞校释：《沧浪诗话校释》，人民文学出版社1961年点校本，第138页。
③ （清）乔亿：《剑溪说诗》，载郭绍虞编选、富寿荪校点《清诗话续编》（下册），上海古籍出版社1983年版，第1097页。
④ 陆侃如校注、冯沅君：《中国诗史》，作家出版社1956年版，第373页。
⑤ 顾绍柏校注：《谢灵运集校注》，中州古籍出版社1987年版，第22页。
⑥ 同上书，第27页。

出顾绍柏这一说法忽略了谢灵运的诗歌创作主张，她认为，谢诗就整体而言，在六朝后期这一历史环境中表现出其文学上的"自然"风格。她首先对南朝批评家关于谢诗的"自然"的评价作了述评，进而指出随着"自然"这一术语的所指在历史环境的变化，"自然"这一概念常常由与其共现的术语来限定其意义。其次，田菱借助《易经》这一经典文本与谢灵运山水诗的关系，论证了谢诗不仅从其所处时代的标准和审美期待来说是"自然"的，而且其山水诗中再现自然的方式明显地与《易经》呈现出来的造化之理相吻合。

（一）谢诗"自然"的内涵

历代诗话中不乏对谢诗的"自然"的评价。南朝宋鲍照评谢灵运五言诗说："谢五言如初发芙蓉，自然可爱。"[1] 明代王世贞对谢诗的评论是"三谢固自琢磨而得，然琢磨之极，妙亦自然"[2]，"然至秾丽之极，而反若平淡，琢磨之极，而更似天然"[3]。沈德潜的《说诗晬语》有云："陶诗合下自然，不可及处，在真在厚。谢诗经营而反于自然，不可及处，在新在俊。"[4]

与谢灵运诗歌风格迥异的陶诗，其自然表现在多方面："首先表现于写作意图上，陶渊明作诗与他人显著不同处，即在于其自娱性。……由于从'自娱'需要出发写作，所以形成陶渊明自然风格的又一表现，即其诗极为亲切真实，坦白诚恳。……陶渊明自然诗风第三方面表现，即是在诗歌形式上的朴实无华，由于陶诗真诚，所以无须饰以华丽，'抱朴含真'。"[5] 谢诗"自然"与之不同。田菱对谢诗"自然"的阐述分为三层。

其一，田菱先是简述了南朝批评家用"巧"来表示谢诗"自然"的特点。梁简文帝萧纲说灵运"谢客吐言天拔，出于自然，……谢故巧不可

---

[1]（唐）李延寿：《南史》卷三十四，中华书局1975年点校本，第881页。
[2]（明）王世贞：《艺苑卮言》，载顾绍柏校注《谢灵运集校注》（附录五）《评丛》，中州古籍出版社1987年版，第500页。
[3]（明）王世贞：《读书后》，载顾绍柏校注《谢灵运集校注》（附录五）《评丛》，中州古籍出版社1987年版，第501页。
[4]（清）沈德潜：《说诗晬语》，载王夫之等撰《清诗话》（下册），上海古籍出版社1978年点校本，第532页。
[5] 徐公持：《魏晋文学史》，中国社会科学出版社2007年版，第501—502页。

阶"①。萧纲这里所说的"巧"就是指谢诗"吐言天拔,出于自然"。

在南朝,"巧"常常被视为与"形似"同义。钟嵘在《诗品》中称谢诗,"其源出于陈思,杂有景阳之体。故尚巧似"②。钟嵘称许张协善于描摹的风格,称其"巧构形似之言",认为谢灵运在善描摹方面有张协之描摹真切的风格。沈约的《宋书·谢灵运传》有云:"相如巧为形似之言。"③ 刘勰的《文心雕龙·物色》有云:"文贵形似,窥情风景之上,钻貌草木之中。吟咏所发,志唯深远,体物为妙,功在密附。故巧言切状,如印之印泥,不假雕削,而曲写毫芥。故能瞻言而见貌,印字而知时也。"④ 刘勰所说的"巧"其实就是对自然情态进行真实描写的艺术手段。田菱指出,值得注意的是,"巧"并非表现为"经营"而所得,而是在创作中已经存在,或者自然地产生。如同印泥一般,"巧"表现为以"直寻"的表达复制自然情态和神韵,捕捉自然万物的任何细微之处,而不加任何绳削⑤。"形似"是对物象的"声"与"色"的描写手段,对物象的描写达到"如见其形,如闻其声"的程度也就是与物象"形似",表现为一种"巧"。

田菱指出,从萧纲在《与湘东王书》所言"谢故巧不可阶,裴亦质不宜慕"可知,用萧纲的话来说,"自然"与谢灵运的作品中的"巧"相连,与裴子野的"质"无关。而到宋代严羽那里,评价"自然"的标准发生了变化。严羽将"自然"与"质"相联系,他指出"康乐之诗精工,渊明之诗质而自然耳"⑥。严羽这一评价暗示着"自然"的内涵在六朝后期与宋代这一期间发生了明显的改变,从这一历史语境来看,宋代的评价

---

① (南朝梁)萧纲评谢灵运语,见顾绍柏校注《谢灵运集校注》(附录五)《评丛》,中州古籍出版社1987年版,第479页。
② (南朝梁)钟嵘著,曹旭集注:《诗品集注》,上海古籍出版社1994年点校本,第160页。
③ (南朝梁)沈约:《宋书》卷六十七,中华书局1974年点校本,第1778页。
④ (南朝梁)刘勰著,范文澜注:《文心雕龙注》(下),人民文学出版社1958年点校本,第694页。
⑤ Wendy Swartz, "Naturalness in Xie Lingyun's Poetic Works", *Harvard Journal of Asiatic Studies*, Vol. 70, No. 2, Dec, 2010, p. 360.
⑥ (宋)严羽著,郭绍虞校释:《沧浪诗话校释》,人民文学出版社1961年点校本,第138页。

不能被想当然地视为"自然"的标准抑或一种绝对的价值①。田菱指出严羽的这一批评论断已经脱离了谢灵运所处的历史时代,因而不能作为一个绝对的评价标准。

钟嵘推崇谢诗自然的风格。他在文中指出:"寓目辄书,内无乏思,外无遗物,其繁富。宜哉!"② 从钟嵘对谢灵运描绘山水景象时"寓目辄书"的说法中可见其对谢灵运的评价极高,尤其是参照"故大明、泰始中,文章殆同书抄"③的不良风气,谢灵运"窥情风景之上,钻貌草木之中"的描写手段极受推崇。钟嵘指出谢灵运的"'明月照积雪',讵出经史?观古今胜语,多非补假,皆由直寻"④。钟嵘主张"直寻",反对典故的堆砌。尽管谢诗中也用典,但他的用典风格在某种情况下是可以接受的。倘若书本知识可以很好地内化到能够自然地显现,与"书抄"迥然不同,那么书本知识就可以帮助实现通过"经营"而返自然,而不是给本来缺乏真正自然的东西披上矫饰的外衣⑤。

其二,为了达到"巧言切状,曲写毫芥",即真实地描绘视觉景象,"谢灵运尝试运用一系列文学手段再现自然的声色,比如对山景和水景的交替描写,以给读者造成自然景致多层次结构的印象。运用听觉效果,比如双声词、叠韵词、叠音词,在连续性中制造一种变化的感觉"⑥。田菱指出,"叠音词在谢灵运的'形似'的艺术手段中极其重要,这些双声词、叠韵词、叠音词将读者由语言层面带入了自然层面,在这一层面上,

---

① The conception of ziran had dramatically changed between the late Six Dynasties and the Song Period. Seen in historical context, the Song evaluation can no longer be taken for granted either as the natural norm or as an absolute value. Wendy Swartz, "Naturalness in Xie Lingyun's Poetic Works", *Harvard Journal of Asiatic Studies*, Vol. 70, No. 2, Dec. 2010, p. 362.

② (南朝梁)钟嵘著,曹旭集注:《诗品集注》,上海古籍出版社1994年点校本,第160页。

③ 同上书,第180页。

④ 同上书,第174页。

⑤ Wendy Swartz, "Naturalness in Xie Lingyun's Poetic Works", *Harvard Journal of Asiatic Studies*, Vol. 70, No. 2, Dec, 2010, p. 364.

⑥ Xie Lingyun experimented with a range of literary tools for the mimetic representation of natural forms, such as alternating descriptions of mountain and water in order to impress upon his audience the densely layered composition of the natural landscape. His use of auditory effects, such as rhyming or alliterative binomes, creates a sense of variation within continuity. Wendy Swartz, "Naturalness in Xie Lingyun's Poetic Works", *Harvard Journal of Asiatic Studies*, Vol. 70, No. 2, Dec, 2010, p. 361.

描写对象的声貌通过语言结构得以显现"①。

使用双声词、叠韵词、叠音词，借助声韵的艺术表现效果，真实而传神地描摹物象的声音情貌这一点，刘勰在《物色》篇中就有所提及：

> 是以诗人感物，联类不穷，流连万象之际，沉吟视听之区，写气图貌，既随物以婉转，属采附声，亦与心而徘徊。故灼灼状桃花之鲜，依依尽杨柳之貌，杲杲为出日之容，瀌瀌拟雨雪之状，喈喈逐黄鸟之声，喓喓学草虫之韵。……并以少总多，情貌无遗矣。虽复思经千载，将何易夺？②

田菱指出，谢灵运用形似的、真切的描写手段去捕捉自然情态和神韵的艺术风格备受六朝时期批评家的称许，因为这一艺术风格体现了六朝时期的批评家所推崇的文学风格上的自然。这一时期的文学上的自然强调在审美技巧提升下的艺术表现的直接性③。

其三，谢诗的自然也体现在其诗歌的用典和对句结构上。南朝俳偶之风盛行，谢灵运也善用俳偶。比如谢诗中俳偶的例子："初景革绪风，新阳改故阴"（《登池上楼》），又如"江南倦历览，江北旷周旋"（《登江中孤屿》）。田菱引《文心雕龙·丽辞》中的"造化赋形，支体必双，神理为用，事不孤立。夫心生文辞，运裁百虑，高下相须，自然成对"④ 以论证"自然成对"是符合自然神理的。一切造物的自然形态，比如"支体"，都是以成对的形式出现的。诗人在写作构思过程中下意识地摹拟自然中的神理，由此而生出对仗的表达，因此，诗文中的俳偶是极其自然的，而非造作的。考虑到刘勰的诗文"自然成对"这一提法，谢灵运诗作中的俳偶符合六朝时期对诗文的自然风格的界定。

---

① playing an important role in Xie's art of verisimilitude are his rhyming and alliterative binomes, which have the effect of transporting the listener from the verbal to a physical plane where linguistic texture conveys the materiality of the objects described. Wendy Swartz, "Naturalness in Xie Lingyun's Poetic Works", *Harvard Journal of Asiatic Studies*, Vol. 70, No. 2, Dec, 2010, p. 361, note 16.
② （南朝梁）刘勰著，范文澜注：《文心雕龙注》（下），人民文学出版社1958年点校本，第693—694页。
③ Wendy Swartz, "Naturalness in Xie Lingyun's Poetic Works", *Harvard Journal of Asiatic Studies*, Vol. 70, No. 2, Dec, 2010, p. 364.
④ （南朝梁）刘勰著，范文澜注：《文心雕龙注》（下），人民文学出版社1958年点校本，第588页。

此外，田菱也指出，谢诗描摹物象的"巧似"、讲究俳偶的艺术手法都符合六朝时期对"自然"的定义，然而"自然"这一文学术语又随时代而变化，正如处于不同历史环境下的批评家、诗人对谢灵运诗歌的"自然"和陶渊明诗歌的"自然"有着不同的解读一般，"自然"这一文学术语有其历史性，因此对谢灵运诗歌"自然"这一风格的解读不能脱离他所处的历史时代。就其所处的时代的文学氛围和审美标准而言，谢诗是自然的。然而田菱的论述忽略了六朝时期对谢灵运"自然"特点的评价基于将谢灵运的诗歌与颜延之的诗歌相比较这一事实，"谢五言如初发芙蓉，自然可爱，君诗若铺锦列绣，亦雕缋满眼"[①]，与颜诗相比，谢诗显得新俊自然。

（二）引用《易经》与"自然"

田菱指出，谢诗对自然山水的刻画在很大程度上是借助"易"语来表现的。正如《易经》表现为对天、地、人这一整体的阐释体系，谢灵运也借助"易"语来再现其眼中的世界和创作其诗歌。而且谢灵运在其写景状物之后附上哲理性的反思与《易经》的结构模式相吻合，"圣人立象以尽意，设卦义尽情伪，系辞焉以尽其言"[②]。在"象"之后配上"言"，以充分阐释"象"。从《易经》的诠释性这个角度来审视谢诗的结构，读者可以更好地理解富有争议的"带着玄言尾巴"的谢诗结构模式，很明显，谢诗叙事、写景、言理的结构模式似乎表现为一个合乎自然的过程。

田菱对《易经》与谢灵运早期山水诗作这两个文本之间的关系作了探讨。她指出，在谢灵运现存的102首诗歌中（以标题计93首），在22首中有一句或一句以上引用《易经》，总共38处引用《易经》[③]。谢诗中的《易经》折射出诗人在概念和诗歌结构框架上的表现模式，以及其观照自然的方式。

田菱指出，《易经》文本与谢灵运诗歌文本之间的联系是正确理解其诗歌结构和诗歌意义系统的关键。"在山水诗中，谢灵运引'易'语入诗来隐喻诗人所处的境遇，引《诗经》《楚辞》来描绘他眼前的自然景致。

---

① （唐）李延寿：《南史》卷三十四，中华书局1975年点校本，第881页。
② （魏）王弼著，楼宇烈校释：《王弼集校释》，中华书局1980年点校本，第554页。
③ Wendy Swartz（田菱）：《风景阅读与书写》，李馥名译，载刘苑如主编《体现自然：意象与文化实践》，台湾"中央研究院"中国文哲研究所2012年版，第148页。

从《易经》中谢灵运不仅获知如何解读'造化之奇',也获知如何以'造化之理'来反观自身处境,从中有所体悟。对谢灵运来说,《易经》以文本的形式复制并展示宇宙的各种变化。"①《易经》就成了连接天地与人类社会生活这两个不同领域的媒介,借助这一媒介,天地与人之间的关系在其山水诗中就呈现出来。《易经》中的引文是谢灵运早期山水诗结构中不可分割的一部分,从这个角度来认识谢灵运早期的山水诗作,很容易认识到谢灵运诗作中引经典文本入诗,打断自然流畅的山水描写这一方式,并不是其诗歌的缺陷②。

田菱通过对《登永嘉绿嶂山》《于南山往北山经湖中瞻眺》《富春渚》《登池上楼》和《山居赋》中的引用《易经》诗句的分析,指出《易经》的意象、结构投射在谢灵运的作品中,阐释了诗人处境及诗歌的结构。恰如《易经》充当了天地与人之间的媒介,在谢灵运的诗作中,《易经》中的引文充当了风景描写与玄想之间的媒介③。

田菱总结道,谢灵运诗创作中的一些重要方面就来自对《易经》的诠释。《易经》就如同一个解释宇宙间各种表象的系统,一方面将这些表象植入一个意义结构,另一方面在天地与人的社会生活之间建立必要的联系。谢灵运诗中的"易"语不仅阐释了其山水诗的内在结构,而且阐释了诗人的思维模式,这在其早期的山水诗和《山居赋》中可以看到。他用《易经》诠释来反观其诗歌,将对造化之理的某种理解植入其诗歌。而且,考虑到六朝时期曾有一些关于谢诗"自然"的评价,以及"自然"这一术语在历史语境中的变化,可以说,谢灵运诗歌风格就其本身而言,是自然的④。

田菱从"自然"一词在谢诗接受过程中表现出来的变异这一角度,

---

① In his landscape poetry, Xie uses quotations from the Yijing to name particular situations that confront him, whereas he often uses quotations from the Shijing and Chuci to describe the landscape that faces him. From the Yijing Xie learns not only how to make sense of nature's workings, but also how to graft them onto his own situation. For Xie, the Yijing duplicates and represents in textual form the realm of heaven-and-earth. Wendy Swartz, "Naturalness in Xie Lingyun's Poetic Works", *Harvard Journal of Asiatic Studies*, Vol. 70, No. 2, Dec, 2010, pp. 366 - 367.

② Wendy Swartz, "Naturalness in Xie Lingyun's Poetic Works", *Harvard Journal of Asiatic Studies*, Vol. 70, No. 2, Dec, 2010, p. 367.

③ Ibid., p. 386.

④ Wendy Swartz, "Naturalness in Xie Lingyun's Poetic Works", *Harvard Journal of Asiatic Studies*, Vol. 70, No. 2, Dec, 2010, p. 386.

指出历代接受者由于时代氛围不同,对"自然"一词呈现出不同的理解。就谢灵运作品所处的时代对"自然"的理解而言,其诗作是自然的。此外,田菱通过对《易经》与谢灵运早期山水诗、《山居赋》文本之间的联系的例证,再一次得出了谢灵运诗作"自然"的特点。田菱这一研究指出了谢灵运接受研究中存在的一个问题,就是在对谢灵运诗歌风格进行评价时,脱离了其诗歌所产生的时代环境。"我们不应超越历史条件要求谢灵运,应把他的山水诗放在历史长河中做动态的考察,力争对其作出既合乎历史、又合乎逻辑的评价"[①],而且还应充分关注不同历史时代环境下对其作品的接受产生差异的原因所在。仅这一点来看,田菱的研究就值得关注。

第三节　田晓菲的研究:从自我与他者的关系界定谢灵运诗歌的审美特点

晋室南迁,汉族文人打破了地域对视野的限制,开始领略到不同于中原风景的江南山野风光。在对不同于中原文化的他者的接触中,历经东晋与南朝朝代更迭的汉族文人往往抱着某种复杂的心态:既作为逃亡者以求苟安,又作为正统文化的拥有者蔑视和征服南方的野蛮。正是在自我与他者的复杂关系中,田晓菲揭示出谢灵运诗歌独特的审美特点。[②]

一　自我与他者之间呈现的四种审美方式

自我与他者之间有一段距离(地理或心理上的),需要一种跨越距离的方式。从文学创作的角度来看,从自我"去"往他者,从他者"回归"自我往往会被审美化。田晓菲总结了在自我与他者之间"去—归"的四种不同的审美关系[③]:

第一,对他者的追寻是对超越于现实的完美世界(田晓菲用了"paradise"一词)的追寻。这一时期持该观点的典型人物是法显。法显在399

---

① 欧明俊:《对谢灵运山水诗历代评价之再认识》,《中国韵文学刊》2002年第1期,第13页。
② 我们这里所说的自我与他者主要是指地理意义上的个人所属地与所要达到的目的地。
③ Xiaofei Tian, *Visionary Journeys: Travel Writings from Early Medieval and Nineteenth - Century China*, Cambridge (Massachusetts) and London: Harrard University Asia Center, Harvard University Press, 2011, pp. 119 – 140.

年从长安去往印度的朝圣之行被比拟为从地狱走向天堂的旅途。自我是苦海，朝圣之旅的磨难是一段炼狱，也是一段精神升华的过程，他者是超脱的安乐之所。

第二，自我被塑造为精神上的依归，在自我中能够获得精神上的宁静。这一观点的代表人物是与谢灵运同时代的陶渊明。官场被看作世俗和尘世，只有与这一污浊之世保持距离（至少是内心的疏离）才能获得宁静和超脱。

第三，将接触他者、去往他者的路途看作是一次苦役。这一时期的汉族文人往往会在诗歌中书写这样的心态，比如说江淹；另外，像屈原、杜甫这样一些诗人，因为家国零落，流落他地中总会书写去国怀乡之思、之哀（这一类的延伸是贬谪文人，遭遇贬谪即是代表了失败）。

第四，谢灵运的诗歌多少都应该是在贬谪的心态下去书写自我与他者的关系。可是，在具体的写作中，谢灵运却获得了一种类似于法显和陶渊明相结合，却又与他们完全不同的审美情趣。谢灵运在自我中是失败者，可是，他的这种政治上的失意情绪被他在旅途中的风光完全冲淡和消融了。与陶渊明不同，政治中心才是谢灵运的"自我"，他不能在自我中获得平静；与法显不同，谢灵运更注重旅途本身，而不寻求在目的地获得超脱。

谢灵运的诗歌往往是展现从自我到他者的旅途中的细微审美感受和超脱感。旅途是欣赏的凝结，是自我感受（视觉、情感、想象）的历程。在旅途中，个人的失意和伤痛都得到净化。因此，田晓菲称谢灵运的诗歌是"净化之诗"（a poetry of purgatory[①]，直译为"炼狱之诗"）。

二 在自我与他者之间：对谢灵运诗歌独特审美特点的揭示

在之前，我们已经对谢灵运的生平有过说明。伴随着政治上的失意，谢灵运一次次离开京畿之地，现存的大多数谢灵运的诗歌都是描写他所经地域的山野风光。

田晓菲通过区分谢灵运在处理自我与他者关系的独特性方面总结了谢灵运诗歌的独特的审美特点。田晓菲对谢灵运诗歌审美特点的总结包括以

[①] Xiaofei Tian, *Visionary Journeys: Travel Writings from Early Medieval and Nineteenth - Century China*, Cambridge (Massa chusetts) and London: Harrard Vniversity Asia Center, Harvard University Press, 2011, p. 140.

下逐渐深入的几个节点:

第一,谢灵运既没有将自我(政治生活)美化,也没有将他者(旅居之地)理想化,他以现实生活(a space in the "human realm")为生存取向,只是在现实生活之中追求一种超脱而已。"既笑沮溺苦,又哂子云阁。执戟亦以疲,耕稼岂云乐。万事难并欢,达生幸可托。"(《斋中读书》)"达生"使谢灵运既不同于屈原那样忧国忧民,也不像陶渊明那样避世隐居。他处于世俗生活之中,但是又希望在这一世俗生活中寻求某种超脱。

第二,谢灵运的生活观念在其诗歌中获得了某种同构性的呈现,他对旅途的描写既不以自我为取向,也不以目的地为取向,而专注于对旅途的描写。谢灵运的诗歌总是与"行"(《日出东南隅行》《苦寒行》)、"游"(《游南亭》)、"登"(《登池上楼》)、"过"(《过始宁墅》)这一主题相关。他对旅途的描写是:"祗役出皇邑,相期憩瓯越。解缆及流潮,怀旧不能发。""憩"是一种间隔和停顿,是暂时性的对常规生活的打断。"江南倦历览,江北旷周旋。怀新道转迥,寻异景不延。乱流趋孤屿,孤屿媚中川。云日相晖映,空水共澄鲜。表灵物莫赏,蕴真谁为传。"(《登江中孤屿》)在由"江南"去往"江北""寻异"的过程中,"孤屿"突然呈现在眼前,这种意外暂时吸引了诗人的目光和心神。这一意外使诗人本来"寻异"的目的退隐幕后,这构成了整个诗歌的张力——常规与跃出、目的与意外、寻找与实在的呈现。这可以被解读为审美的双重超越:既超越了(烦琐、厌倦的)常规生活,又超越了有目的的规划。

第三,暂时对常规生活的跃出使谢灵运能专注和沉溺于对眼前景物的欣赏与摹写。谢灵运诗歌的主题总是与主体行为相关,比如"游南亭""登池上楼""过始宁墅"。可是他的诗歌内容却往往是呈现眼前自然景物的细微之处:"倾耳聆波澜,举目眺岖嵚。初景革绪风,新阳改故阴。池塘生春草,园柳变鸣禽。"(《登池上楼》)从这一角度看,谢灵运的旅途就是由一幅幅画面构成的视觉图景,他的诗歌即是对他旅途所见景物的呈现。

谢灵运对自然景致的呈现往往是直接描摹物象的,展现自然风光的细微处和本然状态,也即是刘勰说的"极貌以写物"。在这种对自然风光的直接呈现中,谢灵运的诗歌呈现出一定的独特性:其一,在对自然景物的呈现中鲜少有直接的感情的投入,只是单纯对景物本然状态进行刻画,这与中国诗歌习惯借物抒情的做法有所差别；其二，单纯地对物进行极力刻画而不投入过多的主观感情，就避免了将自然景物理想化的倾向。

谢灵运对眼前景物的摹写一方面与南朝宋的写作风格相关。"宋初文咏，体有因革，庄老告退，而山水方滋，俪采百字之偶，争价一句之奇。情必极貌以写物，辞必穷力而追新，此近世之所竞也。"① 另一方面又契合了人们对新异事物的寻求。所以，尽管谢灵运在政治上是失意的，可是，他在诗歌写作上却是成功的。《宋书·谢灵运传》载："每有一诗至都邑，贵贱莫不竞写，宿昔之间，士庶皆遍，远近钦慕，名动京师。"②

第四，说谢灵运的诗歌往往是对自然景致的摹写和刻画不是否认谢灵运诗歌中的主观性。谢灵运诗歌主观性的呈现并不是通过直接将个人感情与所描写的事物相结合实现的，如杜甫诗："感时花溅泪，恨别鸟惊心。"谢灵运呈现主观感情的方式不是情景交融，而是因景物而产生想象或联想。"目睹严子濑，想属任公钓。谁谓古今殊，异代可同调。"（《七里濑》）这种想象的方式将诗人眼前所见与心中所想、当下与过去联系了起来。在这种联系中，诗歌的主题获得了升华。

因此，谢灵运诗歌中的主观性的呈现是通过两个方面实现的。第一，对个人行为的叙写，往往是个人从"自我"走向"他者"的过程。比如，上面提到的："江南倦历览，江北旷周旋。怀新道转迥，寻异景不延。"第二，借助想象超越眼前之景。这一想象超越了眼前视野的限制，使诗人的诗歌能够获得主题的升华和意义的深入。

谢灵运对想象的呈现是通过打破眼前（眼中所看）的界限的形式实现的。限制与限制的打破在一种现实的情景中进行：白昼与夜晚。谢灵运喜欢描写白昼与夜晚的交叉之点。在这一点上，既可以（用眼睛）对自然景物进行细致的观察，又可以在这一时刻使视觉彻底失去作用，陷入内在的联想之中。"早闻夕飚急，晚见朝日暾。崖倾光难留，林深响易奔。感往虑有复，理来情无存。庶持乘日车，得以慰营魂。"（《石门新营所住四面高山回溪石濑茂林修竹》）白昼与夜晚的交叉点也是视觉与联想的交叉点。

田晓菲通过谢灵运处理自我与他者的关系对谢灵运诗歌的审美特点进行了总结，确实分辨了谢灵运诗歌写作的独特性。这些独特性有些是谢灵

---

① （南朝梁）刘勰著，范文澜注：《文心雕龙注》，人民文学出版社1958年点校本，第67页。

② （南朝梁）沈约：《宋书》卷六十七，中华书局1974年点校本，第1754页。

运诗歌所特有的现象（描写黄昏时期的景物），有些则是这一时期诗歌写作的普遍特点（对景物的刻画）。

三 在审美与现实之间：审美对现实的超越

田晓菲对谢灵运诗歌审美特点的总结实际上涉及以下几个方面的问题：

第一，对自然景致的描写、刻画是刘宋时期艺术创作的普遍主题。刘勰总结说："情必极貌以写物，辞必穷力而追新。"评论家习惯于将对物的描写和对辞的创新进行分别讨论，并侧重于其中的一点——田晓菲即侧重于对物的刻画这一方面。之所以造成这样的现象是因为刘勰关于"辞"与"物"的判断可能是相互矛盾的。我们要追求对物的"本真性"的呈现，就必然否定追求词语的创新；反之亦然。当刘勰谈到"极貌以写物"的时候，刘勰看到的并不是对物的描写，而是这一时期诗歌所追求的词语上的创新。当然，我们这样说并不是要否定这一时期"山水"作为艺术内容的出现对整个艺术史的影响。"山水"的出现是艺术内容与主题方面的现象；而主题与内容则必须在词语中获得实现。

第二，田晓菲确实总结了谢灵运的诗歌在审美特点上的独特性。这是不能抹杀的一方面。但是，我们也并不能因此否认谢灵运与其他诗人在审美表现上的相通性。事实上，一旦我们从"自我"与"他者"的关系探讨审美问题，这两者会不自然地转到"主体"与"客体"上。也就是说，自我与他者的关系实际上是主体与客体关系的另一种表达。当主体与客体处于一种审美关系时，自我就超越了现实的功利性与目的性，从而达到一种精神的自由和灵魂的圆满。谢灵运在对自然景物的欣赏中暂时性地超脱了"自我"与"他者"的牵连即是这样一种情况。从这一方面来看，谢灵运与陶渊明（和其他一些诗人）至少在对审美超脱性的追求上是一致的。当然，谢灵运的诗歌更少以审美为视角对现实社会进行批判。可是，当他说"万事难并欢，达生幸可托"时，与陶渊明的"问君何能尔？心远地自偏"（陶渊明的《饮酒》）并没有什么不同。

第四节 谢里登的研究：从语言学角度对诗歌语词与诗歌风格关系之研究

赛琳娜·安·谢里登在其博士论文《六朝诗歌的语词与风格的研

究——以谢灵运和谢朓的词频研究为例》中，运用语言学的词频统计的研究方法，对谢灵运和谢朓诗歌语词与诗歌风格作了比较研究，从这一比较研究中可以见出诗歌审美观念的变化。

谢里登指出其词频研究的理论依据有二，一是在随着六朝时期艺术创造意识的相对成熟，这个时期的诗人更多地关注诗歌创作的技巧性层面，比如诗歌的音韵和结构。他们研究并在诗歌的创作中尝试声调模式及规则，他们对诗歌结构的连贯和风格上的变化的探求引发了对诗歌语词的审美意图，所以这一期间的诗歌为词汇与风格之间的关系这一研究提供了素材。二是语言学角度的批评，作为当代文学批评手段的一种，有助于更为详细地定义六朝诗歌中常见的词汇，并且为中国批评家就诗歌风格而作的直觉的"点、悟"式评价提供实证①。

谢里登运用了语言学角度的批评方法，也就是统计文体学的方法，即通过计算词频来分析作品的文学风格。传统的分析语词的方法只是挑选出诗作中不常见的用法及独特的词汇，而简单的频率计算则为描述诗歌的词汇提供了一个有用的起点，至少，词频大致可以显示诗人常用词汇的类型和实质，从而凸显出新颖的用法。在对文学发展趋势的研究中，用相对的频度以凸显差异的比较频度图表不仅描述了诗人的个人风格，也反映了诗歌的语言风格所经历的变化。谢里登指出，在某些情况下，频度数据可以为某一种创作风格的阐释提供实证。②

一 词频的比较

谢里登从语词的角度对大小谢各自的诗歌风格作了分析比较。在其论文中，谢里登援引德国文学批评家莱奥·施皮策（Leo Spitzer）关于文学研究方法的描述，即"从作品的表面进入其内在的生命中心"③。谢里登指出，语言方面的数据，比如词频，展示了诗歌的风格特征，所以研究诗

[①] Selinda Ann Sheidan, *Vocabulary and Style in Six Dynasties Poetry: A Frequency Study of Hsieh Ling-yun and Hsieh T'iao*, Ph. D. diss., University of Washington, Ann Arbor, Mich.: UMI, 1982, pp. 1–5.

[②] Selinda Ann Sheidan, *Vocabulary and Style in Six Dynasties Poetry: A Frequency Study of Hsieh Ling-yun and Hsieh T'iao*, Ph. D. diss., University of Washington, Ann Arbor, Mich.: UMI, 1982, p. 5.

[③] Leo Spitzer, "Linguistics and Literary History", in *Linguistics and literary History, Essays in Stylistics*, Priceton: Princeton University Press, 1948, p. 19.

歌风格，可以由外至内，即从对诗歌语词的实证研究入手，进而概括其诗歌的风格特点。

在具体研究中，谢里登采用了计算词语频度并将各自频度数据加以比较的方法。谢里登按频度由高到低来排列词汇，并且给每一个词项指定一个编号，每一个词汇索引都从频度最高的词汇开始。每一词项还有第二个编号，文本频度编号显示了在一个既定的文本中每一千字中该字出现的平均次数，这就是单个词项出现次数与文本中词项总数目的百分比[1]。

第一，谢里登对五本诗赋集[2]中25个最常见字作了频度比较（见附录二，表一）。谢灵运诗歌中频度最高的25个字，从高到低排列为：不、心、山、日、无、云、清、生、人、岂、子、风、可、怀、游、长、情、既、有、流、已、物、来、明、未。谢朓诗中的25个高频字由高到低排列为：风、山、清、云、日、望、已、江、归、未、方、可、复、无、不、君、春、上、思、池、芳、心、何、南、夜。谢里登指出，将谢灵运、谢朓诗中的这25个高频字与《世说新语索引》《文选索引》《陶渊明诗文综合索引》中的高频字相比较，不难发现诗歌词汇的发展趋势表现为山水词汇的增加。山水词汇的增加与六朝时期诗歌、绘画及哲学思想中表现出来的山水意识的发展有关。表1中山水词汇的增加证实了刘勰对当时描摹情状的创作风格的论断[3]，即"瞻言而见貌，

---

[1] Selinda Ann Sheidan, *Vocabulary and Style in Six Dynasties Poetry: A Frequency Study of Hsieh Ling-yun and Hsieh T'iao*, Ph. D. diss., University of Washington, Ann Arbor, Mich.: UMI, 1982, pp. 6 – 7.

[2] Selinda Ann Sheridan 的研究是以下列五本诗赋集索引为参照：Horie Tadamichi, 堀江忠道, *Tō Emmei shibun sōgōsakuin*, 《陶渊明诗文综合索引》, Kyoto: I bundo shoten, 1976; Shiba Rukuro, 斯波六朗, *Monzen sakuin*, 《文选索引》, Kyoto: Kyoto University, 1957; *Shiomi Kunihiko*, 鹽见邦彦, *Shā sen-jō shi ichiji sakuin*, 《谢宣城诗一字索引》, Nagoya: Nagome kashorin, 1970; Takahashi Kiyoshi, 高桥清, *Sosetsu shingo sakuin*, 《世说新语索引》, Hiroshima: Hiroshima joshi tanki daigaku, 1959, rph. Taipei: Taiwan Hsüeh-sheng shu-chü, 1972; and the author's [Ann Sheridan Selinda's] unpublished concordance to Hsieh Ling-yun's five-word line poems, found in the Appendix（参见 Selinda Ann Sheridan, *Vocabulary and Style in Six Dynasties Poetry: A Frequency Study of Hsieh Ling-yun and Hsieh T'iao*, Ph. D. diss., University of Washington, Ann Arbor, Mich; UMI, 1982, p. 6, footnote 8）.

[3] Selinda Ann Sheidan, *Vocabulary and Style in Six Dynasties Poetry: A Frequency Study of Hsieh Ling-yun and Hsieh T'iao*, Ph. D. diss., University of Washington, Ann Arbor, Mich.: UMI, 1982, p. 14.

即字而知时也"①。此外,将谢灵运和谢朓二人诗中写山水的高频字相比较,可以见出二人风格上的差异。谢灵运的高频字为:心、山、日、云、人、风、情、物。而谢朓的诗中似乎避免使用抽象名词,比如"物",他更倾向于使用下列词汇:风、山、云、日、江、春、池、心、夜②。从对他们用词的比较中可以看出,山水描写已从罗列自然中的物象转变为对景物的具体描绘③。

第二,谢里登对五本诗赋集中的 10 个虚字作了频度比较(见附录二,表二)。谢里登指出,表中数据显示谢灵运、谢朓诗中"以""与""为"这三个虚字的频度明显高于《世说新语索引》《文选索引》《陶渊明诗文综合索引》中的虚字频度④。

第三,谢里登分析了大小谢诗中的"已""未"这两个时间副词的频度(见附录二,表三)。频度数据显示谢灵运诗中这两个时间副词的出现频度是最高的,"已"字出现了 21 次,"未"字出现了 25 次。谢朓诗中,"已"字出现了 7 次,"未"字出现了 10 次。

对谢灵运诗歌中的副词现象,谢里登指出,谢灵运对副词的创造性运用源于他试图给自己的描写增加一种时间上的连续性及对时间的感知⑤。比如《游南亭》中的诗句:

> 泽兰渐被径,
> 芙蓉始发池。
> 未厌青春好,
> 已睹朱明移。

其中的副词"渐"、修饰动词"被",表明了一种时间上的连续性,表达了一个动态的过程,同时也折射出诗人的欣喜之情。谢灵运喜用

---

① (南朝梁)刘勰著,范文澜注:《文心雕龙注》(下册),人民文学出版社 1958 年点校本,第 694 页。
② Selinda Ann Sheidan, *Vocabulary and Style in Six Dynasties Poetry: A Frenquency Study of Hsieh ling - yun and Hsieh T'iao*, Ph. D. diss., University of Washington, Ann Arbor, Mich.: UMI, 1982, p. 12.
③ Ibid., p. 36.
④ Ibid., p. 10.
⑤ Ibid., p. 39.

"渐"字，比如"山桃发红萼，野蕨渐紫苞"（《酬从弟惠连》），诗中的"渐"字将褐色的嫩芽逐渐舒展开来这一持续的动态过程形象地展现出来。副词"已"修饰动词"移"，显示节候之变化已影响到诗人，而且包含了预示其归期这一层含义。谢灵运用时间副词来指涉节候之变的例子又如"首夏犹清和，芳草亦未歇"（《游赤石进帆海》），初夏仍旧清和，芳草依旧生长繁茂，其中的"犹"和"亦"强调此时正值初夏季节。然而谢灵运不仅用时间副词来指涉时间的流逝，他也巧妙地运用时间副词表明了时间段，比如"出谷日尚早，入舟阳已微"（《石壁精舍还湖中作》），走出山谷时天色还早，步入小舟天色已晚。诗中的"尚""已"二字表明了"出谷"到"入舟"这一时间段。谢灵运也用时间副词来表现瞬间的视觉经验，比如"岩下云方合，花上露犹泫"（《从斤竹涧越岭溪行诗》）二句，"方"和"犹"展现了诗人视线捕捉到的"岩下云霞聚拢，花上露珠欲滴"这一瞬间景致。谢里登指出，谢朓在副词的使用上受谢灵运的影响，他诗中的副词强调持续与变化之间构成的张力，两位诗人都表现出感知意识的某个阶段[①]。

第四，谢里登对大小谢五言诗中250个频度最高的字作了统计并加以比较，由此见出他们二人各自在用词上表现出来的显著特征（见附录二，表四）。谢里登指出，比如"清"字在两位诗人诗作中出现频度都极高，然而他们诗中呈现出来的"清"字的意义却有着明显的差异[②]。谢灵运更频繁地运用"清"字哲学层面的含义，比如"清尘""清思""清越""清霄""清晖""清畅""清音""清华""清涟"，其中的"清"字透着一种玄理或佛理在内，是诗人宗教情感和山水融合的结果，因而呈现出独特的意境。谢朓则将该词的范围扩大到描写具体的物，比如"清霜""清冰""清阴""清镜""清香""清漪"，不难发现谢朓诗中的"清"更多地在描写其实际状态。

谢灵运着眼于浩瀚空旷的远景，谢朓笔下的山水景致相比之下更集中，更温和，这在其词的频度中可见。谢灵运诗中"林""石""天""海""兰""岩"这些字出现频率高，谢朓诗歌中的风景常用字显示出他

[①] Selinda Ann Sheidan, *Vocabulary and Style in Six Dynasties Poetry: A Frequency Study of Hsieh Ling-yun and Hsieh T'iao*, Ph. D. diss., University of Washington, Ann Arbor, Mich.: UMI, 1982, p. 40.

[②] Ibid., p. 34.

写景的规模较谢灵运小,比如"池""树""光""台""草""枝""城""霜""路"。简言之,谢灵运喜用"石"字而谢朓喜用"光"字这一文本差异凸显出二人诗歌审美的不同倾向。谢里登指出谢灵运诗歌中"石"一字由其物质性引发的联想意义如"稠密""幽暗""抵抗"有助于理解其诗歌沉郁的艺术风格。同样,谢朓诗中"光"所指涉的"自由的""弥漫的""须臾的"这些特征,成为谢朓诗歌清丽、悠闲自适风格的诗歌符号①。

此外,谢里登指出,在谢灵运诗中,他倾向于运用表示情感的、动作的或持续的动词,比如"始""欢""谢""幽""感""发""顾""念""易""浮""登""难""在""往"等,谢朓诗中这类词汇较少,主要是"平""寒""散""纷""照""入"②。

在表示空间顺序的字词上,谢里登指出谢灵运诗歌中隐含着某种观察视角和空间关系的表达。比如"长林罗户穴,积石拥基阶"(《登石门最高顶》),这里诗人的视角应该是俯视,从高馆俯瞰,只见山馆掩映在树丛中,基阶乱石堆砌。谢朓诗则更细致地表现景物的空间顺序,他诗中表示方向的字出现的频度更高,比如"上""下""南""北""东""西",而且他的描写更为"精工",这在其诗句"日华川上动,风光草际浮"(《和徐都曹出新亭渚》)中可以见到③,阳光在水面上泛动,春色浮现在草叶之上。"上""际"这两个表示空间顺序的词汇显示了诗人细腻传神的描写风格。

第五,谢里登对大小谢诗中常见的名词作了对照(见附录二,表五)。首先,谢灵运和谢朓的诗歌代表着山水诗发展的不同阶段,二人诗中名词的变化折射出从以人为中心的主题转向了更多地强调自然的诗歌主题;其次,从二人诗中名词的特点可以见出山水诗的发展,谢灵运诗中的一些抽象名词,比如"生""物""时"等在某种程度上被"春""晚""江""池塘"等一些明确标明时间、季节和地点的具体名词所替代;最后,在谢朓的诗歌中,某些名词的频率大量增

---

① Selinda Ann Sheidan, *Vocabulary and Style in Six Dynasties Poetry: A Frequency Study of Hsieh Ling-yun and Hsieh T'iao*, Ph. D. diss., University of Washington, Ann Arbor, Mich.: UMI, 1982, pp. 36 – 37.

② Ibid., pp. 37 – 38.

③ Ibid., p. 43.

加，比如"风"字在谢朓文本中出现的频度是谢灵运的两倍。谢朓诗中主要名词中的"芳"的意义涉及感官这一层含义，也不同于谢灵运诗中的"芳"指涉的芳草这一意象①。

第六，谢里登还分析了大小谢诗中的常见的动词（见附录二，表六）。这些动词分为"动态动词"（verb of action）和"静态动词"（verb of state）两种类型。谢里登指出，这些词汇中的一部分并不完全起着动词的功能，需要参照诗歌的语境，比如在谢灵运的诗歌里，"流"字在大多数情况下表示"流动的状态"或"水流"，而在谢朓的诗句中，"流"字一般表示"流动"这一动词含义。谢灵运和谢朓在动态动词使用上的差异在于谢灵运倾向于更频繁地运用表示移动的动词，如"游""流""来""归""行"，然而在谢朓诗中表示感知的动词使用频度相对更高，如"望""见"。这一变化折射出两位诗人迥然不同的游览经验，一位是"远游"，步入山水，另一位则是"远眺"，对山水持"观""望"的态度②。

谢里登指出，山水词汇及表示时间和空间顺序副词的增加折射出六朝时期诗歌写景状物的清晰和准确。在山水诗发展的早期阶段，诗人常常将眼前的山水实景与《楚辞》或赋文中用夸饰的笔法展现的空旷原始的山野之景相联系，所以他们也面临着将《楚辞》和赋文中相对松散的、神秘的、夸张的语言改写为紧凑的诗歌语言这一挑战，而谢灵运的山水诗则做到了这一点③。他从《楚辞》及赋文中汲取灵感，但他的山水诗在语言风格上又表现出凝练、描写真实的特点。

二 诗歌语词与其"新奇"的诗歌风格之关联

从谢灵运和谢朓的词语频度的比较研究中可以见出谢灵运的措辞特点。谢里登从谢灵运诗的语词的角度切入，以具体诗歌为例，分析了谢灵运诗歌语词特点与其"新奇"风格之联系。她主要对其诗歌中的动词进行了探讨。她首先以《石门新营所住四面高山回溪石濑茂林修竹》为例，

---

① Selinda Ann Sheidan, *Vocabulary and Style in Six Dynasties Poetry: A Frequency Study of Hsieh Ling-yun and Hsieh T'iao*, Ph. D. diss., University of Washington, Ann Arbor, Mich.: UMI, 1982, pp. 30–32.

② Ibid., pp. 32–33.

③ Ibid., pp. 1–44.

分析了诗中的动词。

石门新营所住四面高山回溪石濑茂林修竹

跻险筑幽居，披云卧石门。
苔滑谁能步，葛弱岂可扪。
袅袅秋风过，萋萋春草繁。
美人游不还，佳期何由敦。
芳尘凝瑶席，清醑满金樽。
洞庭空波澜，桂枝徒攀翻。
结念属霄汉，孤景莫与谖。
俯濯石下潭，仰看条上猿。
……

谢里登指出，"跻险"二句就有四个表示动作的动词："跻""筑""披""卧"。诗人如同诗剧中的演员一般，将其动作一一呈现在读者面前，诗歌也表现出叙事的特点。这四个动词也展现出诗人在石门修筑其新居，虽然新居所处地势险峻，但诗人的"高蹈之情"[1] 自然地流露出来。"苔滑"以下六句，诗人借用了《楚辞》中的主题和意象，然而谢灵运诗中展现的境界却不同于《楚辞》。《楚辞》中无望的期待所引起的这一主题在谢灵运诗歌中表现得含蓄，《楚辞》中与友人重聚无望的怅惘之情，在谢灵运的诗中，更多地表现为诗人超然的心态。"结念"句中，诗人的视角转向高远的天空，他虽然也感到无人可以倾诉，但是在接下来"俯濯"二句中，"濯"和"看"这两个表示动作的动词显示了诗人已超越了其内心的世俗之念，进入超然境界过程中的心灵的净化与静思默想的观照的阶段[2]。

谢灵运诗歌"新奇"的语言风格更多地表现在其"中动结构"（五言

---

[1] （南朝宋）谢灵运，叶笑雪选注：《谢灵运诗选》，古典文学出版社1957年点校本，第71页。

[2] Selinda Ann Sheidan, *Vocabulary and Style in Six Dynasties Poetry: A Frequency Study of Hsieh Ling-yun and Hsieh T'iao*, Ph. D. diss., University of Washington, Ann Arbor, Mich.: UMI, 1982, pp. 50-52.

第五章　谢灵运诗歌艺术特色之研究　　213

诗"二一二"结构)的中心词上。谢里登指出这些不常见的动词不仅给诗句增添了新奇的特色,而且更重要的是,这些动词中心词使景物描写显得清晰准确①。在五言诗中,将较为罕见的动词置于两个并列的名词之间的"中动结构"在建安诗歌中可以见到,如"嘉木凋绿叶,芳草纤红荣"(陈琳的《诗》),"秋兰被长坂,朱华冒绿池"(曹植的《公宴》)。但谢灵运诗中的中心词则更明确地显示了景物之间的空间顺序。谢里登以《发归濑三瀑布望两溪》中"积石竦两溪,飞泉倒三山"的诗句为例,指出"竦""倒"二字将"积石"和"飞泉"上下空间位置的对比戏剧化地表现出来。

谢灵运诗句中带有理性色彩的中心词将诗人的主观感知带入意象中,显示出诗人的感官诸如听觉、视觉、知觉等已介入到其观照的客观世界②,比如"鸟鸣识夜栖,木落知风发"(《石门岩上宿》),"连岩觉路塞,密竹使径密"(《登石门最高顶》)。在这两个对句结构中,"识""知""觉""使"虽然含有推理的意义,然而诗人并不关注这一推理,诗人所要表现的是人与自然合一、物我两忘的道家境界。

中心词的拟人用法表现了诗人对自然的审美心理,在其诗歌描绘的生动和谐的画面中,诗人运用拟人的手法将他从景物中捕捉到的动态关系生动地展现出来。"白云抱幽石,绿筱媚清涟"(《过始宁墅》),"抱""媚"二字将"白云""绿筱"人格化,而且,"抱""媚"二字也展现了"白云和幽石,绿筱和清涟之间紧密的空间关系"③。同样地,"海鸥戏春岸,天鸡弄和风"(《由南山往北山经湖中瞻眺》)中的"戏""弄"不仅使整个画面灵动活泼,而且表达出海鸥与春岸、天鸡与和风亲密无间的空间距离。从这一描写来看,谢灵运并非一个客观的、无动于衷的旁观者,他对自然的观照融入了其深刻的主观情感及其从山水中悟出的"道"。

在表现自然的变化时,谢灵运用独特的句法和措辞描写瞬间的自然变

---

① Selinda Ann Sheidan, *Vocabulary and Style in Six Dynasties Poetry: A Frequency Study of Hsieh Ling-yun and Hsieh T'iao*, Ph. D. diss., University of Washington, Ann Arbor, Mich.: UMI, 1982, p. 63.

② Ibid., p. 65.

③ Close spatial relationships between the white clouds and the dark rocks, the green vines and the clear rapids. Selinda Ann Sheidan, *Vocabulary and Style in Six Dynasties Poetry: A Frequency Study of Hsieh Ling-yun and Hsieh T'iao*, Ph. D. diss., University of Washington, Ann Arbor, Mich.: UMI, 1982, p. 69.

化。比如"崖倾光难留，林深响易奔"(《石门新营所住四面高山回溪石濑茂林修竹》)二句中光影、声响倏逝的描写。又如"池塘生春草，园柳变鸣禽"(《登池上楼》)，其中的"生"和"变"充分展示了这一清新生动的变化的瞬间。

谢里登认为谢灵运对山水的观照受玄学家郭象的影响。"若乃物畅其性，各安其所安，无远迩幽深，付之自若，皆得其极，则彼无不当而我无不怡也。"① 任何事物只有遵循其内在的本性，才能获得精神上的满足。谢灵运诗歌中对自然景物的描写充分体现了"物畅其性"这一思想，"谢灵运常常循着景物本身呈现的方式，含而不露地运用平实的措辞和句法，竭力去捕捉它们各自的物'性'"②。所以谢灵运也用叠字加主谓结构的形式来描摹景物的声色情貌，比如"活活夕流驶，噭噭夜猿啼"(《登石门最高顶》)二句中，与"活活"二句之前的诗句的句式结构相比较，"活活"二句的表达显得真实自然。"交交止栩黄，呦呦食萍鹿（《过白岸亭》）二句也可以感受到谢诗中"物畅其性"的描写方式。然而"'畅其性'与'怡人情'是统一的。……自然中被摄取入诗之物的每一种，无不是以各自的'性'和诗人的一定的'情'相联系"③，诗人触物生情，景物的"性"与诗人的"情"是相通的，对景物的描写也透射着诗人内心真切的情感。

概言之，谢里登从统计词频入手，对谢诗中的语词特点作了概括，进而从其诗歌表达的语词，尤其是动词的特点，进入到其"新奇"的语言风格。谢里登采用了实证与阐释相结合的研究方法，对于诗论家对谢诗"点、悟"式批评而言，无疑具有实证的意义。

第五节 黄泽昌的研究：以"游览"为视角

两晋南北朝时期山水景致在诗歌、绘画等艺术形式中的大量出现表明

---

① （清）郭庆藩撰，王孝鱼点校：《庄子集释》卷一，中华书局1961年点校本，第90页。
② Hsieh Ling-yun usually tries to capture the naturalness of things following their own way with diction and syntax that are deliberately plain and do not call attention to the poet's cleverness. Selinda Ann Sheidan, *Vocabulary and Style in Six Dynasties Poetry: A Frequency Study of Hsieh Ling-yun and Hsieh T'iao*, Ph. D. diss., University of Washington, Ann Arbor, Mich.: UMI, 1982, p.71.
③ 沈悦苓：《论阮籍诗歌创作的审美经验》，《文学评论》1985年第3期，第125页。

了人类实践和认识范围的扩展,也暗含着人类主体领域的扩张(人类从认识和实践的角度将自然山水景致纳入到自身的范围内,将其作为自身领域的组成部分),而如果从主体实践的角度而非艺术内容转变(山水作为艺术内容的出现)的角度来理解山水诗的写作,则必然将山水诗的写作看作是主体对自然山水景致(在艺术—认识上)的占有。这正是黄泽昌在其《短行、庄园和居高临下的审视——谢灵运的山水诗》一文中研究山水诗所采取的视角和方法。

一 作为研究视角的"游览"

黄泽昌在《短行、庄园和居高临下的审视——谢灵运的山水诗》一文中对山水诗的研究不再关注作为刻画内容的"山水"的出现及其在诗歌中所采取的形式和具有的特点,而是关注作为主体行为的"游览"(诗人在写作山水诗时所采取的行为及视角)。这一研究视角的转变使得黄泽昌可以从关注新的诗歌内容的出现转变为关注人类认识领域的扩张,而对人类认识领域扩张的关注又被黄泽昌扩展为关注其本身所暗含的权力关系及提喻为关注(君主)权力的扩张。作为第一个大量写作山水诗的诗人,谢灵运自然被黄泽昌用来证明自身的研究。

黄泽昌首先指出"山水诗"是后来人们对谢灵运等人诗歌写作的理解和命名,如果站在两晋南北朝的时代研究后人所谓的"山水诗",最好还是将其命名为"游览诗"。(黄泽昌实际上最早将其追溯到《文心雕龙·明诗》,在这个意义上说,山水诗的命名并不存在太大的问题,只不过是黄泽昌研究视角的转变才使得重新命名成为必要)"我所讨论的目标在于将我们对中国山水诗的讨论,以对谢灵运的研究为例,从'自然'甚至'山水'等术语上移开,根据中古时期所熟知诗歌体裁和认识类型将其重新界定为'游览'。"[1] 在黄泽昌看来,"游览"实际上包括两个成分,"游"(可以被看作是短途旅行,包括打猎、观光或皇家巡视等行为)和"览"(观看的总体形式,包括研究和观察事物和现实,使事物和现象在主体的思想和认知中展现)。名称的改变代表了黄泽昌对山水诗研究视角的转变,即从关注诗歌的内容转变为关注黄泽昌主体的实践—认知行

---

[1] Harrison Tse‐Chang Huang, *Excursion, Estates, and the Kingly Gaze: The Landscape Poetry of Xie Lingyun*, Ph. D. diss., University of California, Berkeley, Ann Arbor, Mich.: UMI, 2010, pp. 2–3.

为，这一主体的行为在黄泽昌的写作中被赋予了一种提喻的意义——诗人的写作（个体—部分）被提喻为帝王对天下的占有（整体）。

第一，诗人对自然山水景致的写作包含了其自身对自然山水景致的认知和关注，诗人将山水景致写入诗歌的过程实际上就是诗人在认知—艺术上对山水景致的占有。山水诗的出现不仅需要山水，更需要诗人对山水的独特的认知和感受力，而诗人对山水的认知和感受则是作为主体的诗人对作为认知和感受客体的山水在认识和思想上的重构和呈现。这一重构和呈现的过程实际上就是诗人在主观上对山水的占有的过程。谢灵运的诗歌涉及的不仅是"会稽境特多名山水，峰崿隆峻，吐纳云雾。松栝枫柏，擢干竦条。潭壑镜彻，清流泻注"①，还有他对自然的山水景致的精细入微的认知和体验。因此，谢灵运登上池上楼不仅细致入微地"看到""池塘生春草，园柳变鸣禽"，还带有一份感伤——"祁祁伤豳歌，萋萋感楚吟。索居易永久，离群难处心。持操岂独古，无闷征在今"（《登池上楼》）。这种对自然风光的细致入微的观察和情感体验体现了诗人认知和情感领域的扩展——从自身拓展到外部的自然景致，也是诗人在认知和情感上对外界自然风光的主观占有。

当然，对于两晋南北朝诗歌来说，单纯地说认知和情感上的占有可能并不准确，因为，对于这一时期的诗歌写作而言，更多地涉及对诗歌本身（语言和形式）的探索。"宋初文咏，体有因革，庄老告退，而山水方滋，俪采百字之偶，争价一句之奇。情必极貌以写物，辞必穷力而追新，此近世之所竞也。"② 这一时期的诗歌写作，不仅是内容上的创新（新的诗歌写作内容的出现），也涉及诗歌词语、句法、形式的创新。

第二，黄泽昌改变山水诗的研究视角不仅仅是关注诗人（主体）对山水（客体）在认知—情感上的占有，更多的是将其比喻为一种帝王对天下的统治关系。在黄泽昌看来："中国的游览传统的最早的例子是作为其传统代理者（classic agent）的统治者旅行（游）和观察（览）自己的领地。"③ "游"在《说文解字》中被解释为"旌旗之流"，因此，"游"

---

① 余嘉锡撰，周祖谟、余淑宜整理：《世说新语笺疏》，中华书局1983年版，第145页。
② （南朝梁）刘勰著，范文澜注：《文心雕龙注》（上），人民文学出版社1958年点校本，第67页。
③ Harrison Tse-Chang Huang, *Excursion, Estates, and the Kingly Gaze: The Landscape Poetry of Xie Lingyun*, Ph. D. diss., University of California, Berkeley, Ann Arbor, Mich.: UMI, 2010, p. 6.

本身既包含着君主自身的娱乐行为（观光、打猎等）或伦理性的祭祀，也包含着一种可见的政治学，即宣示帝王的威严；而"览"则更多地被解作"望"，君主目之所及，即是统治的范围。"岁二月，东巡守，至于岱宗，柴，望秩于山川。"①"游"之所及，"望"之所及，即是君主的统治所能达到的范围。而对于封建时期的认知而言，君主不仅是权力的拥有者，也被理解为全能的认知者，君主拥有最高的智慧和最全能的知识，君主的话即是"真理"，因此，君主的认知代表了全体被统治者的认知；反过来说，全体人民的认知代表了君主认知所能达到的程度。正是在这个意义上，黄泽昌将谢灵运的山水诗比喻为一种君主统治的延伸。因为，在谢灵运的山水诗中总是充斥着"行"（《日出东南隅行》《苦寒行》等）、"游"（《游南亭》等）、"登"（《登池上楼》等）、"过"（《过始宁墅》等）等主体行为，谢灵运对现实景物的游览实际上是君主的游览的延伸。

诗人对山水的游览与山水诗的写作能够与君主的巡守联系起来还在于一个特殊的连接点——园林。园林既是天子游乐的重要地点，也是文人游览和写作的重要内容，正是在文人对园林的游览和写作上，黄泽昌将山水诗的写作看作是君主统治的隐喻。园林尤其是皇家园林的修建暗含着君主纳四海于庭院的愿望，而文人对君主庄园的描写和对君主在庄园中活动的"记录"也宣示了君主的至高无上和君主对天下的统治。这其中最具代表性的应该是司马相如对上林苑的景致和天子狩猎的展示，这种展示宣示了帝国中心相对于其他地域的绝对的权力和道德优势。我们现代所谓的谢灵运的山水诗，有很大一部分也并不是描写的山水，比如"池上楼""始宁墅""南亭"等，正是抓住了这一重要的差异，使得黄泽昌能够更倾向于将"山水诗"重新界定为"游览诗"；而正是对于庄园的游览，使得诗人成为庄园的主宰，并将主体对庄园的观览定义为"居高临下的审视"（或"君临"）（kingly gaze）。

第三，游览与被游览之间确认了中心与边缘的界限和差异。游览本身作为一种主体的行为，就确认了主体相对于客体的优势（主体相较于客体的主动性），因此，游览被确认为"君临"；这种"君临"也确认了中心与边缘之间的界线和差异。游览只是君主或诗人的一次旅程，最终要回归到自身所在之地，而其所处之地才是中心，所游览之地不过是相对于他们

---

① （清）阮元：《十三经注疏》，中华书局1980年影印本，第127页。

的所在之地的边缘，一个休闲和娱乐的体验之所，游览也不过是相对于常规生活的一次偏离和"背叛"。因此，对于君主和诗人的长居之所而言，游览之地，无论是自然的山水还是庄园，都不过是执行着某种功能（赏玩、打猎、祭祀、体验等）的工具。在长居之地和游览之地之间，中心与边缘的地位得到了确认，中心与边缘也通过特定的功能得到了明确。对于谢灵运来说，他总有真正的所系之所，而这一所系之所就是所谓的中心，而山水和园林不过是"游""过""登""忆""入"的暂时介入。在中心与边缘之间，只是一个认识和体验的过程。中心相对于边缘拥有绝对的权力和优势地位。无论边缘如何美好，最终总是要回到中心并受到中心的统治。

当然，在黄泽昌这里，之所以能将游览看作是确认了中心与边缘的差异和对立的根基在于以主客体关系思考问题的方式。当主体与客体之间被确立为一种认识关系时，那么，主体相对于客体必然处于某种优势地位——主体处于主动的地位；但是，当主体与客体之间处于某种情感体验和审美状态时，主体的优势地位实际上是被削减了，主体融入客体之中，因此，正是诗人与山水庄园之间的复杂关系，使得中心与边缘之间有了反转的可能，即边缘在诗人的体验过程中占据了某种中心的位置，忘记了中心的存在。因此，谢灵运的诗歌才注重词语的雕琢和充满了对山水、园林的精致刻画。在对边缘的体验中，中心被暂时地抛弃了。黄泽昌将此解作"忘返"（forgetting to return）。因此，在谢灵运这里，山水、园林是"情用赏为美，事昧竟谁辨？观此遗物虑，一悟得所遣"（《从斤竹涧越岭溪行》）。在对山水、园林的"赏"中，"超埃尘以贞观"（《入道至人赋》）、"遗情舍尘物，贞观丘壑美"（《〈述祖德诗〉之二》）。

二 以"游览"为研究视角所存在的问题

当黄泽昌转变一下对山水诗的研究视角，将关注的重心聚焦于主体的"游览"时，他确实拓开了山水诗研究的新领域。可是，在这一视角的转变中，我们姑且不论他在立论时所坚持的用"游览"来命名我们现在所谓的"山水诗"是否真的能够恢复"古人"对这一类型的诗歌的看法（如果"山水诗"只是后人研究和理解的视角，他作为一个现代人、以西方的话语理论研究我们所谓的"山水诗"又如何能够被看作恢复了古人的视角？），他的研究还至少存在以下几个方面的问题：

第一，混淆了审美与认知之间的差别。黄泽昌从主体与客体之间的关系的角度研究山水诗的写作，看到主体（诗人）相对于客体（山水、园林）的主动地位。可是，当他以这一视角研究所谓的山水诗时，实际上把主体与客体之间的关系简化为单纯的认知关系；但是，对于诗人与其所体验的山水、园林之间的关系而言，其最重要的是一种情感体验的审美关系。对于认知关系而言，主体与客体之间是彼此分离和主体相对于客体的优势地位；而对于审美关系而言，主体是融入于客体之中的，并且几乎是无目的性和无功利性的。这正是我们所说的"寡欲弃尘物"。

第二，抹杀了中国传统知识分子在寄情于山水与天子巡守的重大差异。如果我们将诗人与山水、庄园的体验看作是一种审美体验，那么，这种审美体验必然是与现实的功利性相区别的。天子的"游览"可能会既包含着娱乐、道德和展示权力的复杂功能；但是，诗人作为体验山水、庄园的主体，作为写作诗歌的作者，基本上是抱着逃离现实的目的的。即使对于曹丕这样的君主而言，当他寄情于山水时，也是"遨游快心意，保己终百年"[①]。对于谢灵运而言，"谢之创作，是因为外界美的事物对其心灵的触动，从而使其心灵产生共鸣和情感的愉悦（'顺从性情，敢率所乐，而以作赋'，'情用赏为美'）；要实现对美的事物的审美体验，必须做到心灵的自由，不受尘世俗累的羁绊（'超埃尘以贞观，何落落此胸襟'，'遗情舍尘物，贞观丘壑美'）。要言之，即是以'情用赏为美'为核心的'赏情适性'的审美追求"[②]。在审美体验的意义上，诗人对山水、庄园的体验实际上是完全抛开现实的功利性的，更别提统治/权力关系了。

第三，中心与边缘翻转的可能虽然在于"忘"，可是其根基在于审美本身的特性，即以审美体验为核心、以审美为视角对现实进行批判。尘世与现实的功利性和目的性完全束缚了个人的自由，而这种自由或灵魂的完满只能在审美中才能获得，因此，对于统治阶级而言，中心与边缘的关系是中心相对于边缘的权力优势和统治关系；而对于诗人的审美体验而言，所谓中心与边缘的关系则必定获得翻转，边缘作为自由与完满的象征（自由的、完满的），在诗人的体验中实际上是高于权力统治的中心的（受束缚的、不自由的）——当然，对于谢灵运而言，他对于山水园林的寄情可

[①] 魏宏灿校注：《曹丕集校注》，安徽大学出版社2009年版，第61页。
[②] 唐爱明：《赏情适性——谢灵运的审美追求》，《贵州工业大学学报（社会科学版）》2006年第2期，第83页。

以被看作是对政治失意的逃离。也正是以高于"中心"的"边缘"为支点，诗人才获得了批判现实的可能。因此，陶渊明才能以"采菊东篱下，悠然见南山"①为支点批判"误入尘网中，一去三十年"②。也正是以审美为基点，谢灵运才能"超"、"舍"污浊的现实。因此，在山水诗的写作中，"中心"与"边缘"的关系并不是一种统治的权力关系，而是一种审美关系—批判现实的关系。当然，这样一种对立也并非统治关系的延伸，而是"境界"的延伸，即个人的认知、体验所能达到的程度。当谢灵运能够将自身的认知和体验达到某种幽微的境界时，他自然可以以这样一种幽微的境界（高于现实）对现实进行批判。

概言之，黄泽昌以谢灵运的诗歌为例对山水诗进行研究之所以存在这些问题，并不仅仅是因为其研究视角的转变（对山水诗的重新界定），而在于其研究的方法。当他以西方哲学中的主客体关系为框架研究山水诗的写作时，必然将主体哲学中所存在的问题带入到对山水诗的研究中，也即当其单纯地关注主体行为时，实际上是将主客体关系看作是一种工具和目的关系——一种占有和统治的关系，正是因为如此，黄泽昌才能够将诗人对山水、园林的游览和体验关系比喻为"中心"与"边缘"的权力统治关系；也正是因为如此，黄泽昌实际上是以西方主体哲学范式对中国的山水诗进行研究的。

---

① 逯钦立校注：《陶渊明集》，中华书局1979年版，第89页。
② 同上书，第40页。

结束语

　　中国文学，尤其是中国古典诗歌一直备受西方汉学家的青睐。继中国古典诗集，比如《诗经》《楚辞》及个别诗人的诗作如陶渊明、李白、杜甫、王维、白居易、李商隐、苏轼等成为西方汉学研究的重点之后，南朝诗人谢灵运以其在中国诗歌史上的非凡成就及其独特的士大夫情怀正逐渐成为西方汉学关注的又一重点。自20世纪50年代谢灵运开始进入西方学界的研究视野起，迄今已近60年。在这60年的时间里，随着中西学界不断增加的文学交流，也随着西方学界本身对谢灵运的持续翻译和研究，谢灵运在西方学界获得了越来越多的关注。如今，西方汉学界对谢灵运的研究已从早期的译介转向对各种议题的深入探讨。当然，由于西方学界对谢灵运的译介及研究起步较晚，所以其研究的规模和程度都还不能与陶渊明、李白、苏轼等人相比，但谢灵运的研究正处于持续发展中，而且初具规模。

　　就谢灵运诗歌的整体翻译状况而言，自20世纪60年代傅乐山第一个系统译介谢灵运诗歌，半个世纪以来，涌现出以傅汉思、韦斯特布鲁克、沃森、叶维廉、孙康宜、伯德曼、亨顿和田菱为代表的英译者。虽然他们译介的数量多少不等，翻译方法和风格各异，但宗旨如一：都是希望能把谢灵运这位"中国山水诗之宗"推介到英语世界。但是，谢诗独特的句法和炼字琢句的语言风格为合理翻译增添了难度。试举"俯视乔木杪，仰聆大壑淙"二句的翻译为例。译者在翻译这两句时会发现诗人描写自然景象时引入了"俯"和"仰"相对的空间意识。正常的观景是仰视乔木杪，侧耳聆听大壑的水流声，谢灵运此处将"俯""仰"二字颠倒，就是要制造一种效果："仰视乔木杪时，壑淙之音萦耳不去，俯聆大壑淙时，乔木之姿犹在眼前。两句表现的是，山水万物一片自然混沌，上下视听的美感经验已融成一片"①。诗人的听觉意识、视觉意识相互掺杂，难以区分。这种融合了诗人空间意识，表现诗歌独特意境的诗句是翻译中的难点。韦斯特布鲁克曾将二句译为"Below I see the tops of towering trees, / And looking up hear the great valley's roar"②，译文照原文字句译出，字面意义相等，却难以再现原文所表现的诗人融入山水时各种意识相互交织，眼前一片混沌的审美意境。由此可见，谢诗独特的语言风格的确能够成为合理翻译的障碍。德莱顿将翻译比作"脚上戴着镣铐在绳子上跳舞"③。翻译谢灵运的诗歌，就犹如带着双重镣铐跳舞。正因为如此，西方学者对谢灵运诗歌在翻译上的探索从未停止过。

就西方学界对谢灵运的整体研究而言，从20世纪50年代到70年代注重生平、思想研究及"以作品为中心"的研究过渡到而今的将作品纳入某个研究视角的接受批评研究。在西方诗学的背景下，对谢灵运其人其诗的研究正围绕各种议题不断展开。西方学者的研究与国内研究相比，有着以下特色。

第一，围绕作品本身，借助西方的批评理论对作品进行阐释是西方学者解读中国古典诗歌的一贯途径，而且他们常常结合西方人的审美心态对作品进行解读。在解读过程中，西方学界尤其关注文本。正是基于对文本本身的深度解读，西方学者才能够在中国本土学者因过于熟悉而想当然地接受，从而缺乏深入思考的地方进行独辟蹊径的分析，因而能够在本土学者习焉不察之处有所发现，提出新颖的观点。比如韦斯特布鲁克提到的《诗经·魏风·园有桃》一诗中的"圁"字用典即可作为例证，他从字形来推断其用典的说法就带有很大的独创性。又比如韦斯特布鲁克指出的谢诗结构中的语法变异的现象，由此也可见西方学者对诗歌文本的关注极为细致这一点。西方学者细读文本的研究方法对于国内的谢灵运研究无疑具有借鉴意义。

---

① 王国璎：《中国山水诗研究》，中华书局2007年版，第276页。
② Francis Westbrook, *Landscape Description in the Lyric Poetry and "Fuh on Dwelling in the Mountains" of Shieh Ling-yunn*, Ph. D. diss., Yale University, Ann Arbor, Mich.：UMI, 1973, p. 121.
③ Dancing on ropes with fettered legs. John Dryden, "On Translation", in R. Schulte, J. Biguener, eds., *Theories of Translation：An Anthology of Essays from Dryden to Derrida*, Chicago：University of Chicago Press, 1992, p. 18.

第二，西方汉学家采取了与国内学者不同的研究视角。国内学者往往受制于单一的文化模式和思维，而西方学者从一个不同的文化视角切入，所以多有新见。比如对于国内学者认为谢灵运的山水诗"常常拖着一条玄言尾巴"这一诗歌缺陷的认识，有的西方汉学家就持不同的看法。田菱指出，谢灵运借助《易经》来再现其眼中的山水世界，谢灵运在写景状物之后附上哲理性的反思与《易经》"圣人立象以尽意，设卦以尽情伪，系辞焉以尽其言"的结构模式相吻合。① 在"象"之后配上"言"，以充分阐释"象"，所以谢诗叙事、写景、言理的结构模式也表现为一个符合自然的过程，"玄言"并非其诗歌的缺陷。陈伟强则从另外一个角度来看待"玄言的尾巴"，他指出"寻求'理'是谢灵运诗歌的一个重要特色"，山水不过是"悟理"的荃蹄，谢诗对风景事物的铺陈描写只是为了引出其中蕴藏的"理"。又比如黄泽昌的研究，他不是按传统的思维模式去关注谢灵运笔下的"山水"，而是关注主体行为的"游览"视角。又比如田晓菲从"自我"与"他者"的关系的角度对谢灵运诗歌的审美特点的界定，将其界定为"炼狱之诗"或"净化之诗"。这些视角都呈现出迥异于国内研究的西方文化批评的特色，无疑会加深我们对作品的认识。

第三，西方汉学家将一些跨学科的横向研究方法用于文学作品研究。比如从语言学的角度研究作品的文体风格，赛琳娜·安·谢里登就是从统计词频的角度来考察谢灵运的语词与其艺术风格。国内学者对诗歌艺术风格的研究一般倾向于对作品进行分析和阐释，较少从语言学的角度加以科学的论证。西方汉学家这一横向研究方法对于国内的文学作品研究有着借鉴意义。

第四，西方汉学家倾向于用西方的术语来阐发作品。比如韦斯特布鲁克用波德莱尔《信天翁》诗中的"信天翁"的隐喻意义来比拟诗人形象，用马乔里·尼尔逊著作《灰暗抑或辉煌》中的"更远处"（more beyond）一词来阐发谢诗中的"理"。韦斯特布鲁克用"山水变形"（landscape transformation）来指涉谢灵运笔下主观化的山水。又比如田晓菲称谢灵运诗歌为"炼狱之诗"或"净化之诗"。西方学者在运用西方诗学术语来对应中国文学作品中的术语时也会表现得非常严谨，比如用"verisimilitude"一词来对应"形似"一词时，孙康宜在注释中作了明确说明。她指出

---

① （魏）王弼著，楼宇烈校释：《王弼集校释》，中华书局1980年点校本，第554页。

"verisimilitude"这一文学术语在西方批评语境有着不同的内涵,在这里她是取其"呈现细节"的含义,类似于艺术史中的"verism"(写实主义),对"verisimilitude"一词的界定有助于准确表达"形似"的内涵。

第五,西方学者的论证颇为细致严谨。以韦斯特布鲁克为例,其论文中花了大量的篇幅对诗中所涉及的典故及东西方学者对于诗句所持的观点加以注释说明。而且在论证过程中,韦斯特布鲁克也总是援引文本之间的事实联系加以证实,而非主观化的论断。例如,韦斯特布鲁克对《过白岸亭》诗中"援萝聆青崖,春心自相属"二句中对"援萝"的理解。韦斯特布鲁克指出,"援萝"让人联想到《楚辞》中的"采""搴"等动作的描写,《九歌·湘君》中的"采薜荔兮水中,搴芙蓉兮木末"中的"采薜荔""搴芙蓉"。薜荔长在树上,芙蓉生在水中,而在水中采摘薜荔,在树梢搴撷芙蓉,终将一无所获,所以"援萝"这一表达暗示着诗人内心的不安。韦斯特布鲁克从《楚辞》文本中去寻找"援萝"的言外之意,达到了很好的效果。

当然,西方学界对谢灵运的研究也存在一些不足。第一,由研究资料的限制而导致的研究内容的狭窄。国外学界对谢灵运诗歌的研究集中在对其主题思想和艺术风格方面,对谢灵运的生平及儒释道思想方面的研究还不够深入。第二,一些来自西方文化背景的术语或批评术语有时候尽管生动形象,然而这些术语毕竟与原作中的形象或意义存在着一定的差异性,所以有时给中国读者带来一种"隔"了一层的感觉。

尽管西方学界对谢灵运(及其他一些中国诗人)的翻译和研究有其自身的一些缺陷,但至少因为以下三个方面的原因使我们应该持续关注西方汉学界对中国古典文学的译介和研究工作:

第一,自五四新文化运动以来,中国学界就有一种"全盘西化"的倾向。到目前为止,整个中国学界的学术范式都已基本西化。我们自身对中国古典文学的研究也往往是以西方的学术范式(术语、思考方式等)进行的。西方学界对中国古典文学的关注反而成为我们深入探讨中国古典文学的重要凭借。21世纪的今天,随着中西文化交流的发展,谢灵运的研究势必日渐繁荣,因为谢灵运不仅仅是一位山水诗人,他的其他文类,比如赋、诔、志、铭、颂、书信等,他的哲学思想,以及其作品中反映出来的中国士大夫在政治失意时的生存状态都还有待研究。这既是谢灵运在文学史上的重要地位决定的,也是与其重要地位相称的。

第二，西方学界对我国古典文学的研究构成了中西文化交流的重要一环。西方学者对谢灵运的译介研究，也出于一种对中国古典文学的情结，一种对中国古典文学的真诚和崇敬。傅乐山在其著作《潺潺溪流》中由衷地感叹道，谢灵运开创的山水诗派是对整个世界文学的或许最为卓著的贡献[1]。正是以对陶渊明、李白、杜甫、谢灵运等人的共同关注为媒介，中西文化找到了彼此深入交流的重要参照点。

第三，在学术研究中，我们很难确定哪一种研究能够直指研究对象的本真性（原真性）。相反，对本真性（原真性）的强调还有可能成为我们压制其他研究话语的工具——它确认了研究的标准和研究的范式。不同的学术研究在相互交流中得以沟通并且获得自我的反思性（在相互质疑、提问、反驳中）。以中西学界对谢灵运的研究为例。西方学界对谢灵运的研究可以为我们的研究提供借鉴。我们也可以对西方学界的研究提出质疑和反驳。在这种质疑、反驳中，中西学界的研究共同构成了关于谢灵运自身及其诗歌的一般话语。我们关于谢灵运自身及其诗歌的知识正是在相互交流（询问、质疑、反驳、证明）的过程中形成的。中西学界关于谢灵运的共识构成了我们接受谢灵运的先在知识和学术背景。

总之，西方学界对谢灵运的研究构成了对谢灵运研究的重要一环，也成为促进谢灵运研究繁荣的重要推动力。晚唐诗人温庭筠在《菩萨蛮》中说："照花前后镜，花面交相映。"笔者以此诗句做总结，期待国内的谢灵运研究与西方汉学界的谢灵运研究相互照耀、相互辉映，共同促进中国古典文学研究的繁荣。

---

[1] J. D. Frodsham, *The Murmuring Stream: The Life and Works of the Chinese Nature Poet Hsieh Ling - yun* (385 - 433), *Duke of K'ang - lo*, Vol. 1. Kuala Lumpur: University of Malaya Press, 1967, p. 80.

参考文献

一 英文参考文献

（一）论著

1. Adele Austin Rickett, ed., *Chinese Approaches to Literature from Confucius to Liang Ch'i - ch'ao*, Princeton: Princeton University Press, 1978.
2. Alexander Wylie, *Notes on Chinese Literature*, Shanghai: Presbyterian Mission Press, 1867.
3. Cai Zong - qi, *Configurations of Comparative Poetics—Three Perspectives on Western and Chinese Literary Criticism*, Honolulu: University of Hawaii Press, 2002.
4. Cai Zong - qi. *Chinese Aesthetics: The Ordering of Literature, the Arts, and the Universe in the Six Dynasties*, Honolulu: University of Hawai'i Press, 2004.
5. David Hawks, *The Songs of the South: An Ancient Chinese Anthology of Poems by Quyuan and Other Poets (Translated, Annotated and Introduced)*, Penguin Books, 1985.
6. David Hinton, *The Mountain Poems of Hsieh Ling - yun*, New York: New Directions Publishing, 2001.
7. Donald Holzman, *Landscape Appreciation in Ancient and Early Medieval China: The Birth of Landscape Poetry (six lectures given at National Tsing Hua University, February - March 1995)*, Hsin - chu, Taiwan: Program for Research of Intellectual - Cultural History, 1996.

8. Hans H. Frankel, *The Flowering Plum and Palace Lady: Interpretations of Chinese Poetry*, New Haven: Yale University Press, 1976.
9. J. D. Frodsham, Ch'eng Hsi, tran., An Anthology of Chinese Verse: *Han Wei Chin and the Northern and Southern Dynasties*, Oxford: Clarendon Press, 1967.
10. J. D. Frodsham, *The Murmuring Stream: The Life and Works of the Chinese Nature Poet Hsieh Ling – yün (385 – 433), Duke of K'ang – Lo*, 2 vols. Kualar Lumpur: University of Malaya Press, 1967.
11. James J. Y. Liu, *The Art of Chinese Poetry*, Chicago: The University of Chicago Press, 1962.
12. James J. Y. Liu. *Chinese Theories of Literature*, Chicago and London: The University of Chicago Press, 1975.
13. Kang – i Sun Chang, *Six Dynasties Poetry*, Princeton, New Jersey: Princeton University Press, 1986.
14. Kang – i Sun Chang, Stephen Owen, eds., *The Cambridge History of Chinese Literature*, Vol. 1, Cambridge University Press, 2010.
15. Lawrence Venuti, *The Translator's Invisibility: A History of Translation*, London: Routledge, 1995.
16. Lin Shuen – fu, Stephen Owen, eds., *The Vitality of the Lyric Voice: Shih Poetry from the Late Han to the Tang*, Princeton: Princeton University Press, 1986.
17. Liu Wu Chi, Irving Yudeng Lo, *Sunflower Splendor: Three Thousand Years of Chinese Poetry*, Bloomington: Indiana University Press, 1976.
18. M. H. Nicolson, *Mountain Gloom and Mountain Glory: The Development of the Aesthetics of the Infinite* Seattk: University of Washington Press, 1997.
19. Meow Hui Goh, *Sound and Sight: Poetry and Courtier Culture in the Yongming Era (483 – 493)*, Stanford University Press, 2010.
20. Minford John and Joseph S. M. Lau, *Classical Chinese Literature*, New York: University of Columbia Press, 2000.
21. Nienhauser William H. Jr., ed., *The Indiana Companion to Traditional Chinese Literature*, Bloomington: Indiana University Press, 1986.
22. Pauline Yu, *The Reading of Imagery in the Chinese Poetic Tradition*, Prince-

ton: Princeton University Press, 1987.
23. Ronald C., Miao, *Studies in Chinese Poetry and Poetics*, Vol. 1, San Francisco: Chinese Materials Center, Inc., 1978.
24. Schulte Rainer and John Biguenet, eds., *Theories of Translation: An Anthology of Essays from Dryden to Derrida*, Chicago: The University of Chicago Press, 1992.
25. Stephen Owen, *Traditional Chinese Poetry and Poetics: Omen of the World*, Madison: University of Wisconsin Press, 1985.
26. Stephen Owen. *Readings in Chinese Literary Thought*, Cambridge, Massachusetts and London: Harvard University Press, 1992.
27. Susan Bush, Christian Murck, eds., *Theories of the Arts in China*, Princeton: Princeton University Press, 1983.
28. Tian Xiaofei, *Visionary Journeys: Travel Writings from Early Medieval and Nineteenth-Century China*, Cambridge (Massachusetts) and London: Harvard University Press, 2011.
29. Timothy Wai keung Chan, *Considering the End: Mortality in Early Medieval Chinese Poetic Representation*, Leiden: Brill Academic Publishers, 2012.
30. Victor H. Mair, ed., *The Shorter Columbia Anthology of Traditional Chinese Literature*, New York: Columbia University Press, 2000.
31. Wong Siu-kit, *Early Chinese Literary Criticism*, Hongkong: Joint Publishing Co, 1983.
32. Wu Fusheng, *The Poetics of Decadence—Chinese Poetry of the Southern Dynasties and Late Tang Periods*, Albany: State University of New York Press, 1998.

（二）期刊论文

1. Brigitta Ann Lee, "Commemorating Literary Perfection: Xie Lingyun's 谢灵运（385 – 433）Imitative Remembrance of Ying Yang 应瑒（d. 217）", *T'ang Studies*, 26, 2008, pp. 39 – 63.
2. Cheng Yü-yü, "Bodily Movement and Geographic Categories: Xie Lingyun's 'Rhapsody on Mountain Dwelling' and the Jin – Song Discourse on Mountains and rivers", *The American Journal of Semiotics*, 23. 1 – 4, 2007, pp. 193 – 219, 376 – 377.

3. Cynthia L. Chennault, "Lofty Gates or Solitary Impoverishment? Xie Family Members of the Southern Dynasties", *T'oung Pao*, Jan 1, 1999, 85, pp. 249 – 327.

4. Eugene Eoyang, "The Solitary Boat: Images of Self in Chinese Nature Poetry", *The Journal of Asian Studies*, Vol. 32, Issue 4, Aug., 1973, pp. 593 – 621.

5. Francis Abeken Westbrook, "Landscape Transformation in the Poetry of Hsieh Ling – Yün", *Journal of the American Oriental Society*, Vol. 100, No. 3, Jul. – Oct., 1980, pp. 237 – 254.

6. Hans H. Frankel, "The 'I' in Chinese Lyric Poetry", *Oriens*, 10, 1951, pp. 128 – 136.

7. J. D. Frodsham, "The Origins of Chinese Nature Poetry", *Asia Major*, 8. 1, 1960, pp. 68 – 104.

8. J. D. Frodsham. "Landscape Poetry in China and Europe", *Comparative Literature*, XIX, 3, 1967, pp. 193 – 215.

9. Kong Xurong, "Origins of Verisimilitude: A Reconsideration of Medieval Chinese Literary History", *Journal of the American Oriental Society*, 131, 2, 2011, pp. 267 – 286.

10. Lee Haewon, "The Transformation of Landscape Poetry: Xie Lingyun and Bao Zhao", *JOSA (The Journal of the Oriental Society of Australia)*, Vol. 20 & 21, No. 1, 1988 – 1989), pp. 80 – 101.

11. Nicholas Morrow Williams, "A Conversation in Poems: Xie Lingyun, Xie Huilian, and Jiang Van", *Journal of the American Oriental Society*, Vol. 127, No. 4, Oct. – Dec., 2007, pp. 491 – 506.

12. Pauline Yu, "Hidden in Plain Sight? The Art of Hiding in Chinese Poetry", *Chinese literature: Essays, Articles, Reviews (CLEAR)*, Vol. 30, Dec., 2008, pp. 179 – 186.

13. Rebecca Doran, "Perspective and Appreciation in Xie Lingyun's 'Imitations of the crown Prince of Wei's Gatherings in Ye'", *Early Medieval China*, Vol 2011, Issue 17, Oct., 2011, pp. 51 – 73.

14. Richard B. Mather, "The Landscape Buddhism of the Fifth – Century Poet Hsieh Ling – yün", *The Journal of Asian Studies*, Vol. 18, Issue 1,

Nov., 1958, pp. 67 – 79.
15. Richard B. Mather. "The Controversy over Conformity and Naturalness during the Six Dynasties", *History of Religions* 9, 2 – 3, Nov. 1, 1969, pp. 160 – 180.
16. Stephen Owen, "The Librarian in Exile: Xie Lingyun's bookish Landscapes", *Early Medieval China*, 2004, pp. 10 – 11, 1.
17. Wendy Swartz, "Naturalness in Xie Lingyun's Poetic Works", *Harvard Journal of Asiatic Studies*, Vol. 70, No. 2, Dec., 2010, pp. 355 – 386.

（三）博士论文

1. Brigitta Ann Lee, *Imitation, Remembrance and the Formation of the Poetic Past in Early Medieval China*, Ph. D. diss., Princeton University, Ann Arbor, Mich.: UMI, 2007.
2. Francis Abeken Westbrook, *Landscape Description in the Lyric Poetry and "Fuh on Dwelling in the Mountains" of Shieh Ling – yunn*, Ph. D. diss., Yale University, Ann Arbor, Mich.: UMI, 1973.
3. Harrison Tse – Chang Huang, *Excertion, Estate kingly, and the Kingly Gaze: The Landscape Poetry of Xielingyun*, Ph. D. diss., University of California, Berkeley, Ann Arbor, Mich.: UMI, 2010.
4. Liang Yue – June, *Xie Lingyun: The Redefinition of Landscape Poetry*, Ph. D. diss., Harvard University, Ann Arbor, Mich.: UMI, 1999.
5. Liu Hsiang – fei, *The "Hsing – Ssu" Mode in Six Dynasties Poetry: Changing Approaches to Imagistic language*, Ph. D. diss., Princeton University, Ann Arbor, Mich.: UMI, 1988.
6. Nicholas Morrow Williams, *The Brocade of Words: Imitation Poetry and Poetics in the Six Dynasties*, Ph. D. diss., University of Washington, Ann Arbor, Mich.: UMI, 2010.
7. Selinda Ann Sheridan, *Vocabulary and Style in Six Dynasties Poetry: A frequency study of Hsieh Ling – yun and Hsieh T'iao*, Ph. D. diss., University of Washington, Ann Arbor, Mich.: UMI, 1982.
8. Zhang Qiangqiang, *The Passions in Motion: Landscape Poetry and the Aesthetics of Change in Xie Lingyun*（385 – 433）, Ph. D. diss., Yale Universi-

ty, Ann Arbor, Mich.: UMI, 2013.

二　中文参考文献

（一）古籍

1. （南朝梁）刘勰著，刘永济校释：《文心雕龙校释》，中华书局1962年点校本。
2. （南朝宋）谢灵运著，叶笑雪选注：《谢灵运诗选》，古典文学出版社1957年点校本。
3. （南朝宋）鲍照著，钱仲联增补集说校：《鲍参军集注》，上海古籍出版社1980年点校本。
4. （清）方东树著，汪绍楹校点：《昭昧詹言》，人民文学出版社1961年点校本。
5. （清）方玉润：《诗经原始》，中华书局1986年点校本。
6. （清）郭庆藩撰，王孝鱼点校：《庄子集释》，中华书局1961年点校本。
7. （明）胡应麟：《诗薮》，上海古籍出版社1958年点校本。
8. （宋）洪兴祖：《楚辞补注》，凤凰出版社2007年点校本。
9. （唐）皎然著，李壮鹰校注：《诗式校注》，人民文学出版社2003年点校本。
10. （唐）李延寿：《南史》，中华书局1975年点校本。
11. （南朝梁）刘勰著，范文澜注：《文心雕龙注》，人民文学出版社1958年点校本。
12. （清）潘德兴著，朱德慈辑校：《养一斋诗话》，中华书局2010年点校本。
13. （清）阮元校刻：《十三经注疏》，中华书局1980年影印本。
14. （清）沈德潜等著，霍松林等校注：《原诗—瓢诗话—说诗晬语》，人民文学出版社1979年点校本。
15. （南朝梁）沈约：《宋书》，中华书局1974年点校本。
16. （南朝梁）释慧皎撰，汤用彤校注：《高僧传》，中华书局1992年点校本。
17. （魏）王弼著，楼宇烈校释：《王弼集校释》，中华书局1980年点校本。

18. （清）王夫之著，李中华、李利民校点：《古诗评选》，上海古籍出版社 2011 年点校本。
19. （清）王夫之等：《清诗话》，上海古籍出版社 1963 年点校本。
20. （清）王士祯著，张宗柟纂集，戴鸿森校点：《带经堂诗话》，人民文学出版社 1963 年点校本。
21. （清）吴淇撰，汪俊、黄进德点校：《六朝选诗定论》，广陵书社 2009 年点校本。
22. （明）夏完淳著，白坚笺校：《夏完淳集笺校》，上海古籍出版社 1991 年点校本。
23. （明）许学夷著，杜维沫校点：《诗源辩体》，人民文学出版社 1987 年点校本。
24. （清）严可均校辑：《全上古三代秦汉三国六朝文》，中华书局 1958 年点校本。
25. （宋）严羽著，郭绍虞校释：《沧浪诗话校释》，人民文学出版社 1961 年点校本。
26. （南朝梁）钟嵘著，曹旭集注：《诗品集注》，上海古籍出版社 1994 年点校本。

（二）现代论著

1. 曹顺庆主编：《比较文学史》，四川人民出版社 1991 年版。
2. 曹顺庆等：《比较文学论》，四川教育出版社 2001 年版。
3. 曹顺庆主编：《比较文学教程》，高等教育出版社 2006 年版。
4. 陈厚诚、王宁主编：《西方当代文学批评在中国》，百花文艺出版社 2000 年版。
5. 陈祖美编校：《谢灵运年谱汇编》，广西师范大学出版社 2001 年版。
6. 丹纳：《艺术哲学》，傅雷译，人民文学出版社 1963 年版。
7. 葛晓音编选：《谢灵运研究论集》，广西师范大学出版社 2001 年版。
8. 葛晓音：《山水田园诗派研究》，辽宁大学出版社 1993 年版。
9. 胡国瑞：《魏晋南北朝文学史》，上海文艺出版社 1983 年版。
10. 李雁：《谢灵运研究》，人民文学出版社 2005 年版。
11. 刘靖之主编：《翻译论集》，香港三联书店 1981 年版。
12. 刘苑如主编：《体现自然：意象与文化实践》，台湾"中央研究院"中国文哲研究所 2012 年版。

13. 陆侃如、冯沅君：《中国诗史》，作家出版社 1956 年版。
14. 吕叔湘编：《中诗英译比录》，中华书局 2002 年版。
15. ［法］罗贝尔·埃斯卡皮：《文学社会学》，王美华、于沛译，安徽文艺出版社 1987 年版。
16. 马祖毅、任荣珍：《汉籍外译史》，湖北教育出版社 2003 年版。
17. 钱钟书：《七缀集》，上海古籍出版社 1985 年版。
18. 单继刚：《翻译的哲学方面》，中国社会科学出版社 2007 年版。
19. 汤用彤：《汉魏两晋南北朝佛教史》，上海书店 1991 年版。
20. 王力：《汉语诗律学》，新知识出版社 1958 年版。
21. 王国璎：《中国山水诗研究》，中华书局 2007 年版。
22. 王晓平、周发祥、李逸津：《国外中国古典文论研究》，江苏教育出版社 1998 年版。
23. 王瑶：《中古文学史论集》，上海古籍出版社 1982 年版。
24. ［瑞士］沃尔夫冈·凯塞尔：《语言的艺术作品》，陈铨译，上海译文出版社 1984 年版。
25. 吴小平：《中古五言诗研究》，江苏古籍出版社 1998 年版。
26. 萧涤非：《读诗三札记》，作家出版社 1957 年版。
27. 谢天振：《译介学》，上海外语教育出版社 1999 年版。
28. 谢天振主编：《当代国外翻译理论导读》，南开大学出版社 2008 年版。
29. 谢天振：《比较文学与翻译研究》，复旦大学出版社 2011 年版。
30. 徐公持编著：《魏晋文学史》，中国社会科学出版社 2007 年版。
31. 许渊冲译：《汉魏六朝诗选》，五洲传播出版社、中华书局 2012 年版。
32. 许渊冲：《文学与翻译》，北京大学出版社 2003 年版。
33. 袁行霈主编：《中国文学史》，高等教育出版社 1999 年版。
34. 章培恒、骆玉明主编：《中国文学史新著》，复旦大学出版社 2007 年版。
35. 宗白华：《宗白华全集》，安徽教育出版社 1994 年版。
36. 钟优民：《谢灵运论稿》，齐鲁书社 1985 年版。
37. 朱光潜：《谈文学》，安徽教育出版社 1996 年版。

（三）期刊论文

1. 曹道衡：《也谈山水诗的形成与发展》，《文学评论》1961 年第 2 期。
2. 程章灿：《欧美六朝文学研究管窥》，《南京理工大学学报（社会科学版)》2008 年第 21 卷第 1 期。
3. 邓潭洲：《论谢灵运和他的山水诗》，《人文杂志》1960 年第 4 期。
4. 丁陶庵：《谢康乐年谱》，《文学周刊》1925 年 10 月。
5. 顾绍柏：《论谢灵运》，《学术论坛》1986 年第 1 期。
6. 郝立权：《谢康乐年谱》，《齐大季刊》1935 年第 6 期。
7. 郝昺衡：《谢灵运年谱》，《华东师大学报》1957 年第 3 期。
8. 胡明：《谢灵运山水诗辨议》，《江淮论坛》1984 年第 3 期。
9. 黄鸣奋：《英语世界中国先秦至南北朝诗歌之传播》，《贵州社会科学》1997 年第 2 期。
10. 李雁：《谢灵运被劾真相考：兼考谢灵运之卒期》，《文学遗产》2001 年第 5 期。
11. 林静：《谢灵运山水诗对句艺术探微》，《北京大学学报（哲学社会科学版）》2011 年第 48 卷第 1 期。
12. 刘启云：《观此遗物虑　一悟得所遣——试论谢灵运的审美心态及其对玄言诗的开拓》，《江汉论坛》1991 年第 1 期。
13. 欧明俊：《对谢灵运山水诗历代评价之再认识》，《中国韵文学刊》2002 年第 1 期。
14. 皮朝纲、詹杭伦：《谢灵运美学思想钩玄》，《四川师范大学学报（社会科学版）》1983 年第 3 期。
15. 钱志熙：《谢灵运〈辨宗论〉和山水诗》，《北京大学学报（哲学社会科学版）》1989 年第 5 期。
16. 钱志熙：《谢客风容映古今：谢灵运生平与创作漫谈》，《中国典籍与文化》1999 年第 1 期。
17. 齐文榜：《佛教与谢灵运及其诗》，《中州学刊》1988 年第 1 期。
18. 沈悦苓：《论阮籍诗歌创作的审美经验》，《文学评论》1985 年第 3 期。
19. 沈玉成：《谢灵运的政治态度和思想性格》，《社会科学战线》1987 年第 2 期。
20. 生安锋、白军芳：《孙康宜教授访谈录》，《书屋》2008 年第 2 期。
21. 宋红：《谢灵运年谱考辨》，《文学遗产》2001 年第 1 期。
22. 宋绪连：《谢灵运山水诗结构初探》，《辽宁大学学报（哲学社会科学版）》1985 年第 5 期。

23. 孙海燕：《近二十年谢灵运研究综述》，《安徽教育学院学报》2001 年第 19 卷第 1 期。
24. 孙明君：《谢灵运的庄园山水诗》，《北京大学学报（哲学社会科学版）》2006 年第 43 卷第 4 期。
25. 孙华娟：《于"陈腐"中开出花——评孙康宜〈抒情与描写——六朝诗歌概论〉》，《中国诗歌研究动态》2004 年第 1 辑。
26. 唐爱明：《赏情适性——谢灵运的审美追求》，《贵州工业大学学报（社会科学版）》2006 年第 2 期。
27. 王岑：《谢灵运的山水诗》，《朔风》第 12 期。
28. 翁显良：《译诗管见》，《翻译通讯》1981 年第 6 期。
29. 翁显良：《自由与不自由——试译稼轩词十首附言》，《外国语》1981 年第 2 期。
30. 翁显良：《本色与变相——汉诗英译琐译之三》，《外国语》1982 年第 1 期。
31. 翁显良：《意态由来画不成？——文学风格可译性问题初探》，《翻译通讯》1981 年第 2 期。
32. 韦风娟：《谢灵运山水诗的艺术特点》，《学习与思考》1981 年第 6 期。
33. 吴冠文：《谢灵运诗歌的用典特色辨析》，《武汉大学学报（人文科学版）》2013 年第 66 卷第 4 期。
34. 许渊冲：《谈李商隐诗的英译》，《外语学刊》1987 年第 3 期。
35. 许惟贤：《论联绵字》，《南京大学学报（哲学·人文·社会科学）》1988 年第 2 期。
36. 叶朗：《说意境》，《文艺研究》1998 年第 1 期。
37. 叶瑛：《谢灵运年谱》，《学衡》1924 年第 33 期。
38. 袁行霈：《陶谢诗歌艺术的比较》，《九江师专学报》1985 年第 1、2 期合刊。
39. 臧清：《试论谢灵运创作山水诗的社会条件和审美心理》，《北京大学学报（哲学社会科学版）》1990 年第 5 期。
40. 张明非：《略论谢灵运对于山水诗的贡献》，《北京师范学院学报（社会科学版）》1983 年第 1 期。
41. 张国星：《佛学与谢灵运的山水诗》，《学术月刊》1986 年第 11 期。

42. 张少康：《论意境的美学特征》，《北京大学学报（哲学社会科学版）》1983年第4期。
43. 张一南：《谢灵运诗文化用〈易〉典方式研究》，《云南大学学报（社会科学版）》2012年第11卷第2期。
44. 赵昌平：《谢灵运与山水诗起源》，《中国社会科学》1990年第4期。
45. 周勋初：《论谢灵运山水文学的创作经验》，《文学遗产》1989年第5期。

(四) 博士论文

1. 白崇：《元嘉文学研究》，博士学位论文，浙江大学，2006年。
2. 时国强：《元嘉三大家研究》，博士学位论文，陕西师范大学，2008年。
3. 田晋芳：《中外现代陶渊明接受之研究》，博士学位论文，复旦大学，2010年。
4. 王芳：《清前谢灵运诗歌接受史研究》，博士学位论文，复旦大学，2006年。
5. 吴冠文：《谢灵运诗歌研究》，博士学位论文，复旦大学，2006年。
6. 邢宇皓：《谢灵运山水诗研究》，博士学位论文，河北大学，2005年。

附录一

学者译名表

英文名	中文名
Zong-qi Cai	蔡宗齐
Timothy Wai Keung Chan	陈伟强
Kang-i Sun Chang	孙康宜
Paul Demiéville	戴密微
Eugene Eoyang	欧阳桢
Hans H. Frankel	傅汉思
J. D. Frodsham	傅乐山
Sam Hamill	山姆·汉密尔
David Hawkes	大卫·霍克斯
David Hinton	戴维·亨顿
Harrison Tse-Chang Huang	黄泽昌（音译）
David R. Knechtges	康达维
Victor H. Mair	梅维恒
Richard B. Mather	马瑞志
Stephen Owen	宇文所安
Selinda Ann Sheridan	赛琳娜·安·谢里登
Wendy Swartz	田菱
Xiaofei Tian	田晓菲
Burton Watson	伯顿·沃森（或译华兹生）
Francis Westbrook	弗朗西斯·韦斯特布鲁克
Wai-lim Yip	叶维廉

附录二

词频对照表[①]

---

① Selinda Ann Sheidan, *Vocabulary and Style in Six Dynasties Poetry: A Frequency Study of Hsieh Ling-yun and Hsieh T'iao*, Ph. D. diss., University of Washington, Ann Arbor, Mich.: UMI, 1982, pp. 8–33.

TABLE 2

FREQUENCY RANKING OF 10 PARTICLES

字	SSHY	WH	TYM	HLY	HT
不	1	4	1	1	15
之	3	1	80	—	—
而	16	2	—	—	—
為	6	9	13	35	90
以	7	3	62	115	160
於	24	5	—	—	—
其	13	6	42	—	—
與	15	33	21	43	106
也	83	13	—	—	—
者	44	14	—	—	—

TABLE 3

FREQUENCY OF RANKING OF 2 TEMPORAL ADVERBS

字	SSHY	WH	TYM	HLY	HT
已	—	—	17	21	7
未	—	—	—	25	10

TABLE 4

RANK FREQUENCY LIST OF 250 VOCABULARY ITEMS OCCURRING IN THE FIVE-WORD LINE POEMS OF HSIEH LING-YUN AND HSIEH T'IAO

Rank #	HLY 字	Freq. #	HT 字	Freq. #	Rank #	HLY 字	Freq. #	HT 字	Freq. #
1	不	8.5	風	8.0		時	3.2	秋	
	心	6.6	山	7.6		月	3.1	流	3.2
	山	5.6	清	7.5		期		遠	
	日	5.4	雲	6.7		林		離	
5	無	5.3	日	5.9	30	誰		高	
	雲		望	5.7		事	2.9	下	3.1
	清	5.0	已	5.2		所		如	
	生		江	4.8		春		時	
	人	4.6	歸			歸		樹	
10	當		來	4.6	35	焉		水	
	子	4.3	方	4.4		石		草	
	風	4.1	可	4.3		起		言	
	可	4.0	復			朝	2.8	月	3.0
	懷		無	4.0		何		此	
15	遊		君		40	邈		且	2.8
	長		春			天	2.6	無	
	情	3.8	上	3.9		江		玉	
	既		思			與		重	
	有		池	3.7		非		輕	
20	流		芳		45	高		隨	
	已	3.7	心			中	2.5	懷	2.7
	物		何	3.5		亦		既	
	未	3.5	甫	3.4		何		朝	
	明	3.4	夜			夕		相	
25	來				50	海		見	

续表

TABLE 4
RANK FREQUENCY LIST OF 250 VOCABULARY ITEMS OCCURRING IN THE FIVE-WORD LINE POEMS OF HSIEH LING-YUN AND HSIEH T'IAO

Rank #	HLY 字	Freq. #	HT 字	Freq. #	Rank #	HLY 字	Freq. #	HT 字	Freq. #
	自		遊			易		夕	
	言		長			浮		散	
	千	2.3	疏			管		喜	
	始		人	2.6		知		知	
55	景		川		80	苦		行	
	叔		平			薄		良	
	水		明			遙		陽	
	理		有			難		霜	
	相		華			三	1.9	餘	
60	秋		中	2.4	85	在		一	2.1
	空		景			川		此	
	謝		生			往		子	
	幽	2.2	自			徒		更	
	感		金			故		歌	
65	發		別	2.3	90	晝		爲	
	問		多			高		紛	
	顧		寒			豈		能	
	飛		故			陽		千	1.9
	一	2.1	桂			今	1.8	客	
70	久		自		95	夜		曙	
	別		色			尚		琴	
	同		來	2.2		巖		西	
	客		共			得		誰	
	念		北			豈		路	
75	我		城		100	此		入	1.8

续表

TABLE 4

RANK FREQUENCY LIST OF 250 VOCABULARY ITEMS OCCURRING IN THE FIVE-WORD LINE POEMS OF HSIEH LING-YUN AND HSIEH T'IAO

Rank #	HLY 字	Freq. #	HT 字	Freq. #	Rank #	HLY 字	Freq. #	HT 字	Freq. #
	永		玄			寞		挂	
	白		重			西		沉	
	續		從			見		洛	
	鶴		空			里		獨	
105	終		終		130	鳴		寶	
	美		興			下	1.5	紅	
	舟		衣			巴		若	
	華		里			年		落	
	連		重			玄		起	
110	陵		青		135	出		闕	
	陰		動	1.7		如		願	
	青		參			將		為	
	上	1.6	棄			筆		龍	
	乘		從			帶		同	1.4
115	以		情		140	弄		吠	
	南		結			促		天	
	古		曾			忘		安	
	宇		閒			身		幽	
	宿		露			慮		庭	
120	平		佳	1.5	145	望		得	
	微		孤			樓		文	
	走		差			樂		新	
	方		唯			歲		映	
	更		慶			河		椒	
125	渚		曲		150	目		涼	

续表

TABLE 4

RANK FREQUENCY LIST OF 250 VOCABULARY ITEMS OCCURRING IN THE FIVE-WORD LINE POEMS OF HSIEH LING-YUN AND HSIEH T'IAO

Rank #	HLY 字	Freq. #	HT 字	Freq. #	Rank #	HLY 字	Freq. #	HT 字	Freq. #
	宅		子			字		字	
	覽		深			澗		習	
	新		齋			照		積	
	良		黃			屬		昆	
155	落		蒼		180	芳		綺	
	觀		陵			乾		綠	
			乘	1.3		路		豐	
	回		麗			辭		鶴	
	全		三			逆		花	
	雖		亂			顧		荷	
160	靈		以		185	且	1.2	詠	
	京	1.3	伊			借		連	
	北		因			傾		道	
	會		坐			初		邊	
	哀		虛			前		鄉	
165	塵		帝		190	及		鷩鳴	
	髮		蒂			合		鳴	
	外		倡			君		九	1.2
	密		雜			命		束	
	懷		我			圓		兩	
170	悲		昔		195	客		分	
	竟		期			寂		反	
	抱		林			寒		答	
	新		歲			尋		年	
	步		河			對		微	
175	泉		淵		200	居		恆	

续表

TABLE 4
RANK FREQUENCY LIST OF 250 VOCABULARY ITEMS OCCURRING IN THE FIVE-WORD LINE POEMS OF HSIEH LING-YUN AND HSIEH T'IAO

Rank #	HLY 字	Freq. #	HT 字	Freq. #	Rank #	HLY 字	Freq. #	HT 字	Freq #
	延		承			露		席	
	无		晚			颜		因	
	咸		变			饮		虔	
205	厭		橘		230	丘	1.0	所	
	旅		泉			峰		袋	
	旦		溪			促		献	
	晨		凭			傍		屁	
	暖		百			光		波	
	暗		皇			入		润	
210	曲		石		235	戎		沿	
	曾		紫			协		溯	
	没		南			去		滴	
	洲		束			围		绕	
	溪		克			城		璧	
215	皎		兹		240	存		袁	
	晓		酒			堂		罗	
	能		陋			敞		翠	
	临		雏			德		聊	
220	蔦		丹	1.0	245	想		霞	
	草		初			要		霁	
	整		合			攀		聿	
	起		金			改		戟	
	越		宵			皇		释	
225	达		居		250	水梁		阻难	

TABLE 5

PRIMARY NOUNS OF HSIEH LING-YUN AND HSIEH T'IAO

HLY	HT
心 (mind, heart)	風 (wind)
山 (mountain)	山 (mountain)
日 (sun, day)	雲 (cloud)
雲 (cloud)	日 (sun, day)
生 (life, master)	江 (river)
人 (man)	君 (gentleman)
風 (wind)	春 (spring)
情 (feeling)	池 (pond)
物 (thing)	芳 (fragrance)
時 (time, season)	心 (mind, heart)
月 (moon, month)	南 (south)
林 (forest)	夜 (night)

TABLE 6

PRIMARY VERBS OF HSIEH LING-YUN AND HSIEH T'IAO

<u>HLY</u>	<u>HT</u>
清 (clear)	清 (clear)
懷 (long for, cherish)	望 (gaze)
遊 (travel)	歸 (return)
長 (long, far)	思 (think of, thoughts)
有 (have)	流 (flow)
流 (flow)	遠 (far)
來 (come)	離 (separate, leave)
明 (bright)	高 (lofty)
歸 (return)	輕 (light, delicate)
起 (stop, precipitous)	懷 (long for, cherish)
行 (go)	見 (see)
遠 (far)	遊 (travel)

后　　记

　　也许是命运的安排，当我在人生的十字路口陷入迷茫、不知何去何从时，恩师曹顺庆先生给了我求学的机会。在这三年的时光里，恩师给了我无私的关爱和谆谆教诲，从选题到撰写，帮助我渡过一个又一个难关。在恩师的鼓励下，迷茫胆怯的我对于完成学业及将来的学术之路开始多了一份自信，但恩师时不时地告诫我："你是学外语的，中文功底不够扎实，要扬长避短。"的确，对中国古典文学所知甚少的我居然选择做谢灵运的诗歌研究，这着实令他有些担心。仔细斟酌后，我还是鼓足勇气选择了从事谢灵运的诗歌研究，而这份坚持缘于老师要求我们背诵十三经。对文学天生愚钝的我在背诵过程中虽然囫囵吞枣、不得其意，但却真切地感受到中国古典文学之美，由此坚定了自己的选题。

　　尽管涉足古典文学作品，尤其是古典诗歌，对我来说是一个很大的挑战，但有导师拨云见日的指导，使我扬长避短，满怀信心地踏上研究之路。在阅读文献、撰写本书的过程中，尽管苦乐参半，但回想起来，更多的是古典诗歌之美带给我的惊喜和震撼。

　　本书可以说是川大三年求学的总结。在恩师的指导下，经过近一年的酝酿和资料收集，半年多艰苦的撰写，三个多月的修修补补，就像一个人从怀胎十月，到呱呱坠地、蹒跚学步，最后终于长大成人。尽管她有这样那样的缺点，但在我的眼里她依然是婀娜多姿的。

　　这本书的完成要归功于我亲爱的老师和朋友们。我的副导师冯亚琳女士一直默默地关注我的学习和生活。靳明全老师、刘亚丁老师和赵毅衡老师所教授的课程拓宽了我的学术视野，重建了我的学术方法论。阎嘉老师、徐新建老师在选题过程中给予我的建议和指导，让我受益匪浅。北京外国语大学的顾钧老师和他在美国的学生殷彦菲不辞辛劳地帮我收集国外关于谢灵运的研究文献，使我的研究资料更完整。我的朋友李小均在我撰写本书的过程中给予我非常中肯的建议。美国华盛顿大学的康达维教授，七十高龄的他一直与我邮件往来，先后给我邮来了他在六朝文学方面的翻译和研究成果。对于他们，我由衷感激。

在川大求学期间，与师弟师妹的相识相知过程中，我们结下了深厚的情谊，当然更多的是他们给予我的帮助。师弟树文、春平、明浩、曾昂、成华、徐振，师妹万燚、嵩昱、杨茜、丽雯，在这三年中总是尽其所能地帮助我，这一份份情谊我将铭记在心。

在此我要感谢我的父母，在我过去三年的在外求学生涯中，他们一直毫无怨言地帮我分担家庭责任，还时常惦记着我。我也要感谢我的丈夫，在我漫长的求学路上他一直默默地支持我，是我的良师益友，纵然我在求学的过程中屡遭挫折，他也一直鼓励我，他的宽容和理解是我永不放弃的理由。我还要感谢我的女儿欣怡，读书三年，心里最放不下的就是她，但年幼却懂事的她还时常鼓励我，为我分忧，她的健康成长、她的快乐令我宽慰。没有他们的默默支持和信任，很难想象我能否顺利完成学业。想起家人为我做的这一切，我总是心存感恩。

当然，本书的付梓离不开编辑的辛勤劳动，在此由衷地道一声感谢。

黄　莉

2015 年 5 月